KB270926

실전 미디어 플래닝 노트

개/정/판

실무자와 학생들을 위한 가이드북

실전 미디어 플래닝 노트

개/정/판

권오범 지음

KSI 한국학술정보㈜

추천글

교육의 목적이 시행착오의 주기를 단축시키는 데 있다면 '실전 미디어플래닝 노트'는 확실히 교육적이다. 이 책은 현대미디어를 이해하고 활용하는 목적으로 매우 유용한 실천적인 가이드북의 역할을 하고 있다.

- 이현우, 한양대 광고홍보학과 교수, 베스트셀러 <설득의 심리학> 역자

아침에 눈뜨면서 저녁에 잠들 때까지 우리는 다양한 매체에 우연적으로 노출되고 있다. 새로운 미디어가 쏟아져 나오고 소비자 구매행동 또한 개성화 되는 이 시대에 한정된 예산으로 핵심 타깃의 눈과 마음을 사로잡기란 쉽지 않다.
이 동서통합의 시대에, 15년 넘게 강단에서 무장한 서구의 합리적 매체이론과 20여 년간 다져온 한국지형에 강한 현장경험이 묶였다. 분명 혼돈의 멀티미디어시대에 한줄기 등대빛이 되리라 믿는다.

- 신강균, 한세대 광고홍보학과 교수, <비밀문서> 저자

마케팅의 핵심이 '교환'에서 '관계'로 바뀌었다. 광고의 가장 중요한 역할도 브랜드와 소비자의 관계를 구축하는 일이 되었다. 소비자와 브랜드를 잇는 '관계'는 바로 매체에서 비롯된다.
다매체 · 다채널 등 매체의 분화와 소비자의 메시지 회피에 따라 더욱 과학적이고 효율적인 매체기획이 중요해졌다. 탁월한 매체 전략가인 권오범 대표의 이 역저에서, 관계형성의 인사이트를 찾아내는 것이 우리들에게 주어진 몫이다.

- 김민기, 숭실대 언론홍보학과 교수

저자는 국내 1세대 미디어플래너로서 후배들에게 전하고 싶은 내용을 충실히 정리해 주었다. 이 책은 단순한 교과서가 아니라 저자의 20여 년의 고뇌가 포함된 실용서이다. 기존의 관련 서적과는 다른 과감한 포맷으로 독자는 책과 교감하면서 미디어에 대한 궁금증을 해결해 나갈 수 있을 것이다.

- 김민석, 김앤에이엘 대표, 전 코래드 미디어플래닝팀 국장

매체기획에 대한 관심을 가지고 준비하는 후학들에게 풍부한 현장경험과 강의경험을 바탕으로 구체적이고 실전적인 학습의 기회가 될 수 있어 매우 반갑게 생각된다.
매체기획에 대한 개념적 기초를 다지는 데 두루 활용되기를 희망한다.

- 이종관, PDS미디어 이사

디지털 멀티미디어 시대를 맞이하여 과학적인 광고매체의 크리에이티브를 요구받고 있는 현 시점에서, 이 책은 미디어플래닝 패러다임의 새로운 변화를 인식하게 하고 효과적인 매체전략 수립에 따른 실무적인 활용능력을 배양하게 함으로써 매체기획에 대한 보다 발전적인 시각을 갖게 하는 데 도움을 준다.

- 김영, 매일경제TV 광고기획팀장, 전 서울광고기획 미디어플래닝팀 국장

누구에게나 처음은 오랫동안 남는다. 나는 권오범 대표를 첫 팀장으로 모시고 미디어 플래너가 되었다. 오랜 시간이 지났지만 그때 배웠던, 함께 했던 미디어에 대한 고민들이 내 머리 구석구석에서 '작용'되고 있으리라.
나의 첫 팀장이 드디어 오랜 시간 경험해온 좋은 자산들을 업계와 후배들을 위해 정리해준다고 하니 더없이 고마운 마음이다.
그동안 부족했던 미디어플래닝 이론과 실제를 정리하고 현업에 적용하여 구성하기에 적합한 이 책은 그야말로 실전에 곧바로 사용되는 최적의 업무 파트너라 하겠다.

- 조선국, 알키미디어 대표이사

프롤로그

나의 첫 직장인 오리콤에서 미디어플래닝 업무를 시작한 지 벌써 강산이 두 번하고 절반이나 변하는 세월이 흘렀다. 나름대로 열심히 노력했고 그 결과 남들은 미디어 전문가로서 인정을 하지만 한편으론 그 오랜 동안 무엇을 했으며 무엇을 남겼는지 자문해본다.
그동안 좋은 기회가 주어져서 여러 대학과 광고교육원 등 광고전문 교육기관에서 강의를 해오고 있다. 강의를 하면서 갖게 되는 생각은 한 학기 내지는 주어진 단기과정 동안의 제한된 시간에 현업에서 필요로 하는 산지식과 정보를 어느 정도 충분하게 전달할 수 있을까였다.

물론 주어진 시간을 효율적으로 활용하고 핵심적인 내용위주로 진행해도 부족한 시간과 실습여건은 근본적인 방법을 강구하지 않는 한 해결될 수 없다는 결론에 도달하게 된다.

한번은 어느 대학에서 강의하던 중 어떤 학생이 필기대신 디지털카메라로 칠판의 강의 내용을 찍고 있었다. 다른 학생들은 열심히 내용을 적고 있는데 유독 그 학생만 저만 편리할거라고 찍고 있는 것이 괘씸하기도 하고 한편으론 나름대로 열심히 강의하는 사람에게 양해도 없이 퍽퍽 찍는 것이 불쾌하기도 했다.

과거 같으면 필기하면서 일차적으로 공부가 된다는 점 때문에 손이 아파도 열심히 필기하는 것이 상식이었는데........ 이제는 말 그대로 디지털 시대를 살고 있는 까닭에 그러한 일탈 행동을 묵인해야 할 때가 되었나 미디어를 업으로 하고 있고 사람으로서 애써 자위해본다.
그러나 아이러니하게도 이 책은 그때 디지털카메라로 강의내용을 무차별적으로 찍던 그 대학생과 같은 학생들과 현업에서 미디어 업무를 알아야 하는 사람들, 즉 저년차 미디어플래너와 미디어바이어, 그리고 AE들을 대상으로 만들었다.

학생들이 강의실에서 교수님들의 강의 핵심내용을 정리해서 노트하듯이 가능하면 요점 정리 형태로 내용을 구성하였다. 노트라는 표현대로 강의를 들으면서 각 페이지 여백에 추가로 메모할 수 있도록 내용을 편집하였다.

그러다 보니 우리가 일반적으로 접하는 책의 형태에서 벗어난 다소 파격적인 형태를 띄게 되었다. 그러나 한편으론 이런 편집형태가 그동안의 강의경험을 토대로 볼 때 오히려 학교에서 강의교재로 활용하는 데 더 도움이 될 듯 싶다.

아울러 광고업계 종사자들에게는 책상 한편에 두고 수시로 간편하게 살펴볼 수 있는 미디어플래닝 가이드북으로 활용되기를 바라는 마음에서 내용을 가능하면 다양하면서도 쉽게, 그리고 한 페이지 안에서 한 가지 내용을 한꺼번에 살펴볼 수 있도록 수록하였다.

15년 넘게 강의해오던 내용을 정리해서 만든 것이지만 아직 미흡하고 부족한 부분이 많은 걸 잘 안다. 광고업계 선후배들과 동료들, 그리고 대학 관련학과 교수님들의 관심어린 충고와 많은 지적 바란다.

그리고 출판과정에서 귀찮을 정도의 이런저런 요청을 수용하면서 많은 도움을 준 한국학술정보㈜ 출판기획팀 이주은 씨와 편집팀과 멀티미디어팀 담당자들에게 고마운 마음을 전한다.

2010년 여름 한복판에서, 권오범

차 례

디지털 멀티미디어 시대와 미디어플래닝

1. 디지털 멀티미디어, 멀티채널 시대

Multi-media

- 영상,음성,데이터 등 서로 다른 정보유형을 디지털신호라는 단일한 신호처리방식에 의해 통합적으로 처리하고 전송하는 미디어
- 미디어 기기 그 자체를 가리키기보다는 기존의 개별적 미디어가 지니고 있던 각기 다른 정보유형을 하나의 통합된 시스템에서 취급하게 된 미디어 환경을 의미하는 개념

Multi-channel

지상파 TV	CATV	위성방송	인터넷방송	DMB	IPTV
59개	100여 개	200여 개	1,300여 개	50여 개	180여 개

← **1,890여 개** →

NOTE

IPTV가 방송통신 융합 주도

디지털타임스(09년 3월2일)

2000년 대비 2009년 방송시장은 2배 이상 성장했다. 방송통신위원회 실태조사보고서에 따르면 전체 방송 서비스 매출액은 2000년 5조 574억원에서 2007년말 기준 10조5343억원으로 늘어났다.

이같은 방송 시장의 성장은 케이블 등 뉴미디어가 큰 몫을 차지했다. 지상파 방송 시장은 규모는 2000년 3조984억원에서 2007년말 기준 3조8901억원 증가한 데 비해 종합유선방송(SO) 시장 규모는 2조358억원으로 늘었고 방송채널(PP, 홈쇼핑포함) 시장 규모는 3조 9843억원으로 늘었다. 이같은 PP 시장의 증가는 대부분 홈쇼핑 채널의 매출 증가에 따른 것으로 분석된다.

사업자 수에서 지상파방송 사업자는 신규 지상파DMB 사업자, 경인방송 등이 추가되면서 47개로 는 반면 종합유선방송사업자(SO)의 수는 중계유선(RO)의 SO 전환이 활발히 전개되면서 한때 119개까지 늘었다 다시 SO간 인수합병으로 103개로 정리됐다.
가장 많은 변화를 보인 것은 방송채널사용사업자(PP)로 방송법 개정으로 PP 등록제가 실시되면서 2007년말 기준 PP(법인 기준) 수는 무려 188개에 달하며 채널 수는 220개를 기록하고 있다.

방송 서비스 매출액 (단위:억원)

구분	2000년	2001년	2002년	2003년	2004년	2005년	2006년	2007년
전체	50,574	61,649	95,233	71,365	77,728	86,352	98,509	105,343
지상파	30,984	29,722	36,365	35,481	35,448	35,425	38,370	38,901
종합유선	3,642	5,478	7,886	10,749	13,479	15,818	18,467	21,358
중계유선	2,659	1,863	1,076	615	366	155	157	169
방송채널	13,288	24,594	49,268	23,022	25,883	31,264	36,687	39,843
위성방송	-	-	635	1496	2,550	3,472	3,939	3,873
위성DMB	-	-	-	-	-	215	887	1,197

※방송채널 매출계는 홈쇼핑 포함

출처:방송산업실태조사보고서

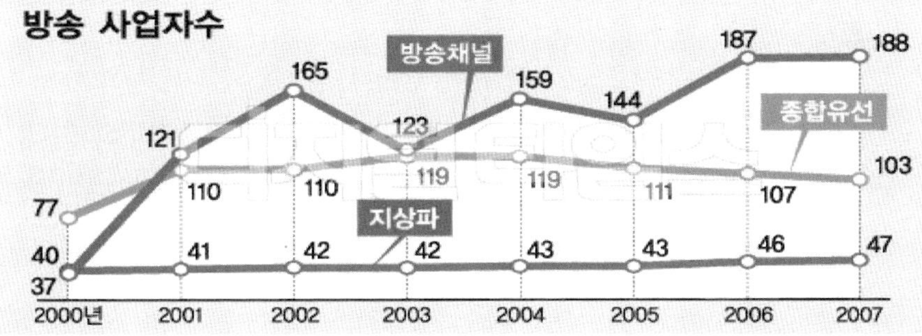

〈출처:방송산업실태조사보고서〉

NOTE

2. 디지털 시대의 미디어 특성과 변화

1) 완전 개방적 형태, Narrowcasting으로 진화

방송 미디어

NOTE

2. 디지털 시대의 미디어 특성과 변화

1) 완전 개방적 형태, **Narrowcasting**으로 진화

인쇄 미디어

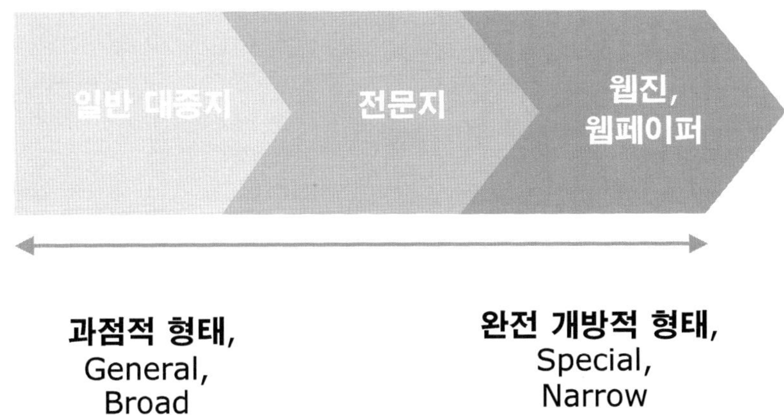

NOTE

2. 디지털 시대의 미디어 특성과 변화

2) 매체 영향력의 이동 추세

통신과 컴퓨터,Interface 기술 발달,Contents의 질적 수준 향상

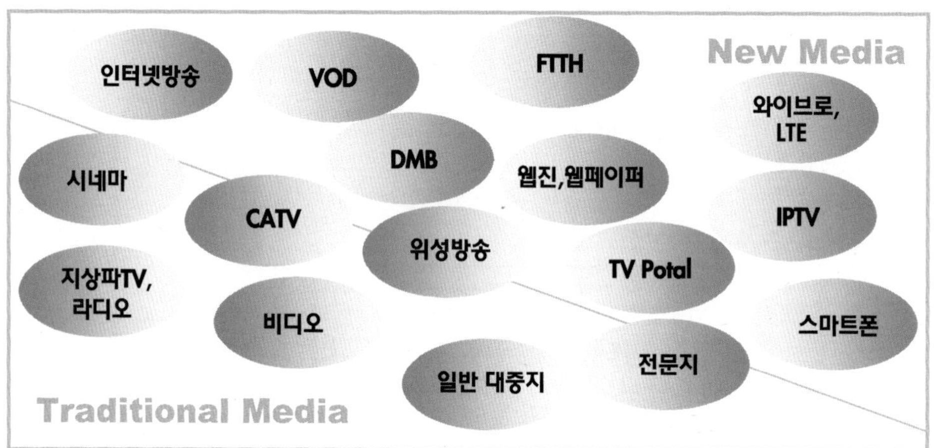

NOTE

2. 디지털 시대의 미디어 특성과 변화

• Interface 기술발달 사례

질문하면 바로 검색… 말로 통하는 모바일 세상 온다

조선일보('10년 7월9일)

음성검색 경쟁… 구글·뉘앙스·MS 등이 세계 패권 겨뤄

음성인식 기술이 진화를 거듭해 생활 속으로 파고들기 시작했다. 구글은 자사의 '모바일 음성검색' 인식률이 95%에 달한다고 밝혔다. 음성 인식률이 획기적으로 올라가자 많은 사람이 음성검색을 이용하기 시작했다. 구글은 작년 여름 4주간 미국에서 스마트폰 '블랙베리'를 사용하는 사람 중 7만5000명을 무작위로 선정해 음성검색 실태를 분석했다. 결과는 이용자의 32%가 아예 음성검색만 사용하고 있다는 것.

우리나라에서도 마찬가지다. 구글코리아는 한국어 모바일 음성검색을 출시한 지 2주 만에 모바일 검색에서 음성검색이 차지하는 비중이 20%까지 올라갔다고 밝혔다. 많은 스마트폰 사용자들이 길을 걷거나 운전중일 때 스마트폰 스크린을 누르는 대신 음성인식 기술을 쓰기 시작했다.

구글의 모바일 음성검색은 갤럭시S 같은 스마트폰 사용자가 구글 검색창 옆에 있는 마이크 모양의 버튼을 누르고 단어나 문장을 말하면 원하는 검색결과를 찾아준다. '30유로는 몇 원?' '1㎞는 몇 마일?' 같이 숫자·알파벳·한글이 섞여 있어 키보드 입력이 까다로운 문장까지도 잘 인식한다.

음성인식 기술의 중요성이 높아지자 수많은 기업과 연구소가 자체 음성인식 기술 개발에 나서고 있다. 구글의 숙적 MS도 자체 음성검색 엔진을 만들었다. 윈도 모바일 스마트폰에서도 음성인식 기술을 이용해 인터넷을 검색할 수 있다는 의미다. 윈도 모바일폰에는 자판을 두드리는 대신 애플리케이션 '텔미'가 들어간다.

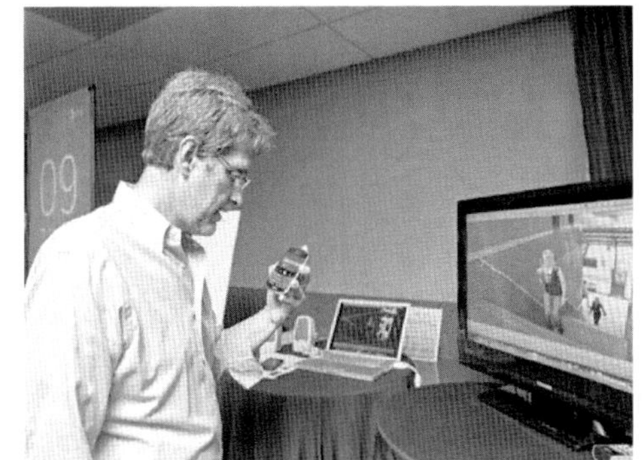

NOTE

2. 디지털 시대의 미디어 특성과 변화

● Wibro vs LTE

초고속인터넷보다 빠른 '4세대 이동통신'이 온다 - LTE VS 와이브로

조선일보('09년 2월26일)

세계 최대 정보통신 전시회 '모바일 월드 콩그레스(MWC)'가 열린 스페인 바르셀로나 행사장. 삼성전자,LG전자,인텔 등와 같은 글로벌 기업들의 부스마다 4세대(Generation) 이동통신기술인 LTE(Long Term Evolution)와 모바일 와이맥스(한국명 와이브로) 간의 기술 대결이 벌어졌다. 2~3년 후면 4세대 이동통신의 상용화가 시작될 것으로 보고 시장 주도권 선점에 나선 것이다.

■ 2~3년 후 모습을 나타낼 4세대 이동통신

4세대 이동통신은 정지 상태에서 초당 1기가비트(Gbps), 60㎞ 이상의 고속 이동 시에 초당 100메가비트(Mbps) 이상의 속도를 제공하는 통신서비스를 말한다. 현재 초고속인터넷 최고 속도가 100메가비트임을 감안하면, 현재의 유선보다 더 빠른 이동통신 서비스가 등장하는 셈이다.

현재의 3세대 이동통신과 비교하면 4세대의 전송성능은 20배나 빠르다. 예를 들어 3세대에서는 전철에서 휴대폰으로 신문기사를 읽는 것이 가능 하지만, 텍스트만 볼 수 있는 정도였다. 반면 4세대에서는 초고속인터넷을 통해 신문을 보는 것처럼 대기시간이 짧고 관련사진도 같이 볼 수 있다. IPTV(인터넷TV)도 휴대폰으로 볼 수 있는 길이 열린다.

현재 유선인터넷에서 고화질급 실시간 IPTV를 제공하기 위해서는 100메가 비트 급의 인터넷환경이 필요한데, 4세대가 바로 그런 환경이다. 한마디로 초고속인터넷 서비스를 무선으로 제공하는 셈이다.

NOTE

2. 디지털 시대의 미디어 특성과 변화

3) 양방향 미디어 플랫폼의 다양화와 일반화 경향

NOTE

2. 디지털 시대의 미디어 특성과 변화

4) 매체간 통합과 새로운 형태 매체로의 재탄생

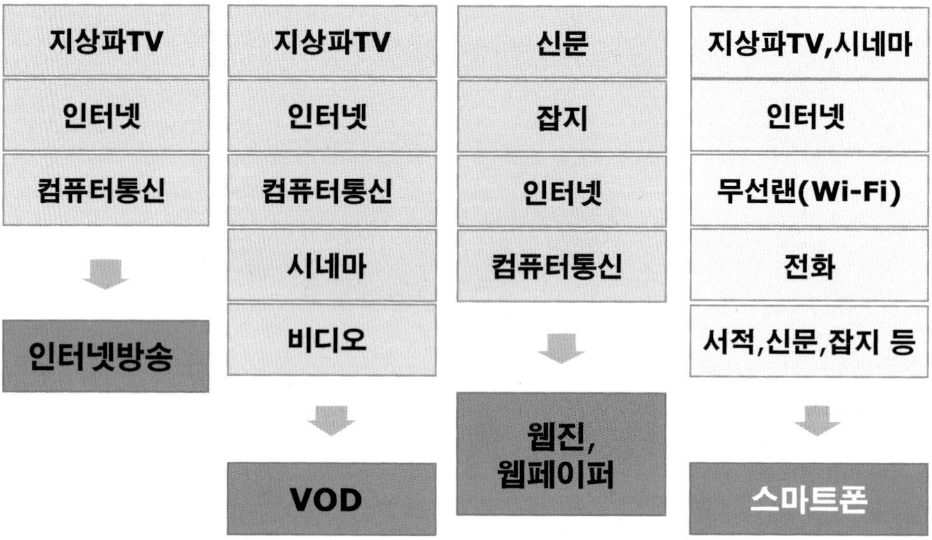
지상파TV
인터넷
컴퓨터통신
인터넷방송
지상파TV
인터넷
컴퓨터통신
시네마
비디오
VOD
신문
잡지
인터넷
컴퓨터통신
웹진,
웹페이퍼
지상파TV,시네마
인터넷
무선랜(Wi-Fi)
전화
서적,신문,잡지 등
스마트폰

NOTE

2. 디지털 시대의 미디어 특성과 변화

● 매체간 통합과 새로운 형태 매체로의 재탄생 사례

3.5세대 이동통신 '화상통화' 터진다

조선일보('07년 2월28일)

1일부터 3.5세대 이동통신(HSDPA) 전국 서비스를 시작하는 KTF 조영주 사장은 28일 기자간담회를 열었다. 그는 "3.5세대 서비스를 전국 규모에서 서비스하는 것은 우리나라가 세계 최초"라며 "이동통신 역사에 새 장을 열어나가는 역사적 첫걸음"이라고 말했다. 지금까지는 수도권과 대도시 일부에서만 제한적인 형태로 가능했으나, 이제 전국 어디서나 3.5세대 이동통신을 사용할 수 있게 됐다. 서비스의 브랜드는 '쇼(SHOW)'로 정해졌다.

음성 통신에서 동영상 통신으로

•3.5세대 이동통신은 통신의 중심을 음성과 문자에서 동영상으로 바꾸어 놓을 전망이다. 더 이상 전화기에 대고 '보고 싶다'고 말할 필요가 없다. 고품질 영상 통화가 가능해 언제든지 상대방의 얼굴을 볼 수 있다. KTF는 '쇼' 서비스를 이용하면 최대 4명이 동시에 얼굴을 보면서 문자메시지를 보낼 수 있다고 밝혔다.

또 전국 어디서나 터지던 휴대폰이 이젠 세계 어디서나 터진다. 3.5세대 이동통신 서비스는 세계 거의 모든 국가가 사용하는 유럽형(GSM) 이동통신 방식이 진화한 것이다. 때문에 자기 휴대폰을 그대로 들고 나가 외국에서 쓸 수 있다.

* 3.5세대 이동통신(HSDPA) : High Speed Downlink Packet Access(고속하향패킷접속)

- 영상통화가 가능하고 평소 쓰던 휴대전화를 세계 어디서나 쓸 수 있는 초고속 무선통신 서비스

NOTE

2. 디지털 시대의 미디어 특성과 변화

• 매체간 통합과 새로운 형태 매체로의 재탄생 사례

'스마트폰 경쟁'···지난달 휴대폰 내수 200만대 돌파

뉴시스('10년 2월1일)

지난달 국내 휴대폰 시장의 총수요가 스마트폰의 치열한 경쟁에 힘입어 200만대를 돌파했다.

애플 아이폰은 10만대 이상의 판매량을 보였다. 옴니아2로 아이폰에 맞불을 놓은 삼성전자의 경우 공급량이 대폭 증가, 점유율이 전월대비 무려 8.1% 증가했다. 이렇다할 스마트폰 라인업을 선보이지 못한 LG전자의 경우 점유율이 제자리걸음이었다.

1일 관련업계에 따르면 지난달 국내 휴대폰 시장의 총수요는 205만~210만4000대 정도로 예측된다. 이는 전월(193만대) 대비 증가한 수치다.

스마트폰 경쟁이 결국은 국내 시장을 좌지우지한 것으로 관측된다. 지난해 중반 '공짜폰 전쟁'으로 월 304만대까지 치솟았던 휴대폰 시장은 9월부터 석달간 월 150만대를 넘기지 못했다. 보조금에 대한 방송통신위원회의 권고 조치 이후다. 하지만 아이폰이 국내에 상륙하면서 촉발된 스마트폰 전쟁으로 지난해 12월(193만대)부터 총수요가 수직 상승하더니 지난달에는 급기야 200만대를 돌파했다. 특히, 스마트폰을 공급하는데 힘을 쏟아온 삼성전자의 점유율은 무려 8%포인트 올랐다.

NOTE

---

3. 디지털 시대와 방송광고 환경 변화

1) 다매체 다채널화에 따른 공중파 **TV**의 시청률 하락과 입지 약화

2) 방송과 통신의 융합화로 인한 쌍방향 부가 서비스 제공
- 데이터 방송,이메일 서비스,전자 상거래 쇼핑 등

3) 정보 수용자의 세분화 경향
- 기존 불특정 다수(mass audience)에서 세분화로 변모
- 향후 Narrowcasting의 Personalcasting(Pointcasting)으로 전개

4) 정보 수용자의 능동적,정보추구적 **Prosumer**화 경향

5) 탈획일화,차별화,다품종 소량생산의 새로운 정보사회 소비형태
로의 전환과 소비자 중심의 마케팅 환경 조성

NOTE

3. 디지털 시대와 방송광고 환경 변화

● 정보 수용자의 세분화 경향 사례

미국, 말하는 광고판 등장

조선일보('07년 1월30일)

미국에서 고객별로 특화된 메시지를 전달하는 이른바 '말하는 광고판'이 거리에 등장해 화제가 되고 있다.

29일(현지시간) 뉴욕타임스의 보도에 따르면 광고판에 메시지 창을 별도로 만들어 지나는 고객에게 이름과 특화된 메시지를 전달하는 새로운 형태의 거리 광고판이 뉴욕과 샌프란시스코, 시카고, 마이애미에서 시범운영에 들어갔다.

BMW의 자회사로 미니 쿠퍼를 판매하고 있는 미니 USA가 만들고 '말하는 광고판'으로 이름붙인 이 광고판은 주변을 지나는 미니 쿠퍼 차량에서 나온 전자신호를 통해 차 소유자를 파악해 미리 준비한 메시지를 내보내는 방식으로 운영된다.

미니 USA는 사전에 미니 쿠퍼 소유자들의 동의 아래 파악한 개인정보를 이용해 운전자만이 알 수 있는 생일축하 메시지나 인사말을 내보내 운전자들의 눈길을 사로잡겠다는 것으로 시범운영 효과를 본 뒤 확대 여부를 결정할 방침이다.

그러나 이 같은 광고가 운전자들의 시선을 분산시키면서 사고위험이 높아질 수 있다는 비판론도 만만치 않게 제기되고 있어 말하는 광고가 광고업체와 교통안전단체 사이에 새로운 논쟁거리가 될 것이라는 지적도 나오고 있다.

NOTE

3. 디지털 시대와 방송광고 환경 변화

- **정보 수용자의 세분화 경향 사례**
  : Personalcasting(Pointcasting) **형태의 바이오 인식광고 등장**

http://blog.naver.com/smphillips?Redirect=Log&logNo=80103839116

3. 디지털 시대와 방송광고 환경 변화

● 정보 수용자의 세분화 경향 사례 - 바이오 인식광고

'광고가 나를 알아봐'…日 얼굴인식 간판 설치

아시아투데이('10년 6월21일)

도쿄 도내 20개 기차역에서 선보여

SF영화 '마이너리티 리포트'을 보면 주인공이 지나갈때 갑자기 홀로그램이 등장해 주인공과 이야기를 나누며 그를 위한 맞춤식 광고를 내보내는 장면이 나온다. 그런데 일본에서 이 영화속 장면처럼 실제로 지나가는 사람들을 인식하면서 맞춤식 광고를 제공하는 전자간판이 등장해 화제가 되고 있다.

21일 도쿄 JR 신주쿠역에 설치된 전자 간판을 행인들이 신기한듯 바라보고 있다. 21일 아사히 신문에 따르면 얼굴인식 시스템을 탑재한 '전자 간판'이 이날 도쿄 도내 20여 곳에 시험 설치됐다. 이 전자 간판은 시간 및 요일별로 내용이 전환되며 광고를 본 사람의 성별, 연령 등을 측정해 수용자에게는 맞춤 광고를 제공하고 광고주에게는 수용자가 어떤 광고에 주목했는지를 알려주는 첨단기능을 갖추고 있다.

광고를 보는 사람의 얼굴 촬영은 52인치 대형 모니터 상단에 내장된 카메라에 의해 이뤄지며 촬영할 때는 '광고 조사 실시 중'이라는 표시가 뜬다고 신문은 전했다. 그러나 촬영된 개인 식별 이미지는 정보 보호 차원에서 저장하지 않는다.

이번 얼굴인식 광고판은 도쿄 지역 철도회사와 계열 광고회사 11곳이 프로젝트를 결성해 진행한 것으로 JR 신주쿠역, 도쿄메트로 긴자역, 도에이지하철 롯폰기역 등 주요 기차역 20곳에 총 27대가 설치됐다.

NOTE

3. 디지털 시대와 방송광고 환경 변화

● 정보 수용자의 세분화 경향 사례 - Personalcasting

KT 쿡TV 맞춤형광고 '스마트웹' 사생활 침해논란   오마이뉴스('09년 9월4일)

KT 쿡TV 스마트웹은 당신이 한일을 알고 있다?

최근 국가정보원의 민간인에 대한 인터넷 등 통신사찰 의혹이 불거진 가운데, 국내 대형 통신기업이 고객들을 상대로 각종 인터넷 활동을 분석해 광고기법에 활용하는 사업을 추진하고 있어 논란이 일고 있다.
KT가 신규 서비스로 준비 중인 쿡 스마트웹은 개인들이 매일 방문하는 인터넷 웹 페이지 등 통신내용을 추적해 광고주에게 제공하는 기술로 사생활을 심각하게 침해할 우려가 있다는 것이다.
이에 KT와 해당 기술을 개발한 영국의 폼사는 고객들의 사전 동의를 얻어 테스트를 진행 중이며, 사생활이 노출될 가능성은 없다고 밝히고 있다.
하지만, 통신 관련 전문가와 시민단체 등에선 KT쪽에서 고객들에게 어떤 정보가 노출되고 누구에게 어떻게 제공되는지 등을 구체적으로 알리지 않고, 형식적인 동의 절차만을 밟고 있다고 반박하고 있다.

인터넷 사용자의 방문 사이트 추적·분석해 맞춤형 광고와 콘텐츠 제공

지난 5월부터 KT가 테스트 중인 쿡 스마트웹은 인터넷 사용자가 온라인 상에서 어떤 사이트에 들어가서, 어떤 내용을 보는지 등 사용자의 관심도를 파악한다.
이후 인터넷 제공회사는 그 내용을 다시 광고회사에 제공하고, 이들 회사들은 해당 이용자에게 맞춤형 광고를 내보낸다.
KT는 또 광고 이외 인터넷 사용자의 관심사를 기반으로 해서 사용자가 관심을 가질 만한 각종 동영상이나 사진 등을 비롯, 관련 콘텐츠 등도 추천해준다고 설명했다.
쿡 스마트웹 서비스를 신청하면, 인터넷 사용자가 자신의 라이프 스타일에 맞는 광고와 콘텐츠를 제공받을 수 있다는 것이다.
현재 서울 송파구 일대 쿡 가입자 1000가구를 상대로 시범 서비스를 진행 중이다. 그렇다면 인터넷 이용자가 무엇에 관심있는지를 어떻게 알 수 있을까. 이는 영국의 온라인광고솔루션 업체인 폼사가 개발한 <u>관심기반광고</u> 전달기술 때문이다.

NOTE

3. 디지털 시대와 방송광고 환경 변화

● 공상과학영화,소설 속의 등장매체 현실화 사례

벽에서 튀어나오는 영상 … 투명TV 시대 곧 온다

연세대 임성일 교수팀, CPU용 투명 트랜지스터 세계 최초로 개발 성공   조선일보('09년 3월5일)

아무것도 보이지 않는 벽에 대고 리모컨을 누르자 TV방송이 나온다. 전원이 꺼져 있을 때는 LCD(액정디스플레이)를 통해 뒤 벽지가 보이다가 전원을 켜면 화면에 방송영상이 나타나는 것이다. 전문가들은 이런 '투명TV'가 2020년대쯤 개발될 것으로 예측하고 있다. 원래 투명한 LCD에 각종 전자회로와 트랜지스터까지 투명하면 유리 같은 투명TV가 가능하다. 핵심은 투명 트랜지스터. 최근 한국 연구진이 잇달아 이 분야에서 개가를 올리고 있어 국제 학계의 주목을 받고 있다.

▲ 투명 트랜지스터 기반의 TV가 출시되면 벽이 화면으로 대체될 수 있다. 투명TV를 사용하지 않을 때는 보이지 않다가 전원을 공급하면 벽이 화면으로 전환되는 것처럼 보이게 된다. 전문가들은 2020년대 투명TV가 출시될 것으로 전망하고 있다. 사진은 투명TV가 개발됐을 경우를 가정한 합성 사진이다.

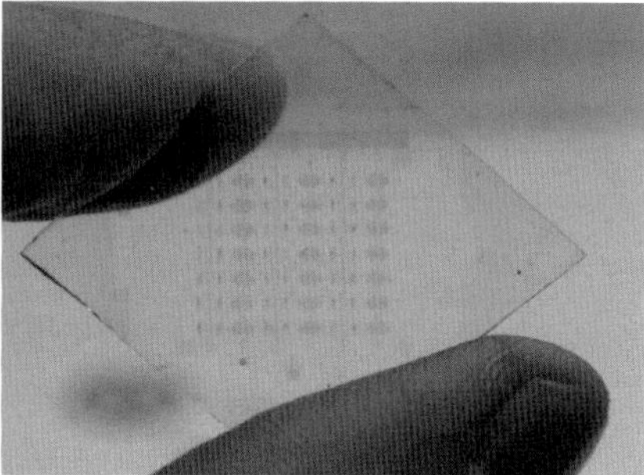

▲ 연세대 임성일 교수팀이 세계 최초로 CPU용 투명트랜지스터를 개발해 선보이고 있다. 투명트랜지스터는 투명TV, 투명휴대폰을 구현할 수 있는 핵심 기술이다./연세대 임성일 교수 제공

NOTE

3. 디지털 시대와 방송광고 환경 변화

● 공상과학영화,소설 속의 등장매체 현실화 사례

뉴스 그대로 'e페이퍼'로 전송… 종이·IT 만나는 '신문혁명'

조선일보('09년 3월5일)

미국 최대의 인터넷 소매업체 아마존(Amazon)이 내놓은 전자책 킨들(Kindle·전화하다는 의미)은 사실상 얇은 디스플레이와 종이에 인쇄된 느낌을 주는 'e잉크'(e-ink) 기술을 통해 '종이'를 구현하고 있다..

세계 주요 국가의 기업과 연구소들은 '언제 어디서나 어떤 크기로도'(Anytime, Anywhere, Anysize) 볼 수 있는 e페이퍼 기술을 개발하기 위해 경쟁하고 있다. 영국 케임브리지대학의 사내 벤처인 '플라스틱로직'은 내년에 타블로이드 신문 크기이면서도 구부릴 수 있는 전자책 단말기를 선보일 예정이다. 미국 애리조나 국립대학의 '플렉시블 디스플레이 센터'(Flexible Display Center)는 최근 접을 수 있는 단말기를 선보였다.

국내에선 삼성전자와 LG디스플레이 등이 다양한 크기의 플렉시블 디스플레이 기술을 개발하고 있다. 삼성전자는 지난 2007년 40인치짜리 흑백 플라스틱 e페이퍼를 선보였고, 작년에는 4.3인치 플라스틱 LCD를 개발했다. LG디스플레이는 지난 2007년 5월 A4 크기의 컬러 플라스틱 e페이퍼와 4인치짜리 구부러지는 OLED(유기발광다이오드·화면 스스로 빛을 내는 디스플레이) 등을 개발했다.

●AM OLED :
Active Matrix Organic Light-Emitting Diode
백라이트에 의해 빛을 발하는 LCD와 달리 자체 빛을 발하는 디스플레이로 TFT LCD 대비 동영상 응답 속도가 1000배 이상 빠르고 색 재현율과 명암비도 월등하여 동영상에 최적화된 디스플레이로 평가

NOTE

3. 디지털 시대와 방송광고 환경 변화

● 공상과학영화,소설 속의 등장매체 현실화 사례

'해리포터' 호그와트 마법신문 현실화되나?

뉴스한국닷컴('10년 1월16일)

LG디스플레이 19인치 와이드형 전자종이 개발 화제

LG디스플레이가 14일 세계 최대 19인치 크기의 플렉서블 전자종이 개발에 성공했다고 밝혔다. 이번에 개발한 전자종이는 19인치 와이드형(25x40cm)으로 현재 개발된 플렉서블 디스플레이 중 세계최대 사이즈. 타블로이드 신문 한쪽 면과 비슷한 크기다. 현재 상용화된 '킨들', '누크' 등의 6인치대 E-book 화면 크기와 비교 시 약 8배 정도로 전자신문으로 활용되었을 때 실제 신문과 같이 생생한 느낌을 제공할 수 있다.

이로써 판타지 영화 〈해리포터〉 시리즈에 나오는 살아 있는 동영상과 함께 읽는 마법신문의 제작이 실제로도 가능해졌다. 이 전자종이는 구부려도 원상태로 복구가 되도록 하기 위해 유리가 아닌 금속박(金屬箔, metal foil)으로 된 기판에 TFT (Thin Film Transistor)를 배열한 것이 특징이다.

NOTE

3. 디지털 시대와 방송광고 환경 변화

● **공상과학영화,소설 속의 등장매체 현실화 사례**

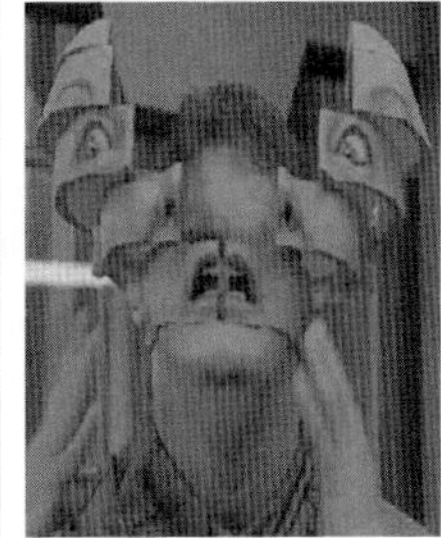

NOTE

3. 디지털 시대와 방송광고 환경 변화

● 공상과학영화,소설 속의 등장매체 현실화 사례

필립 k. 딕(1928~1982)
현대문명 속에서 정체성 혼란을
겪는 인간의 자화상을 암울하고
심층적으로 묘사한
디스토피아적 미래상 예견

NOTE

3. 디지털 시대와 방송광고 환경 변화

● 공상과학영화,소설 속의 등장매체 현실화 사례

"인간을 모르는 첨단기술은 실패한다"

조선일보('09년 9월5일)

'스카이카'를 타고 3차원 공간을 자유롭게 날아다니는 세계는 공상과학에만 나오는 이야기는 아니다. 이미 몇 해 전 일본에서는 하늘을 날아다니는 '에어 배낭'을 약 5000만원에 출시했다. 캐나다 출신의 한 공학자는 4인용 '스카이카'를 선보이기도 했다.

기술이 혁신되면서 저렴화와 대중화 수순을 밟는다는 '테크놀로지 법칙'에 따른다면 이제 누구나 하늘을 나는 자동차를 타고 직장으로 출근하는 세상이 올 것이라고 생각할 수 있다. 그러나 독일 시사주간지 《자이트(Zeit)》의 편집장 출신이자 미래학자인 **마티아스 호르크스**는 저서 **[테크놀로지의 종말]**에서 "50년, 100년이 지나도 '스카이카'가 하늘을 나는 일은 결코 없다"고 단언한다. 기술적인 문제 때문이 아니다. '스카이카'의 대중화를 막는 가장 큰 장애물은 기술적인 문제가 아니라 인간의 정신이다.

인류의 조상은 아프리카 넓은 평원과 낮은 언덕이 펼쳐진 지역에서 살았다. 진화 과정에서 인간의 뇌는 2차원에 맞춰졌다. 인간은 땅을 밟을 때 가장 편안함을 느끼는 '수평적 존재'이다. 방향 설정 기준이 없는 3차원 세계에서 인간은 불안과 긴장을 느낀다.

인간의 마음을 고려하지 않는 테크놀로지는 반드시 실패한다. 1969년 개발된 초음속 여객기 콩코드는 미학적으로 정점에 이른 고성능 기계였지만 2003년 박물관의 유물로 퇴출됐다. 노트북 컴퓨터로 비행기에서 일을 할 수 있게 됨에 따라 굳이 몇 시간 먼저 도착하는 게 큰 의미가 없어진 것이다. 얼굴이 보이지 않을 때 수다 본능이 나오는 인간의 특성을 무시한 화상전화 역시 '불편한 테크놀로지'일 뿐이다. 수퍼마켓에 자동으로 주문서를 날리는 '똑똑한 냉장고'도 '허깨비'일 뿐이라고 저자는 말한다.

NOTE

3. 디지털 시대와 방송광고 환경 변화

● 공상과학영화,소설 속의 등장매체 현실화 사례

2억원대 '하늘을 나는 자동차' 주문한 70명 　　서울신문('10년 7월1일)

'내년 출시될 예정인 비행기로 변신해 하늘을 날 수 있는 꿈의 자동차에 벌써 70명이 예약주문이 몰린 것으로 알려졌다.
영국 데일리 텔레그래프지는 29일(현지시간) 미국 테라푸지아사가 개발한 '트랜지션(Transition)'이 2011년 4분기에 출시될 예정이며 미국 연방항공청(FAA)의 비행승인을 얻었다고 보도했다.
'트랜지션(Transition)'은 일반 자동차 주행도로를 달리다 비행기가 되어 하늘을 날 수 있는 자동차로, 지난해 3월 첫 비행을 마친 것으로 보도됐었다. 이 자동차는 두 사람이 탑승할 수 있으며 길이는 약 5.8m인 것으로 알려졌다.
자동차 모드일 때는 날개가 2단으로 접혀 일반 대형승용차와 크기가 비슷하지만 비행시 날개를 폈을 때의 폭은 약 8.4m에 이른다.
또 주행 도중 약 500여m의 공간이 확보되면 일반도로를 활주로로 사용해 날아올라 시속 약 185㎞로 비행할 수 있다.
가격은 19만4000달러(약 2억3700만원)로 정해졌는데 이미 70명의 부호들이 주문한 것으로 알려져 예약고객이 누구인지에 뉴스팀 기자관심이 증폭되고 있다.

NOTE

4. 디지털 시대의 광고 특성

1) 소비자 주도의 광고 선택과 접촉
- 미국 티보,리플레이TV사의 PVR 경우 TV 내장 하드디스크 용량 30시간과 검색기능을 통한 녹화의 간편성과 자동성
- 버튼 기능을 통한 광고의 자동 Zapping 가능
- 데이터 방송을 통한 상세 정보와 광고 접촉

2) 시청자의 세분화 경향
- Narrowcasting 등장으로 집단 세분화와 개개인 성향의 DB화로 1:1 마케팅 차원의 맞춤형 광고 가능
- PVR 공급에 따른 기존 인기 시간대 구매방식 보다 프로그램 내 광고 삽입 또는 새로운 형태의 오락성 광고 강세

3) 광고 정보량의 무한성 경향
- 시간과 지면의 제약에서 탈피
- 특정 개인에 맞는 무한적 정보제공과 합리적인 구매결정 가능

4) 광고와 홍보,마케팅 개념의 통합
- 광고주 경우 디지털 매체의 브랜드 광고도구로 활용과 회사홍보,직접 판매유도의 마케팅 수단으로 활용

NOTE

5. 디지털 시대의 효과적인 광고

로이 서덜랜드(O&M 부사장 겸 수석 크리에이티브 디렉터)

- 칸 광고 페스티벌 세미나에서 디지털 시대에 광고가 가야할 방향을 상징하는
  사례로 애니모션 광고캠페인 내용과 소비자 반응 소개

"디지털 매체가 주도할 미래 광고시장에서 애니모션 캠페인은 방송,신문 등 전통
적인 매체와 인터넷 같은 디지털 미디어를 효과적으로 사용한 미래광고의 상징"

라네즈의 백만불 몸매 만들기

애니콜 애니모션

지오다노

NOTE

6. 디지털 시대의 미디어플래닝 변화 방향

1) 목표 소구대상층의 세분화
- 전통적 대중매체에서는 연령,소득 등의 인구통계학적 속성 위주
- 디지털 환경에서의 매체 수용자 정보 취득의 용이성으로 소비계층의 라이프스타일,취향 등 심리학적 변인과 구매의향 등의 세분화 속성까지 접근 가능

2) 직접적 소비자 반응에 근거한 미디어플래닝 기법 적용
- 기존 도달률과 빈도 중심에서 소비자 반응 기초한 과학적 기법 접목
- 대중 매체광고의 단순 구매와 판매에서 다양한 미디어믹스를 통한 시너지 효과 발생 가능한 플래닝 중시 경향
- 기존 매스미디어와 위성방송,DMB 등 새로운 커뮤니케이션 수단과의 상호보완적,통합적 운영방안 모색

3) 광고효과 접근 틀의 변화
- 기존 노출 중심의 단순 시청률에서 프로그램 시청자 성향과 매체접촉 행태,구매행동과의 관계 등이 종합적으로 반영된 효과측정 방식 강조

NOTE

Chapter 2

미디어플래닝 업무 이해

1. 미디어 관련 개념 정의

Media

Audience에게 뉴스,오락 등 각종 정보와 광고물 등의 메시지를 전달하는 매개체의 총칭

- **Mass Media** : TV,CATV,라디오,신문,잡지 등 일반 대중을 대상으로 동시다발적이고 비교적 One-way Communication 성향의 매체
  (opp) narrow media, personal media

- **Sales Promotion Media** : 뉴스전광판,버스,지하철,빌딩 벽면과 옥상,DM 등 각종 POP와 이벤트 등의 광고 매체

- **New Media** : On-line,Digital TV,VOD,DMB,IPTV,와이브로 등 새로운 기술과 접목되어 등장하는 매체
  (opp) old media, traditional media

NOTE

1. 미디어 관련 개념 정의

Media Category,Media Class

동일 Medium **내에서 성향과 내용을 기준하여 세부적으로 분류하는 기준**
　　[예] **종합지,경제지,스포츠지 / 주부지,패션지,레저지 등**

Media Vehicle

특정 Media Category**에 속하는 각 개별 메시지 전달도구**
　　[예] SBS-TV,MBC-FM,**조선일보,메트로,보그 등**

Media Unit

특정 Media Vehicle **내에서 광고물이 운행 또는 게재될 수 있는 구체적인 특정 시간**(time) **또는 지면**(space)
　　[예] SBS-TV '**8시뉴스**', KBS2-TV '**개그 콘서트', 중앙일보 1면, 보그 표**4**면 등**

NOTE

2. 미디어플래닝 개념 정의

설정된 마케팅 목표를 달성하기 위해 한정된 예산 또는
적정 예산규모를 제안하는 마케팅전략 수단의 일부로써
특정 제품이나 서비스의 예상구매고객에게 광고 메시지를
가장 효율적이면서 효과적으로 전달하기 위해서 매체의
시간과 지면,공간 등을 어떻게 활용하는 것이 최적인가를
설계하는 의사결정과정(Decision Making Process)

NOTE

3. 미디어플래닝 업무내용과 성격

1) 광고 정보의 '유통경로' 관리 역할

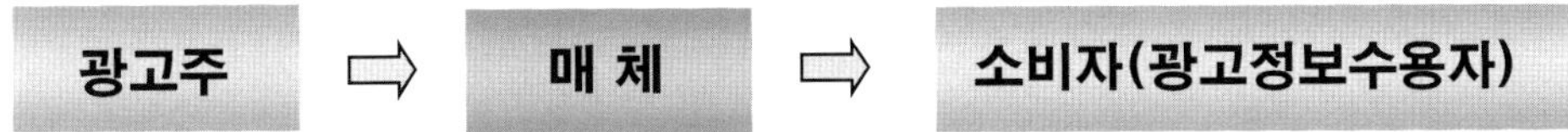

2) 광고 관리의 '최종단계'

NOTE

3. 미디어플래닝 업무내용과 성격

3) '매체기획,집행,사후평가' 단계의 순환적 체계

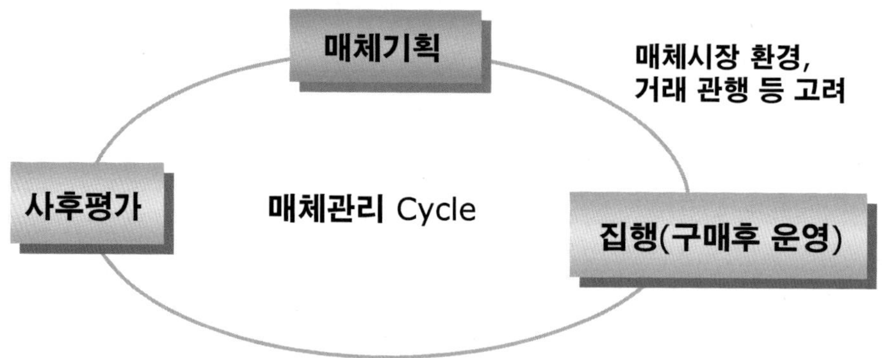

4) '광고예산'의 대부분 관리

NOTE

4. 미디어플래닝 업무 중심으로 본 광고회사 내부조직

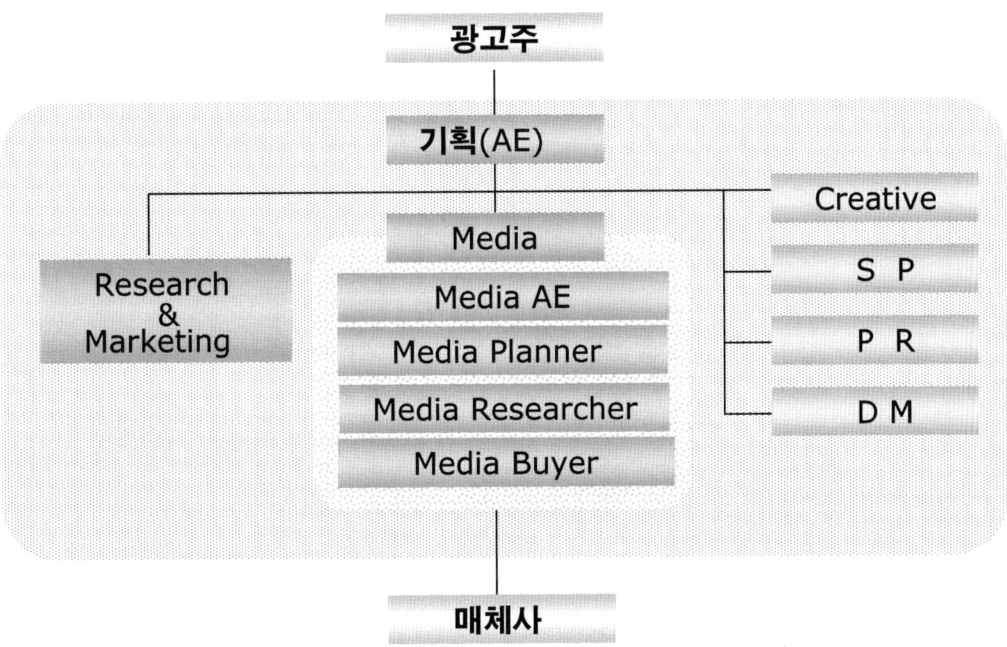

NOTE

5. 일반적인 미디어플래닝 업무 진행과정

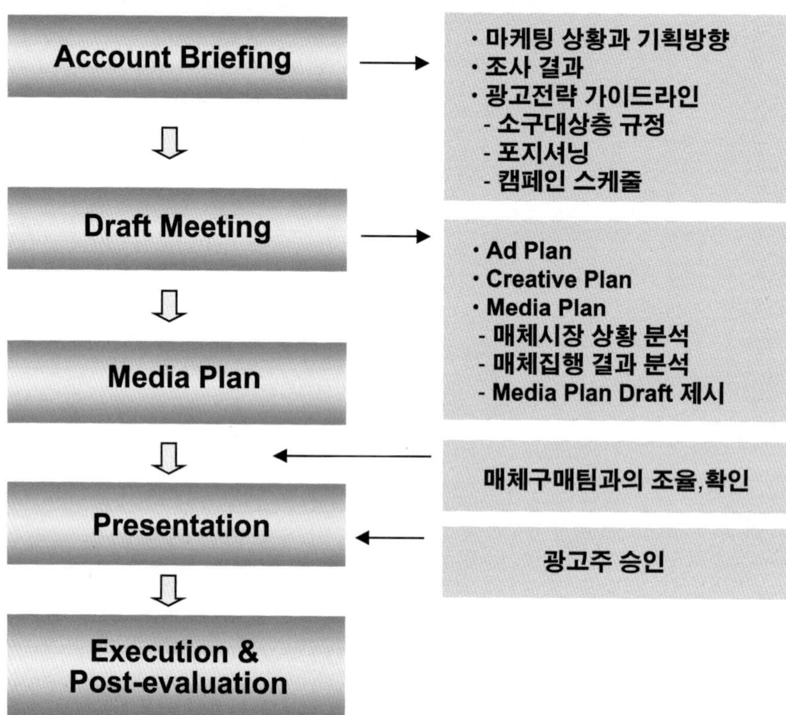

NOTE

6. 일반적인 매체기획안 전개 내용

매체상황 분석 (Situation Review)

매체시장 상황 분석과 전망
광고주별(자사와 경쟁사) 매체집행결과 분석

매체 목표 (Media Objective)

정량적 달성 목표치 설정과 근거제시
Media Prospects **재정의**

매체 전략 (Media Strategy)

매체구성과 역할 (Media Mix & Media Role)
시점별 예산분배 (Scheduling)

세부 매체 집행 안 (Action Plan)

매체 세부집행 일정 (Schedule)
매체 선정지침 (Vehicle Selection)

매체 예산 및 효과 (Budget & Effects)

설정 매체목표 대비 예상 기대효과 비교 평가

NOTE

7. 미디어플래너의 주요 업무

- **매체기획 수립과 예산편성**
- **매체집행(구매와 운영)과정 관리**
- **매체집행결과 분석과 보고**
- **기획서 작성과 Presentation 실시**
- **매체시장 환경분석과 예측**
- **매체효과분석과 예측 시스템 개발**

NOTE

8. 효율적인 의사결정을 위한 미디어플래너의 과제

- 잠재고객의 도달범위(reach)를 어느 정도로 해야 하는가 ?

- 어느 매체(media)에 광고물을 게재해야 하는가 ?

- 잠재고객에게 한달에 몇번(how many times a month) 광고를 노출시켜야 하는가 ?

- 언제(when) 광고를 집행해야 하는가 ?

- 어느 시장(market)과 지역(region)에 노출해야 하는가 ?

- 각 매체에 어느 정도의 광고비(how much money)를 투입 해야 하는가 ?

NOTE

9. 미디어플래너로서 갖춰야 할 기본 사항

- 효율적인 매체기획안 수립과 매체집행 관리를 통해서 광고주의 캠페인을 성공적으로 수행하기 위한 필수 사항

- 폭 넓은 광고에 대한 지식
- 마케팅에 대한 이해력과 지식
- 조사자료에 대한 해석과 활용 능력
- 창의적인 사고력과 기획안 수립 능력
- 문제점 파악 능력과 대안 수립 능력
- 매체에 대한 폭 넓은 지식과 통찰력

NOTE

Chapter 3

미디어플래닝 관련개념 이해

1. 매체분석 유형과 평가 원칙

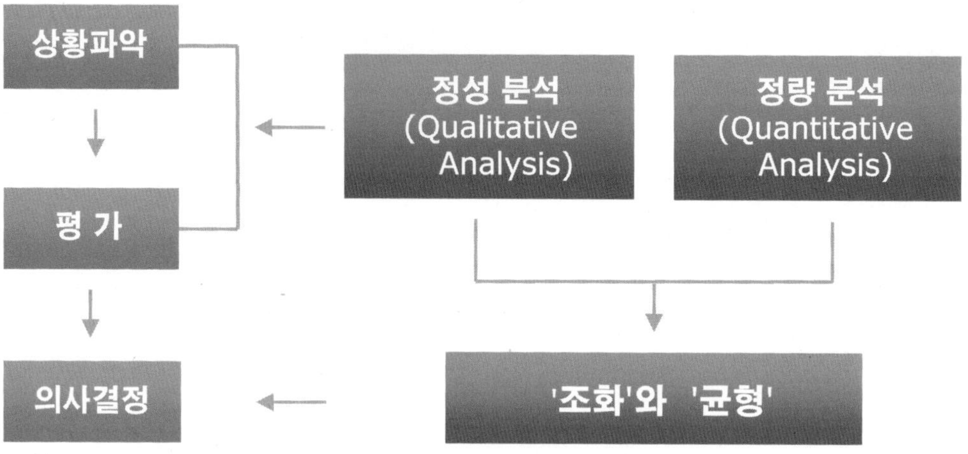

2. 일반적인 매체 분석유형과 세부 요소

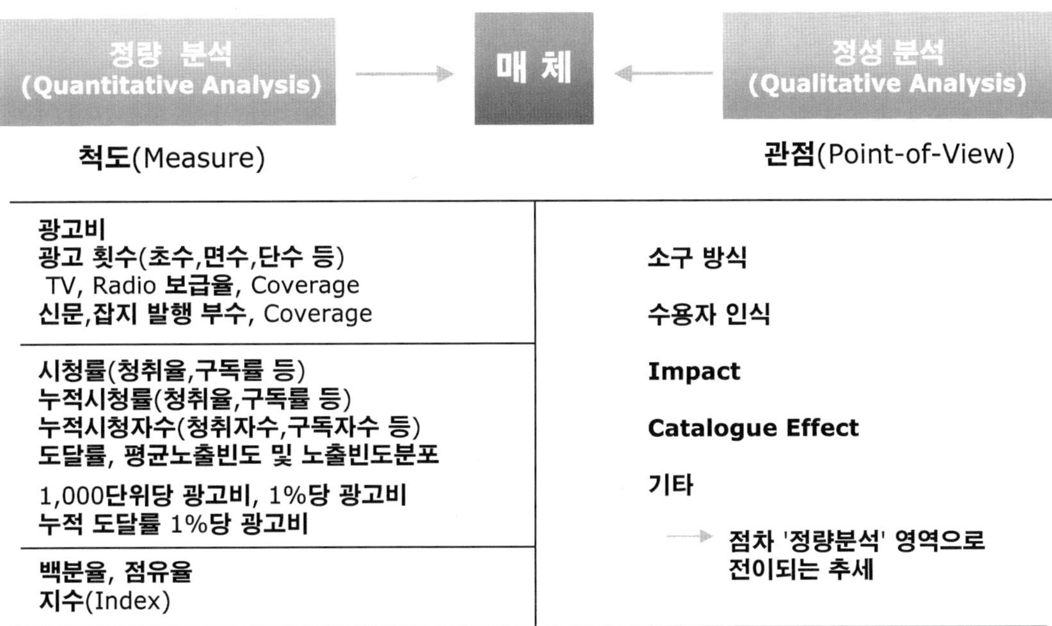

NOTE

3. 정성분석 요소와 개념

1) 소구 방식 :

· 어느 특정 매체가 갖는 정보전달 방법상의 특성

- TV 경우 시각과 청각을 동시에 자극하는 가장 강한 잠재 소구능력을
  지니고 있는 반면 시청자의 참여형태가 수동적이라는 결점도 보유함
- 신문 경우 시각적 자극에만 의존할 수 밖에 없으며 색상의 재현성이
  낮은 결점이 있는 반면 상대적으로 높은 사회적 공신력으로 광고에
  대한 신뢰도를 높일 수 있음

2) 수용자 인식 :

· 특정 매체에 대한 소비자들의 인식

- 권위지,엘로우 페이퍼,특정 종교 성향지 등의 인식태도로서 그 매체에
  게재되는 광고에도 커다란 영향력을 끼치며 이를 '후광효과'(Halo Effect)
  라고 하며 매체선정에 중요한 평가요소로 작용함
  [예] 코카콜라의 폭력물,수사물,격투기 스포츠 비구매 원칙

NOTE

3. 정성분석 요소와 개념

3) Impact :

· 광고형태에 따른 소구력의 차이를 나타내기 위해서 사용하는 개념

- 전파매체 광고경우 광고초수,광고가 방송되는 시간대 등에 따른 차이,
  인쇄매체 경우 흑백광고와 칼라광고,광고면의 크기,위치 등에 따른
  소구력의 차이를 파악하려는 것
- 매체별 Rating 조사이외 Impact 정도를 심층적으로 평가하기 위한
  별도 조사를 실시하며 이를 토대로 가중치를 Rating에 부여하고 있음

4) Catalogue Effect :

· 특정 매체가 지니고 있는 고유의 속성중 Catalogue로서의 작용 가능성을
  의미하는 개념

- 장기 보관 가능성,반복 접촉 가능성,색도의 선명성,인쇄의 고급성 등
  Catalogue가 갖는 속성상 전파매체보다는 인쇄매체, 즉 DM,잡지,신문
  의 순서로 강한 효과가 나타남
- 신상품,고가품으로 소비자의 구매의사결정 과정에서 자기 관여도가
  높은 상품을 광고할 경우 특히 고려해야 할 중요 요소

NOTE

4. 정량분석과 평가방법 유형

<table>
<tr><td>광고주</td><td>→</td><td>매 체</td><td>←</td><td>소비자(광고수용자)</td></tr>
</table>

광고 집행량(Vehicle Distribution)	**광고전달효과(Effectiveness)**

· **광고 횟수**
· **광고 초수**
· **광고 단수 등**
	•시청률(Rating)
	  - 시청자 수(Impression)
	· **누적시청률**(GRPs:Gross Rating Points)
	  - **누적시청자 수**(GIs:Gross Impressions)
	· 도달률(Reach)
	· **평균노출빈도**(Average Frequency)
	· **노출빈도분포**(Frequency Distribution)

소요 비용 · **광고비**(Media Expenditure)	

매 체
 	
· TV,Radio **보급률**,Coverage
· **신문,잡지 발행부수**,Coverage
	가격 효율성(Cost Efficiency)
	•1,000 단위당 광고비
	  (CPM:Cost Per Mille)
	· **시청 또는 구독률 1%당 광고비**
	  (CP(R)P:Cost Per (Rating) Point)
	· **도달률 1%당 광고비**
	  (CPR:Cost Per Reach)

NOTE

5. 정량적 매체효과 평가관련 개념

1) Rating

- TV 시청률,라디오 청취율,신문과 잡지 구독률
- 특정기간 동안 특정 프로그램(또는 신문,잡지)을 시.청취(또는 구독)한 사람들의 전체 인구에 대한 백분율
- 세대별(가구별) Rating과 개인별 Rating으로 구분
- OOH media 경우 Showing으로 표현

HUT(Households Using TV) : 가구별(세대별) 시청률

- TV를 보유하고 있는 전체 세대 중 특정 시간에 TV를 켜두고 있는 세대의 비율
- 라디오 경우 HUR(Households Using Radio)로 표현

PUT(People or Persons Using TV) : 개인 시청률

- TV를 보유하고 있는 세대 구성원 전체중 특정 시간에 TV를 시청하고 있는 사람들의 비율
- 현재 대부분의 광고회사나 광고주 경우, 특정 소구대상의 광고 시청률로 광고효과를 접근하는 것이 보편화되어 있음

NOTE

5. 정량적 매체효과 평가관련 개념

2) Impression

- TV 시청자수,라디오 청취자수,신문과 잡지 구독자수
- 특정기간 동안 특정 프로그램(또는 신문,잡지)을 시.청취(또는 구독)한 사람들의 인원수

3) Share

- 실제 TV를 시청하고 있는 가구나 개인들 중에서 특정 프로그램을 시청하고 있는 가구나 개인들의 상대적인 시청률
    - 점유율 = 특정 프로그램의 가구 시청률 / HUT
        (또는 특정 프로그램의 개인 시청률 / PUT)

NOTE

5. 정량적 매체효과 평가관련 개념

• HUT와 Share 계산 사례

[예 제]

· 저녁 9시대 TV **가구별 시청률이** MBC-TV가 20%, KBS-1TV가
15%, SBS-TV가 15%, KBS-2TV가 10%**였다면**
    1) **이들 4개사의** 9시대 HUT는 ?
    2) **각 방송사별** 9시대 **프로그램의** Share는 ?

해 답   1) HUT ?   60% (20+15+15+10)

            2) Share ? MBC 33.3% (20/60)
                            KBS1 25.0%
                            SBS   25.0%
                            KBS2 16.7%

NOTE

5. 정량적 매체효과 평가관련 개념

4) GRPs(Gross Rating Points)

- 일정기간 동안의 가구별 또는 특정 개인별로 얻은 시청률
  (청취율,구독률)의 누적 합계치 : 누적 시청률(청취율,구독률)
  - GRPs = **특정** Media Vehicle**의** Rating x **광고 운영횟수의 합**
  - GRPs = Reach x Average Frequency
  - Target (Audience) Rating Points, Cumulative Audience Rating Points
    와 동일 개념

5) Reach

- 일정기간 동안 특정 소구대상층 전체 중에서 광고를 1회 이상 접촉한
  사람들의 비율 : 도달률,도달범위

6) Average Frequency

- 광고를 1회이상 본 특정 소구대상들 중에서 그들이 광고를
  본 평균 횟수 : 평균 노출빈도,평균 접촉횟수
- Opportunity to See와 동일 개념

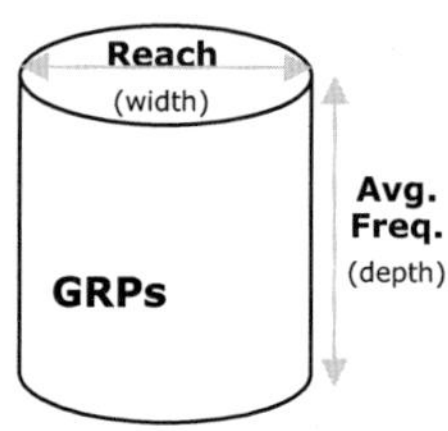

5. 정량적 매체효과 평가관련 개념

- **GRPs,Reach,Avg.Freq. 개념 이해와 계산 사례**

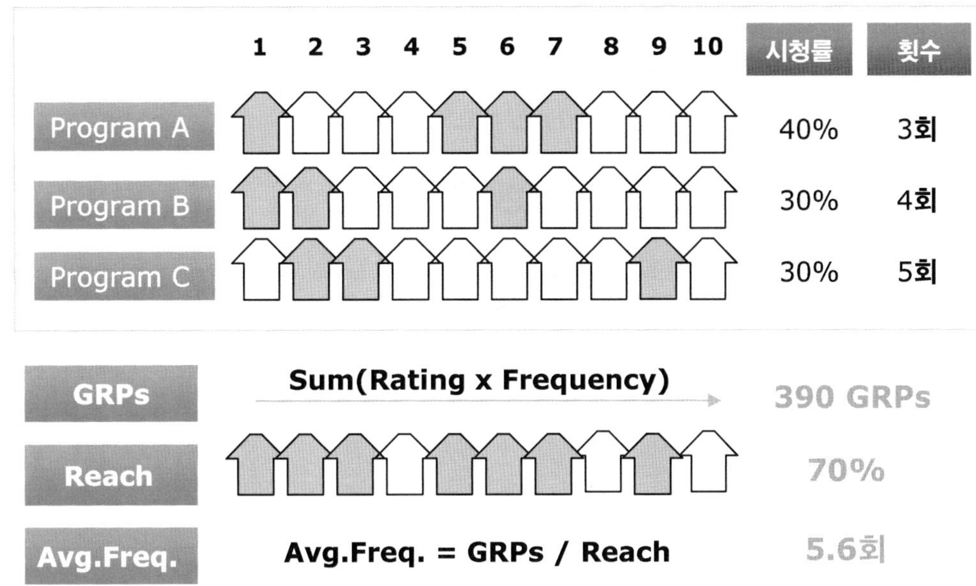

NOTE

5. 정량적 매체효과 평가관련 개념

7) Gross Impressions

- TV 시청자수,라디오 청취자수,신문과 잡지 구독자수의 누적치
- 특정기간 동안 특정 프로그램(또는 신문,잡지)을 시.청취(또는 구독)한 사람들의 누적된 인원수 : 누적 시청(청취,구독)자 수

    - GIs = 특정 Media Vehicle의 Impression x 광고 운영횟수의 합

8) Frequency Distribution

- 광고를 접촉한 사람들의 각 접촉횟수별 분포도 : 노출빈도분포
- 광고 인지도와 관련해서 적정 광고 노출횟수를 설정하는데 필요한 요소

NOTE

5. 정량적 매체효과 평가관련 개념

• 일반적인 Frequency Distribution 유형

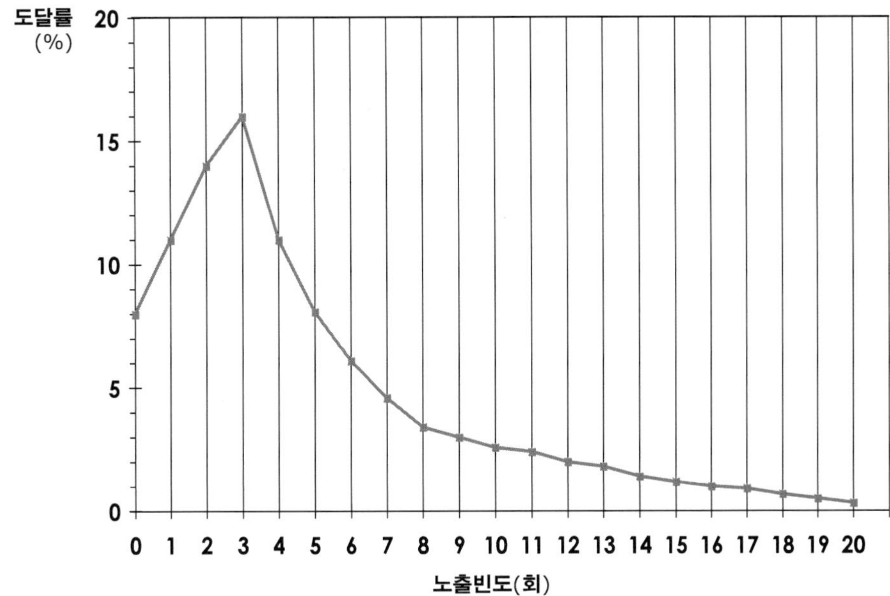

NOTE

6. 정량적 매체 효율성 평가관련 개념

1) C.P.M.(Cost Per Mille(Thousand))

· 소구대상 1,000명 또는 가구,발행부수 1,000부당 소요되는 광고비
  - C.P.M. = 광고비 / ((시청률 또는 구독률 x 전체 소구대상 수) / 1,000)
    또는 광고비 / (발행부수 / 1,000)

2) C.P.P.(Cost Per (Rating) Point)

· 시청률이나 구독률 1%를 얻는데 필요한 광고비
  - C.P.P. = 광고비 / 시청률 (또는 구독률,GRPs)

3) C.P.R.(Cost Per Reach)

· 도달률 1%를 얻기 위해 필요한 광고비
· CPP와 달리 GRPs중 발생된 중복분을 제외한 순수한 도달범위를 기준으로 가격효율성을 평가하는 척도
  - C.P.R. = 광고비 / 도달률

NOTE

6. 정량적 매체 효율성 평가관련 개념

● C.P.M.에 대한 개념이해와 계산 사례

[예제] 광고주 A가 남성 25-34세를 대상으로 TV와 신문을 통해 다음과 같이 광고를
집행한다면 각 미디어 비클에 대한 CPM과 그 값의 의미는 ?

- 전체 인구에서 남성25-34세에 해당되는 인구수 : 3,564,200명
- TV 프로그램 중 SBS-TV '8시뉴스'(15초 기준) :
  1회 광고비 8,490,000원, 소구대상 시청률 14.3%
- 종합일간지 중 '중앙일보'(기타면 10단 C/L 기준) :
  1회 광고비 48,100,000원,소구대상 구독률 23.9%

[해답] 1) SBS-TV '8시뉴스' :
광고비 8,490,000원/((소구대상 인구 3,564,200명x시청률 0.143)/1,000)
=8,490,000/(509,681/1,000)=8,490,000/510=16,647원

2) 종합일간지 '중앙일보' :
광고비 48,100,000원/((소구대상 인구 3,564,200명x구독률 0.239)/1,000)
=48,100,000/(851,844/1,000)=48,100,000/852=56,455원

[해석] '8시뉴스' 프로그램이 '중앙일보'보다 소구대상 1,000명에게 광고를 전달하는데
3.4배 더 저렴하다는 의미

NOTE

6. 정량적 매체 효율성 평가관련 개념

• 계산사례를 통한 C.P.M.과 C.P.P.와의 비교

[예제] 광고주 A가 남성 25-34세를 대상으로 TV와 신문을 통해 다음과 같이 광고를 집행한다면 각 미디어 비클에 대한 CPM과 CPP값을 구하고 그 값의 의미를 설명한다면 ?

- 전체 인구에서 남성25-34세에 해당되는 인구수 : 3,564,200명
- TV 프로그램 중 SBS-TV '8시뉴스'(15초 기준) :
  1회 광고비 8,490,000원, 소구대상 시청률 14.3%
- 종합일간지 중 '중앙일보'(기타면 10단 C/L 기준) :
  1회 광고비 48,100,000원,소구대상 구독률 23.9%

C.P.M.
· SBS-TV '8시뉴스' 15초 16,647원 : 중앙일보 기타면 10단 C/L 56,455원
  ▶ '8시뉴스' 프로그램이 '중앙일보'보다 소구대상 1,000명에게 광고를 전달하는데 **3.4배** 더 저렴

C.P.P.
· SBS-TV 8시뉴스 593,706원 : 중앙일보 2,012,552원
  ▶ 값만 다를 뿐 CPM 평가결과와 동일한 **3.4배**의 격차 발생

NOTE

Chapter 4

광고판매와 규제관련 내용 이해

1. 방송광고 판매유형과 기준

1) 방송광고 유형와 개념,허용량 - TV,라디오

자막	SPOT	시보	전 CM	프로그램	후 CM	자막	SPOT

유 형	개 념	TV		라디오	
		허용량	초수	허용량	초수
프로그램 광고 (program participation; sponsorship)	프로그램 제작의 스폰서로 참여하여 본 방송 전후에 방송되는 광고	프로그램 총 시간의 10/100	15″	프로그램 총 시간의 10/100	20″
토막 광고 (station break)	프로그램과 프로그램 사이의 광고로 전파료 만으로 단가산정	시간당 2회, 회당 4건, 회당 1분30초	20″ 30″	시간당 4회, 회당 4건, 회당 1분20초	20″
자막 광고 (ID,곧이어)	방송순서 고지(곧이어), 방송국명칭 고지(ID)시 화면 하단의 자막형 광고	시간당 4회, 회당 10초, 화면 1/4 이내	10″		
시보 (time signal)	방송 중 시간을 알려주는 시점에 집행되는 협찬성 광고	규정 미존재 (시간당 2회, 1일 10회 이내)	10″	정시 1회	10″
간접광고 (Product Placement)	프로그램 내에서 소품으로 상품을 노출시키는 형태의 광고	프로그램 시간 5/100, 화면 1/4 이내		-	
가상광고 (Virtual Ad)	프로그램 내 컴퓨터 그래픽 활용해서 가상 이미지를 삽입하는 광고	프로그램 총 시간의 5/100		-	

· '10년 1월 방송법 시행령 개정안에 따른 간접광고와 가상광고 허용

NOTE

1. 방송광고 판매유형과 기준

2) 방송광고 유형와 개념,허용량 - CATV

유 형	개 념	CATV	
		허용량	초수
프로그램 광고	TV광고 내용 참조	시간당 12분 초과금지	15~30"
중간 광고		45~60분 1회, ~90분 2회, ~120분 3회, 120분 이상 4회, 회당 1분, 3건 이내	15~30"
중간 광고 범퍼	중간광고 마지막에 **ID**와 결합된 변형광고		10"
토막 광고		시간당 2회, 회당 5건, 회당 1분 40초 이내	
자막 광고	TV광고 내용 참조	시간당 6회, 화면의 1/4	10"
시보			
Filler 광고	프로그램 잔여시간에 채널 고지용 영상물로 2~5분의 프로그램성 광고		
등급 광고	프로그램 시청등급 고지와 결합		10"
인포머셜			
간접광고	TV광고 내용 참조		
가상광고			

1. 방송광고 판매유형과 기준

3) 방송광고 시급 유형과 구분

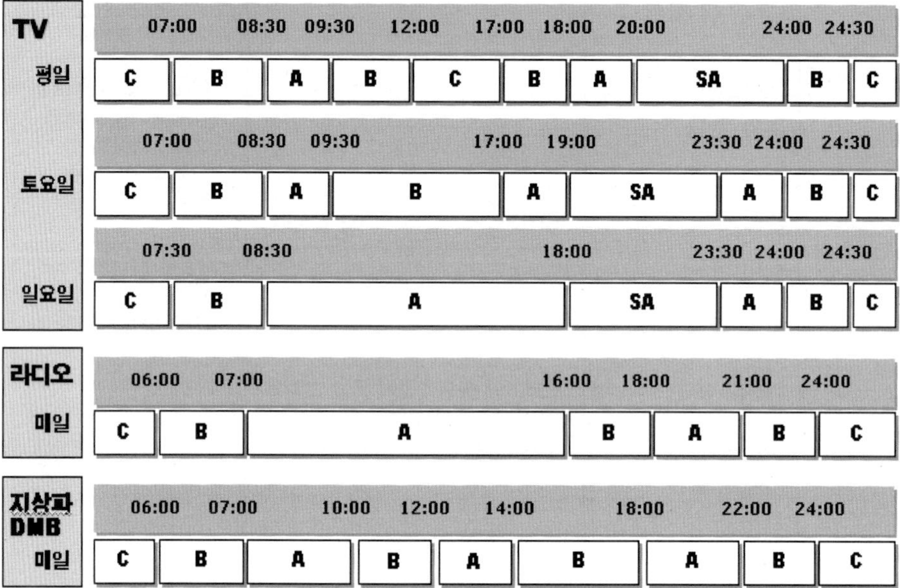

• **CATV** 경우, 방송채널에 따라 **SSA급~C급** 다양한 시간대 구분 및 적용

NOTE

1. 방송광고 판매유형과 기준

4) KOBACO 방송광고 판매방식과 특성

정기물 판매제(수시물)

- 매월 일정량의 광고물을 사전 제시한 판매기준에 따라 **1~5개월** 단위 판매
- 계절성 제품 등 시기별 광고량의 기복이 심한 경우 단기적 활용

장기 판매제(Upfront)

- 연간 매체기획안에 따라 사전에 안정적으로 필요한 양질의 물량을 확보하여 효율적 운영 가능하며 **6개월 이상** 단위 판매
- 연간 지속적이고 일정한 물량을 집행하는 브랜드 또는 기본 광고 물량의 안정적 확보를 원하는 브랜드에 적합

선매제(Pre-emption)

- 광고주가 원하는 인기 프로그램 시간대를 대상으로 정상단가의 **80%** 이상 상한선 없이 **5%** 단위로 높은 단가를 제시한 광고주에게 우선권을 부여하는 경매방식으로 일부 라디오에서도 적용

NOTE

1. 방송광고 판매유형과 기준

4) KOBACO 방송광고 판매방식과 특성

CM 순서 지정제

- 광고주가 원하는 특정 프로그램의 광고 위치 - 전 **CM end**, 후 **CM top** 등을 지정하여 광고 주목률 등의 효과를 높이기 위해 활용하는 판매방식
- 선매제 프로그램을 제외한 모든 프로그램을 대상으로 정상단가의 최저 **110%**로 부터 **5%** 단위로 상한선 없이 단가를 제시한 광고주에게 우선권을 부여하는 방식

일시 할인 판매제(Run Of Schedule)

- 특정 비인기 프로그램이나 미판 프로그램을 대상으로 단 기간으로 연계물을 포함해서 판매하는 방식
- 광고 집행기간 동안 광고횟수 또는 예산 등 일반적인 조건 만 사전 협의하여 판매자가 정하는 스케줄에 따라 할인가격으로 판매하는 방식

GRPs 보상 판매제(프로그램 수시교체 보상제)

- 특정 프로그램 광고를 판매할 때 일정 시청률 획득을 보장하는 방식으로 GRPs 미달 시 다음 달에 부족한 시청률 만큼 광고주와 상의 하에 프로그램으로 보상하는 방식

NOTE

1. 방송광고 판매유형과 기준

5) 방송광고 판매와 수익금 분배 구조

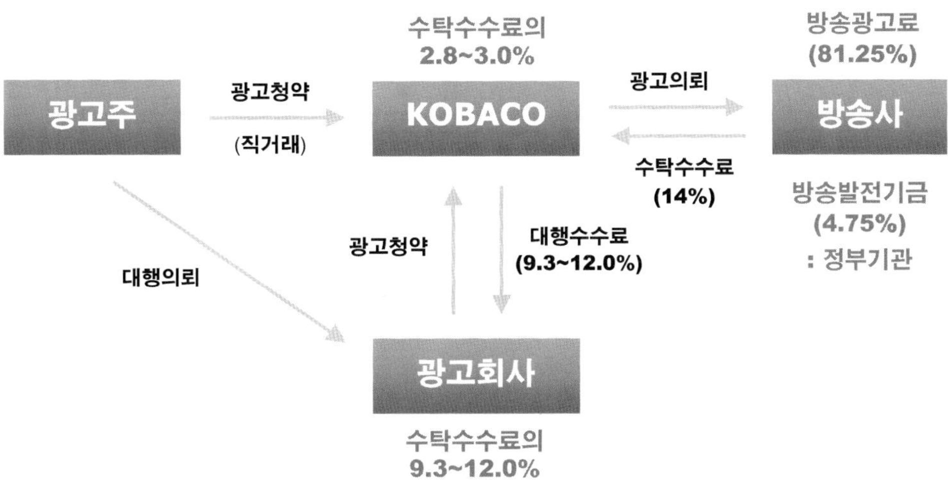

NOTE

2. 방송광고 규제관련 내용 이해

1) 방송광고 주요 금지사항

방송광고 심의규정 44조 2항 – 2008년 6월 개정

1. 식품위생법시행령에 의한 단란주점영업 및 유흥주점 영업
2. 사설 비밀조사업 및 사설탐정
3. 혼인매개,이성교제 소개업(불허), 국내결혼 중계업('09년 9월 허용)
4. 점술,심령술,사주,관상 등의 감정 및 미신과 관련된 내용
5. 무기,폭약류 및 이와 식별이 어려운 모조품
6. 도박 및 이와 유사한 사행행위
7. 담배 및 흡연과 관련된 광고
8. 조제분유,조제우유,젖병,젖꼭지 제품
9. 음란한 내용의 간행물,영상제작물,공연물,전기통신을 통한 음성,영상,문자정보
10. 금융관련법령에 의해 인.허가받지 않거나 등록하지 않은 금융업
11. 안마시술소
12. 재해.구호단체 기부금품 모집광고(허용 예정)
13. 직업소개소('05년 12월 허용)
14. 알콜성분 17도 이상의 주류
15. 지상파 텔레비젼 방송광고의 경우 묘지업.장의업('05년 12월 허용)
16. 지상파 텔레비젼 방송광고의 경우 먹는 샘물('09년 9월 허용)

NOTE

2. 방송광고 규제관련 내용 이해

• 방송광고 금지업종 허용 사례

'먹는샘물' 7월부터 TV 광고

파이낸셜뉴스('09년 2월13일)

'먹는 샘물'(생수)의 TV 광고가 이르면 올해 7월부터 허용될 것으로 보인다.
환경부는 병입 수돗물의 판매를 허용하는 수도법 개정안이 이달 국회에서 처리되면 그동안 법으로 금지해온 먹는샘물의
지상파 광고가 가능하도록 먹는물관리법 시행령과 시행규칙을 올해 7월까지 개정할 계획이라고 12일 밝혔다.

그동안 환경부는 먹는샘물이 TV에 광고되면 상대적으로 수돗물에 대한 불신이 높아지고 계층 간 위화감이 조성되며 광고로
가격도 올라가는 등 부작용이 있다는 이유로 광고허용에 부정적 입장이었다.
그러나 수도법 개정으로 병입 수돗물의 판매가 이뤄지면 수돗물 불신에 대한 우려가 줄어드는 만큼 굳이 광고를 금지할 필요
가 없다는 판단이다.
환경부 관계자는 "어디까지나 병입 수돗물 판매를 전제로 한 계획"이라며 "수돗물에 대한 불신 우려가 줄어들면 먹는샘물에
대한 소비자의 선택기회를 확대하고 경쟁으로 품질도 높이는 순기능이 부각될 것"이라고 말했다.
먹는샘물의 광고허용은 1998년과 1999년 두 차례에 걸쳐 추진됐으나 국회 환경노동위원회에서 먹는샘물의 판매·공급보다
는 공공상수도 정책이 우선해야 한다는 이유로 반대하면서 무산된 바 있다.

환경부는 먹는샘물의 TV광고로 인한 부작용을 최소화하기 위해 검증되지 않은 특수효능을 부각하거나 먹는샘물, 수돗물, 먹
는 해양심층수를 대조하는 등의 허위·과대·비교광고는 엄격히 금지할 방침이다.
현재 먹는 해양심층수는 '해양심층수 개발과 관리에 관한 법률'로 따로 관리되고 있기 때문에 TV 광고가 이뤄지고 있다.
환경부는 이날 토지이용이나 기업경영, 국민생활 편의, 저탄소 녹색성장과 기술개발 등의 분야에서 불합리한 규제를 대거 정
비키로 하는 내용의 '4대 분야 86개 환경규제 정비계획'을 발표했다. 환경부는 업체간 품질 경쟁을 유도해 소비자가 질 좋은
제품을 선택할 수 있도록 이같은 규제 완화 방안을 마련했다고 12일 밝혔다. 다만 환경부는 거짓광고를 비롯해 과대 표시 광
고와 수돗물, 먹는 샘물, 먹는 해양심층수 등 먹는 물간 비교 광고는 엄격하게 관리하기로 했다.

NOTE

2. 방송광고 규제관련 내용 이해

• 제품변경에 따른 방송광고 가능 사례

롯데주류의 도박? 16.8도 소주 출시

기존 소주보다 2도 낮아…방송광고도 가능해져… 17년전 15도 소주는 실패

소주업계가 롯데주류의 16.8도짜리 초(超)저알코올 소주 출시로 술렁이고 있다. 기존 소주보다 2도 이상 낮은 소주 자체가 파격(破格)인 데다 17도 미만의 주류는 방송 광고도 가능하기 때문이다.

◆ 처음으로 등장한 전국구 초저도 소주

롯데주류는 25일 기존 '처음처럼'보다 알코올 도수를 2.7도 낮춘 16.8도짜리 '처음처럼쿨(cool)'을 출시했다. 롯데주류는 처음처럼쿨을 26일부터 수도권 지역을 중심으로 공급하고, 이후 비수도권 지역으로 점차 공급을 확대할 계획이다.

17도 미만의 초저도(超低度) 소주는 2006년부터 무학과 대선주조 등 부산·경남지역 브랜드들이 판매하고 있지만, 수도권 지역을 포함한 전국 단위에서 출시된 것은 이번이 처음이다.

기존 '처음처럼'의 도수는 19.5도, 경쟁사인 진로의 '참이슬'과 '참이슬 후레쉬'는 19.5도, '진로제이'는 18.5도 이다.

그동안 진로와 두산(현재의 롯데주류)은 2006년 2월 각각 20.1도와 20도짜리 소주를 시장에 낸 뒤부터 본격적으로 저도수 소주 경쟁을 벌여왔다.

NOTE

2. 방송광고 규제관련 내용 이해

2) 방송광고 주요 제한사항

1. 주류 광고 - 알콜 성분 17도 이상 제품 광고금지(심의규정+국민건강증진법), 17도 이하 제품 경우 TV 7~22시,라디오 17~8시(어린이,청소년 프로그램 전후 방송불허) 불가, 광고모델 경우 19세 이상 가능
2. 청소년 유해 매체물 광고 - 영화,음반,비디오,간행물 경우 어린이,청소년용 방송 프로그램 광고시간 또는 전후 토막시간에 방송 불가
3. 의약품 광고 - 심장약,위장약,간장약,신장약 등 광고금지(허용), 피임기구 및 약품 광고금지(허용), 의사,약사,간호사 등 기타 이와 유사한 자(모델의 분장포함)의 광고모델 금지
4. 비교표시 광고 - 소비자에 대한 정확한 정보제공 목적과 소비자 기만과 오인 우려없는 경우에만 허용 비교대상과 기준의 명확성,비교내용과 비교방법의 적정성 여부 객관적,타당한 방법의 실험 조사 결과에 의한 실증된 사실 근거
5. 고열량,저영양 식품 광고 – 피자,햄버거,아이스크림 등 어린이 비만,영양 불균형 유발식품 방송광고 17~19시 불허, 어린이 프로그램 내 중간광고 불가(보건복지부 시행령,'10년 1월)

NOTE

Chapter 5

양방향 광고 이해

1. 개념 정의와 특성

양방향 광고 (=쌍방향 광고, Interactive AD, I-AD)

1) 개념 정의

시청자가 프로그램 시청 중에 접촉하는 자막형태의 광고 또는 광고시청 중에 나타나는 버튼을 리모컨 조작으로 광고주 전용 데이터 채널로 이동하여 상세 정보,이벤트 참여,구매 등 다양한 피드백 행위를 수행할 수 있는 형태의 광고

2) 특 성

- **Targeted Advertising(1:1 또는 1:소수 형태)**
- 잠재고객대상 상품에 대한 효과적 노출
- 사실적,상세한 부가정보 전달
- 역동적 제품 이미지 형성통한 소비자 구매동기 유도
- **CRM** 기능통한 상품에 대한 고객 만족도 증대와 소비자 권익 증대
- 즉각적 피드백 통한 단기적인 정교한 광고효과 측정
- 이용자들의 피드백에 따른 신속한 광고 메시지 보완
- 각종 프로모션 활동에 따른 고객 **DB** 확보 용이
- '09년 상반기부터 이벤트 참여수단으로 휴대폰 **SMS** 허용에 따른 참여 편리성 증대와 그에 따른 참여수 증가

NOTE

2. 광고 접근단계와 주요 판매광고 유형

시청자가 방송 프로그램 또는 광고 시청 중 리모컨으로 광고주 전용 데이터 방송
채널인 **DAL(Dedicated Advertiser Location)**로 접근하여 양방향 광고 접촉

CIC

CM in CM : **TV광고+광고주 전용 데이터 채널(DAL)**

**광고 시청 중에 해당 버튼을 눌러 광고주 제공 페이지로 이동하여
상품정보나 설문참여 등이 가능하도록 한 광고상품**

CIP

CM in Program : 프로그램 협찬+광고주 전용 데이터 채널

**프로그램 시청 중에 협찬사의 광고상품에 대한 정보를 제공하는
배너 형태의 광고상품**

CIB

CM in Banner : 배너광고+광고주 전용 데이터 채널

포털 배너 상에서 접촉 가능한 형태의 광고상품

CIC 사례 - 풀무원	CIP 사례 - 식객	CIB 사례 - SK-II

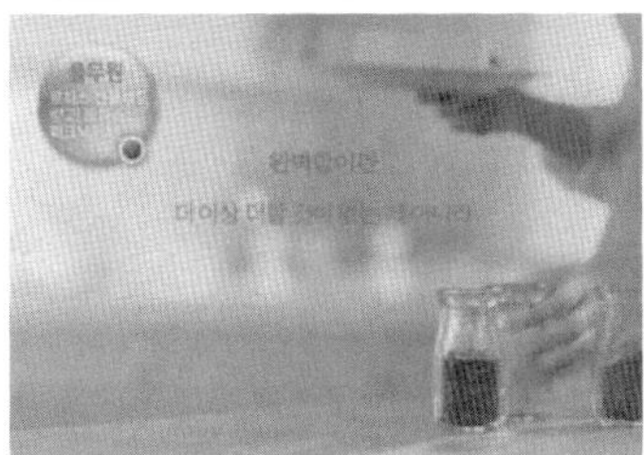

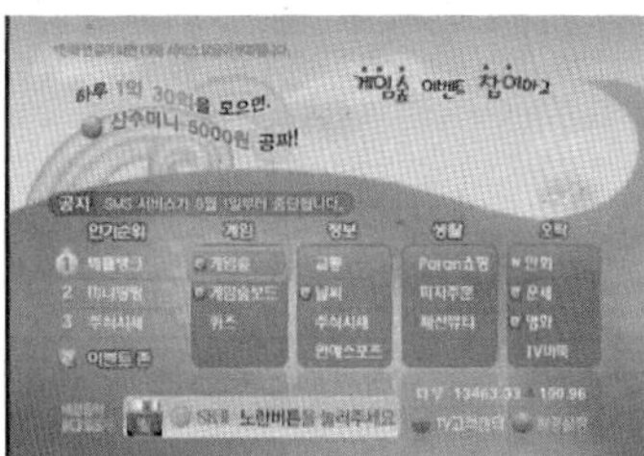

NOTE

3. CM in CM 세부내용

1) 광고 특성

- 광고주가 소구대상층에 맞는 채널을 선택하여 광고 속에 양방향 광고 집행 가능
- 광고 중 리모컨의 빨간 버튼을 눌러 광고주의 **DAL**로 이동 후 상세 제품소개와 설문 참여 등 각종 이벤트를 통해 참여자의 정보 **DB**구축 가능

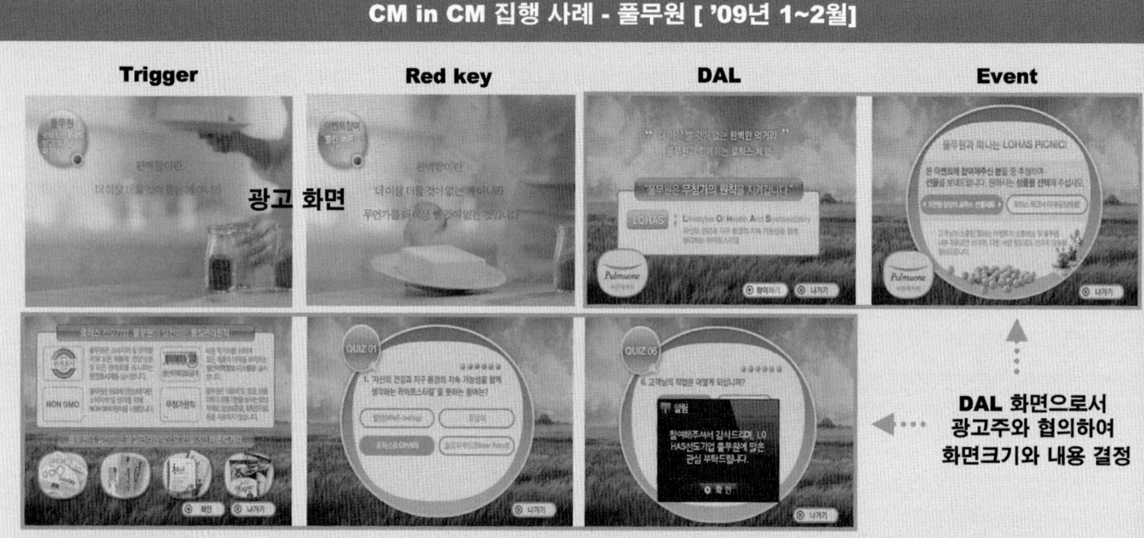

NOTE

3. CM in CM 세부내용

2) 애경 곡물 설거지 이벤트 사례분석과 CIC 패키지 단가

- **CIC** 광고 활용하여 경품 제공 이벤트 형식으로 진행
  - 이벤트명 : 애경 곡물 설거지 **'1,000개의 행운이 쏟아진다'**
  - 경품 : 기프트콘(**1,000개**)
  - 제공 조건 : 곡물 설거지 인지여부 확인위해 **CM** 중 **'곡물'** 반복횟수 퀴즈
  - 편성 채널 : 총 **22개** 채널(**KBS**드라마,**MBC**드라마넷,**OCN,Onstyle** 등)
  - 총 편성 횟수 : **4,692회**
- 진행 이벤트 고지와 참여 유도위한 **10개** 주요 채널에 이벤트 진행 고지
- 핵심고객 참여 유도위해 주부 **10만명**에게 **SMS** 발송
- 일반 광고의 단순,수동적 시청한계 극복통한 핵심고객층의 적극적 참여 유도 대안 실행

SkyLife CIC 광고 패키지 단가 사례		
광고 상품	월간 광고게재 횟수	월간 광고비
Premium Package	**4,080회(+20%)**	**1억원 이상**
Gold Package	**1,870회(+10%)**	**5천만원 이상**
Silver Package	**1,020회**	**3천만원 이상**

- 광고주 **DAL** 제작 운영비 포함가, 광고횟수 **340회/월간 1천만원** 기준

3. CM in CM 세부내용

3) 애경 곡물 설거지 이벤트 사례 결과분석

총 참여 건수	이벤트 완료 건수	정답 건수
1,381,340건	**4,110건** (총 참여건수의 0.3%)	**3,076건** (이벤트 완료건수의 74.8%)
• 광고시청,이벤트 참여 (빨간색 단추 선택기준), CM송 반복청취단계	• 정답선택,연락처기록, 정답 전공완료단계	• 전송된 참여자 설문 대비 정답자 수

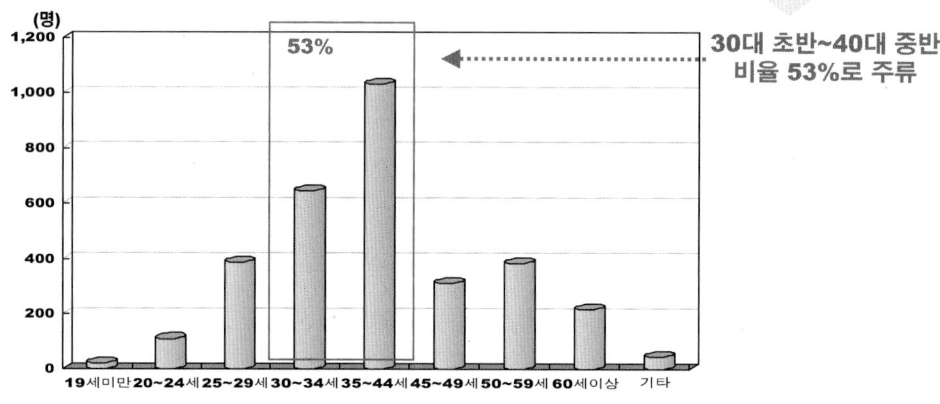

4. CM in Program 세부내용

1) 광고 특성

- 지상파**TV**와 **MPP CATV**의 주요 프로그램을 활용한 양방향 스폰서쉽 광고
- 프로그램 시청 중 리모컨 빨간 버튼으로 제품정보,이벤트,프로그램 정보 제공
  - 참여자 **DB**구축 가능함에 따른 **Direct Marketing** 수행 가능
  - 드라마 주인공을 광고모델로 집행할 경우 후광효과(**Halo Effect**) 획득
  - 전.후 각 **5분** 제외한 프로그램 방송시간 최대 **40분간** 광고노출 가능

CM in Program 집행 사례 - 드라마 '온에어' 중 리홈 광고 ['08년 3~5월]

Red key

DAL

Survey

Event

NOTE

4. CM in Program 세부내용

2) 리홈광고 사례분석과 CIP 패키지 단가

- 방송기간 : '08년 3월 19일~5월 18일(약 3개월)
- 양방향 방송횟수 : 총 34회(정규방송 17회,재방송 17회)
- 평균 시청률 : TNS 20.7%, AGB닐슨 19.3%
- 참여자수 : 12,397명

SkyLife SBS-TV CIP 광고 패키지 단가 사례			
드라마	스포츠	쇼,오락	교양,정보
월간 3~5천만원	월간 1~3천만원	월간 1~1.5천만원	월간 1~2천만원

- 프로그램당 main interactive sponsorship 광고주 1개사 독점 - 정보,이벤트,설문조사,미니게임 운영
- 본방 이외 재방송 경우 보너스 집행

NOTE

5. CM in Banner 세부내용

1) 광고 특성

- 데이터 채널 배너광고로서 **24**시간 노출 가능, 상단 배너 경우 이벤트 필요
- 주간 단위 판매 가능, 주간 또는 월간 단위 소재교체
- 시간 단위 편성 가능

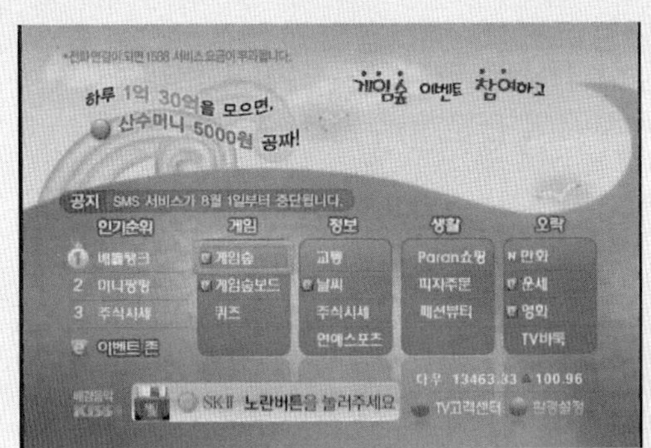

NOTE

6. 기타 적용 가능한 디지털 미디어 방송광고 유형

1) EPG(Electric Program Guide)

- 전자 프로그램 안내 화면 내의 배너광고로 인터넷의 프로그램 검색엔진에 해당
- **100**여 개 디지털방송채널의 **1**일 제공 프로그램 수 **3,500**개 이상인 상황에서 원하는 주제나 소재 프로그램을 찾아 해당 채널로 바로 넘어갈 수 있도록 하는 포털 역할
- 디지털방송시대의 **EPG** 전용채널 경우 주요한 방송광고매체 역할 담당

2) COE(CM on EPG)

- 전자 프로그램 안내 화면 내의 동영상광고로 **EPG** 배너광고와 본질적으로 동일하지만 광고물이 배너 대신에 동영상 형태로 제시되는 것이 차이점
- **COE**광고 경우 가능하면 **5~10**초 짧은 시간의 단순 비주얼로 구성된 동영상 광고물 적합
- 짧은 초수 **CM**과 화면 위의 아이콘 클릭통해 양방향 화면으로 연결해야 효용 가치 증대 가능

EPG 사례

QOOK TV 시작 시 메뉴와 함께 첫 화면에 노출

메뉴 버튼 클릭 시 광고 노출

COE 사례

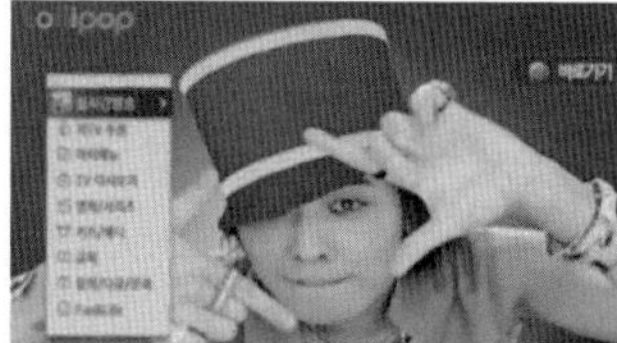

NOTE

6. 기타 적용 가능한 디지털 미디어 방송광고 유형

3) BOS(Banner on Station Break)

- **SO**와 같은 방송국 등 플랫폼 사업자가 삽입할 수 있는 방송국 전용 프로그램 안내 고지시간에 나오는 형태의 배너광고
- 지상파**TV**의 자막광고(**ID**,곧이어)에 해당되며 이 배너 클릭으로 양방향 메시지로 연결

4) BOC,COC(Banner or CM on Channel EPG)

- 채널별 전자 프로그램 안내광고로 플랫폼 사업자 운영 전용 채널뿐 아니라 특정 개별 채널 또는 **PP**채널의 프로그램들에 관한 정보제공 화면상의 배너 또는 동영상 광고
- 채널별 **EPG** 경우 해당 채널의 프로그램 스케줄과 편성내용을 클릭만 하면 수시 알 수 있고 어떤 프로그램을 보더라도 하단에 준비된 아이콘을 클릭하면 바로 해당 채널의 프로그램 편성을 일단위, 주단위, 월단위로 확인 가능

NOTE

6. 기타 적용 가능한 디지털 미디어 방송광고 유형

5) DCA(Data Channel Ad)

- **TV**인터넷 환경처럼 디지털방송 내에서 작동되며 부가정보만 전달해주는 데이터 채널에서 활용 가능한 형태의 광고
- 데이터채널 경우 주로 날씨,여행,증권,쇼핑,취미와 엔터테인먼트와 관련된 정보들을 상시 제공하게 되며 메시지 제공형태는 텍스트와 그래픽 위주이고 동영상은 초당 프레임 수나 크기에서 제약 받게 됨
- 데이터채널 경우 향후 시청자들의 접촉빈도 증대에 따라 다양한 디지털 방송광고와 접목되는 공간으로 활용 가능

6) STS(Simultaneous Target Segments)

- 타겟 선택형 양방향 광고로 전통적인 광고 한 편에 타겟 세분화된 양방향 **TV**광고 여러 편을 한꺼번에 링크시키는 대안 선택형태의 광고
- **CIC**의 변형된 유형으로 한 편의 전통적 광고에 여러 개의 **CIC**가 동시 연결되어 있는 형태

7) ECA(E-Coupon Ad)

- **E-Coupon** 연계 광고로 온라인과 오프라인 또는 온라인과 온라인이 하나로 연결된 형태로 디지털방송광고에 소비자가 접속하여 광고주가 요청하는 사용후기나 설문조사,퀴즈 등의 각종 이벤트에 참여하고 그 대가를 가격할인,샘플증정 등으로 돌려 받는 방식

NOTE

7. 양방향 광고효과 분석결과

1) 일반적인 광고효과 분석 내용

- 광고 소재별 또는 광고유형별 효과와 효율성 평가
  - CIC 경우 소재별, CIP 경우 프로그램별, CIB 경우 배너위치별 분석 가능

양방향 광고 집행 효과분석 보고서 사례								
광고주	Target	광고유형	구분	GRP	Avg.Freq.	Reach(%)	ER2+(%)	ER3+(%)
A	F25~34	CM in CM	강아지 편	80.3	5.3	23.0	15.2	11.3
			북극곰 편					
			야구 편					
			계					
		CM in program	SBS웃찾사	12.2	2.2	8.0	6.5	4.2
			SBS식객	13.5	1.8	10.2	7.8	5.2
			OCN영화	5.4	1.2	3.3	1.8	0.8
			계	31.1	3.4	16.1	12.4	9.3
		CM in Banner	운세	3.5	1.1	2.0	1.3	0.8
			게임숲	4.3	1.5	2.3	1.7	1.0
			증권	3.2	1.2	1.7	1.5	1.3
			날씨	5.5	1.3	2.5	2.0	1.8
			계	16.5	1.8	5.4	4.3	2.0
총계				127.9	7.5	27.1	19.5	12.3

NOTE

8. 인쇄매체에서의 양방향 광고

● 조선일보 e페이퍼 적용 사례

조선일보 스마트 페이퍼 … 움직이는 광고 혁명 조선일보('10년 7월8일)

광고 터치하면 동영상·홈페이지·전화 바로 연결 … '움직이는 광고' 혁명 – 아이폰에 먼저 서비스 … 갤럭시S는 이달 중순쯤

스마트폰에서 신문을 읽고 싶을 때 언제든지 다운로드받아 지면(紙面) 그대로 읽을 수 있는 '조선일보 스마트 페이퍼(Smart Paper)'가 한번 더 진화했다.

조선일보 스마트 페이퍼의 핵심 기능인 면별보기(신문 지면을 그대로 보여주는 기능)에서 신문 기사를 읽다가, 지면에 실린 광고 내용이 궁금할 때 광고 지면을 터치하면 보기 편하게 확대하는 기능을 추가한 것이다.

지금까지는 기사만 확대할 수 있었지만 광고도 독자에게 유용한 정보일 수 있다는 판단에 따라 광고에도 이런 기능을 넣었다.

단순 확대뿐만 아니라, 광고와 관련된 동영상을 보거나 광고한 기업의 홈페이지에도 접속할 수 있다. 광고 상품에 대해 문의 사항이 있으면 곧바로 해당 기업으로 전화를 걸 수도 있다.

예컨대 7일자 A3면에 BMW 자동차 광고가 실렸는데, 이를 터치하면 스마트폰 화면이 꽉 찰 정도로 커진다. 하단에 동영상 재생, 홈페이지 접속, 전화 연결 등 3개 메뉴가 있다. 이를 터치하면 BMW가 제공하는 자동차 동영상을 보거나, BMW 홈페이지로 접속해 추가 정보를 얻을 수 있다. 전화 연결 버튼을 누르면 BMW의 대표 전화번호로 전화가 걸린다.

이 같은 업그레이드는 우선 애플의 아이폰에 적용했다. 이달 중순쯤 삼성전자의 갤럭시A·갤럭시S 등 2개 모델에도 추가할 예정이다.

끊임없이 진화하고 있는 조선일보 스마트 페이퍼는 최근 유료로 전환, 새로운 도전에 나섰다.

NOTE

Chapter 6

매체조사자료 유형과 활용

1. 현재 국내활용 주요 매체조사자료 유형

광고 모니터링	TV 시청률	인쇄매체 열독률
Nielsen Media Research · 광고량 검색 시스템 · BasisNet 광고 표현물	**AGBNMR** · Arianna · LiveRatings **TNmS** · Info TV · Plan TV	**HRC** · Telmar **CPR**

NOTE

2. 총광고량 모니터링 조사자료

· Nielsen Media Research

- '06년 하반기부터 기존 KADD에서 사명 변경
- '85년부터 자료 공급
- 4대 매체 광고비 및 광고집행 세부현황 자료
- '04년부터 CATV 주요 채널 광고 모니터링 업무 개시
- 인터넷 사이트를 통한 일간단위 광고자료 모니터링 가능
- '93년부터 광고표현물과 관련기사,정보 검색 시스템 BasisNet 운영
    : 관련기사정보 검색 서비스, '08년 상반기부터 공급 중단
- '08년 하반기부터 극장광고 모니터링업무, 온라인 광고 모니터링과 효과평가 시스템 AdRelevance 제공
- '09년 1월부터 Nielsen Global Adview와 협업으로 해외시장용 총 17개국 광고 모니터링 시스템 Ad Library Lite 공급
- '10년 5월부터 방송매체 가상광고, PPL광고 모니터링 업무개시

NOTE

2. 총광고량 모니터링 조사자료

1) NMR 회사별 상품별 월별 광고비 자료 사례

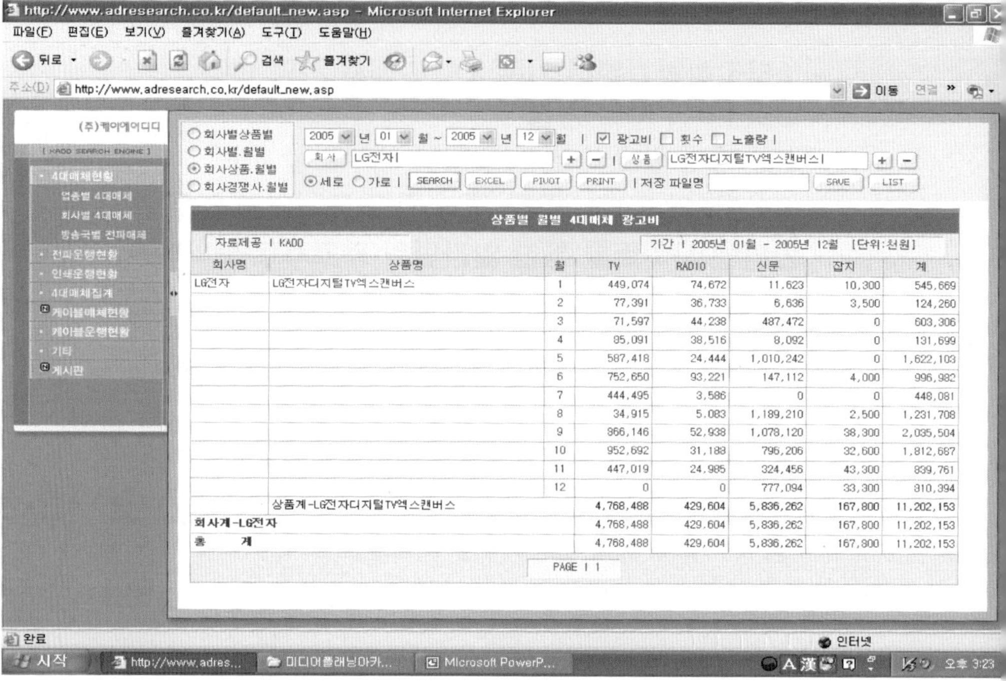

상품별 월별 4대매체 광고비

자료제공 ｜ KADD

기간 ｜ 2005년 01월 ~ 2005년 12월 ［단위:천원］

회사명	상품명	월	TV	RADIO	신문	잡지	계
LG전자	LG전자디지털TV엑스캔버스	1	449,074	74,672	11,623	10,300	545,669
		2	77,391	36,733	6,636	3,500	124,260
		3	71,597	44,238	487,472	0	603,306
		4	85,091	38,516	8,092	0	131,699
		5	587,418	24,444	1,010,242	0	1,622,103
		6	752,650	93,221	147,112	4,000	996,982
		7	444,495	3,586	0	0	448,081
		8	34,915	5,083	1,189,210	2,500	1,231,708
		9	866,146	52,938	1,078,120	38,300	2,035,504
		10	952,692	31,188	796,206	32,600	1,812,687
		11	447,019	24,985	324,456	43,300	839,761
		12	0	0	777,094	33,300	310,394
	상품계-LG전자디지털TV엑스캔버스		4,768,488	429,604	5,836,262	167,800	11,202,153
회사계-LG전자			4,768,488	429,604	5,836,262	167,800	11,202,153
총　　계			4,768,488	429,604	5,836,262	167,800	11,202,153

PAGE ｜ 1

NOTE

2. 총광고량 모니터링 조사자료

2) NMR 회사별 상품별 TV매체 광고운행현황 자료 사례

전파 업종별 상품별 운행현황

자료제공 | KADD | 기간 | 2005년 11월 01일 - 31일 [단위:천원]

업종명	회사명	상품명	매체명	예정시각	프로그램명	일	초수	횟수	금액
TV	LG전자	LG전자디지털TV액스캔버스	KBS-2TV	09:39	0939SP	06	30	1	3,028
				24:05	생방송시사투나잇	02	15	1	2,850
				24:15	생방송시사투나잇	03	15	1	2,850
				24:05	생방송시사투나잇	09	15	1	2,850
				24:05	생방송시사투나잇	16	15	1	2,850
				24:05	생방송시사투나잇	23	15	1	2,850
				24:05	생방송시사투나잇	30	15	1	2,850
				20:55	인간극장	04	15	1	8,265
				14:00	KBS스포츠(국가대표친선축구한:세트.[재])	17	30	1	2,190
				19:50	KBS스포츠(국가대표친선축구한:세트비아.)	16	30	1	32,610
			[Media-Total : KBS-2TV]				195	10	63,193
			MBC-TV	12:09	1209SP	06	30	1	3,736
				12:09	1209SP	13	30	1	3,736
				12:09	1209SP	20	30	1	3,736
				12:09	1209SP	27	30	1	3,736
				14:59	1459SP	06	30	1	3,736
				14:59	1459SP	13	30	1	3,736
				14:59	1459SP	20	30	1	3,736

NOTE

2. 총광고량 모니터링 조사자료

3) NMR 회사별 상품별 신문매체 광고운행현황 자료 사례

인쇄 업종별 상품별 노출현황

자료제공 ㅣ KADO   기간 ㅣ 2005년 11월 01일 – 31일 [단위:천원]

업종명	회사명	상품명	매체명	색상	면구분	면	단	크기	일	횟수	금 액
TV	LG전자	LG전자디지털TV엑스캔버스	경향신문	C	F	32	15	37	3	1	47,175
			[경향신문-매체계]							1	47,175
			조선일보	C	F	32	15	37	5	1	89,633
			[조선일보-매체계]							1	89,633
			중앙일보	C	F	32	15	37	5	1	89,633
			[중앙일보-매체계]							1	89,633
			매일경제	C	F	40	15	37	10	1	37,740
			[매일경제-매체계]							1	37,740
			코리아타임즈	C	K	40	07	50	17	1	10,500
			[코리아타임즈-매체계]							1	10,500
			세계일보	C	F	32	15	37	3	1	35,381
			[세계일보-매체계]							1	35,381
			헤럴드경제	C	K	39	10	25	4	1	11,250
			[헤럴드경제-매체계]							1	11,250
			경북일보	B	E	19	05	37	1	1	3,145
			[경북일보-매체계]							1	3,145
		[상품계-LG전자디지털TV엑스캔버스]								8	324,456
	[회사계-LG전자]									8	324,456

2. 총광고량 모니터링 조사자료

4) NMR 회사별 상품별 CATV 매체 광고운행현황 자료 사례

NOTE

3. 광고표현물 검색자료

1) BasisNet 국내광고 표현물 키워드 검색 사례

NOTE

3. 광고표현물 검색자료

2) BasisNet 국내광고 표현물 스토리보드 보기 사례

NOTE

4. 극장광고 모니터링 자료

1) NMR 극장광고 모니터링 현황과 과정

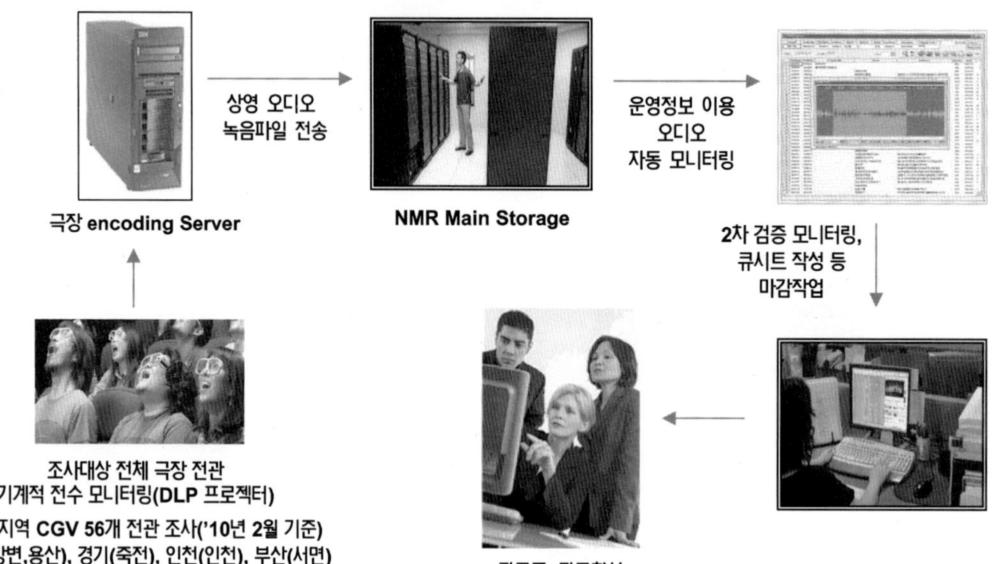

NOTE

4. 극장광고 모니터링 자료

2) NMR 극장광고 모니터링 자료 사례

(1) 세부 운행 현황

극장 업종별 상품별 운행현황

기간 | 2010년 01월 01일~ 05일 [단위:천원]

업종명	회사명	상품명	소재명	매체명	회차	실제시간	영화명	일	초	횟수
휴대폰	삼성전자	삼성디지털익사이팅애니콜	닉쿤(분홍/초록)코비	CGV서면07관	004	14:51:05	(디지털더빙)앨빈과 슈퍼밴드2	05	30	1
					005	16:45:37	(디지털더빙)앨빈과 슈퍼밴드2	05	30	1
					006	19:06:09	셜록홈즈	01	30	1
					007	21:43:07	셜록홈즈	01	30	1
					008	24:17:36	셜록홈즈	01	30	1
					006	19:06:42	셜록홈즈	02	30	1
					007	21:41:15	셜록홈즈	02	30	1
					008	24:18:13	셜록홈즈	02	30	1
					006	19:06:27	셜록홈즈	03	30	1

(2) 썸네일 및 동영상 자료

회사 삼성전자 **상품** 삼성디지털익사이팅애니콜
매체 **검색** 20100101~20100105

소재명 : 닉쿤.(분홍/초록)코비가말해줄꺼야 [초수-030] 동영상 보기

NOTE

5. 온라인광고 모니터링 자료

1) NMR AdRelevance 시스템 주요 화면

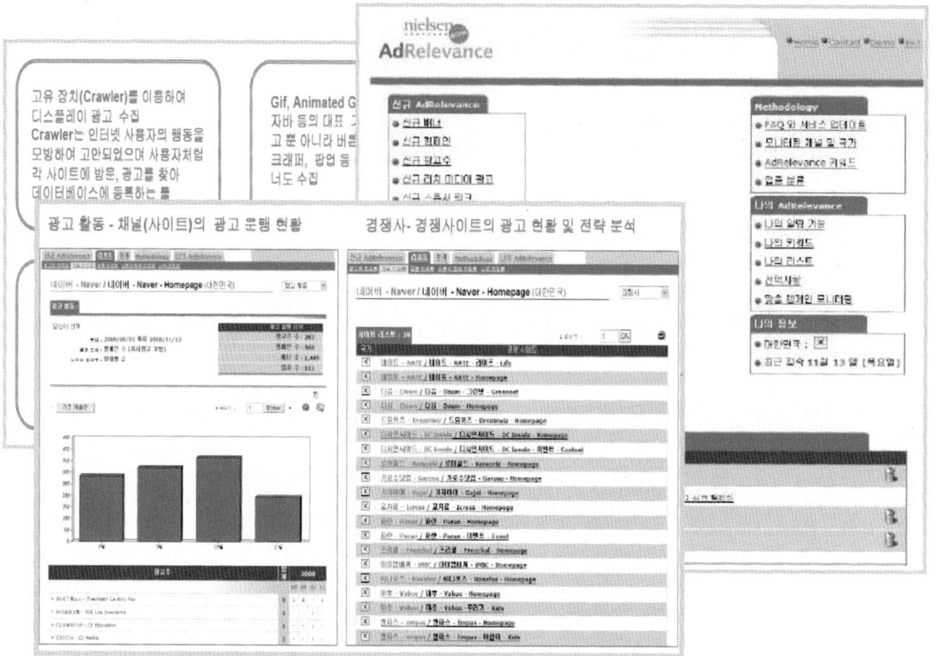

6. 방송매체 가상광고, PPL 광고 모니터링 자료

1) NMR 가상광고, PPL 광고 모니터링 과정

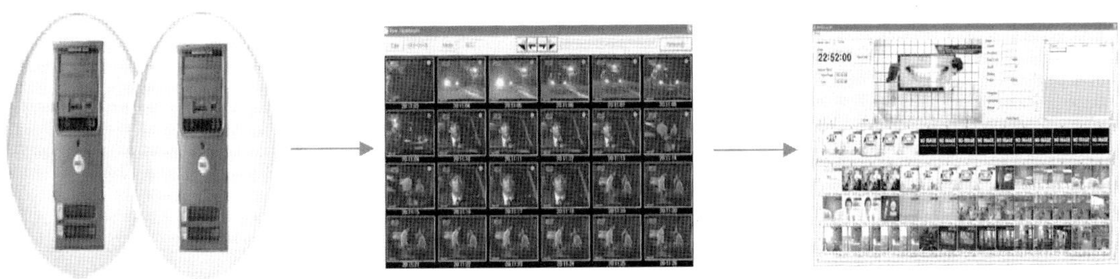

Step 1	**Step 2**	**Step 3**
KAMS Recording	**가상,간접광고 데이터 모니터링**	**동영상, 썸네일 자료 제공**
H264 Recording PC를 통한 자동녹화와 썸네일 이미지 생성, WMV 영상파일 제공	큐시트 통한 광고운행정보 확인과 모니터링 실시, 1초 단위 썸네일 이미지 확인	해당광고 운행정보자료,동영상,썸네일 이미지 제공 셀 분할 기법(Grid) 시스템 적용 데이터 운행 최종점검

NOTE

6. 방송매체 가상광고, PPL 광고 모니터링 자료

2) NMR 가상광고, PPL 광고 모니터링 자료 사례

(1) 가상광고 모니터링내역서

채널	날짜	프로그램 시작시간	프로그램 종료시간	프로그램	광고주	업종	브랜드명	광고 시작시간	광고 종료시간	초수	썸네일	동영상
SBS	06-12	19:50	23:00	남아공 월드컵	현대 자동차	수송기기 기업PR	현대 자동차PR	20:21:12	20:21:16	5		

(2) 간접광고 모니터링내역서

채널	날짜	프로그램 시작시간	프로그램 종료시간	프로그램	광고주	업종	브랜드명	광고 시작시간	광고 종료시간	초수	썸네일	동영상
MBC	06-26	16:10	17:15	쇼음악 중심	한국 노키아	휴대폰	노키아	16:14:46	16:14:52	7		

동영상 자료 제공	썸네일 이미지 자료 제공	사후 검증자료 제공

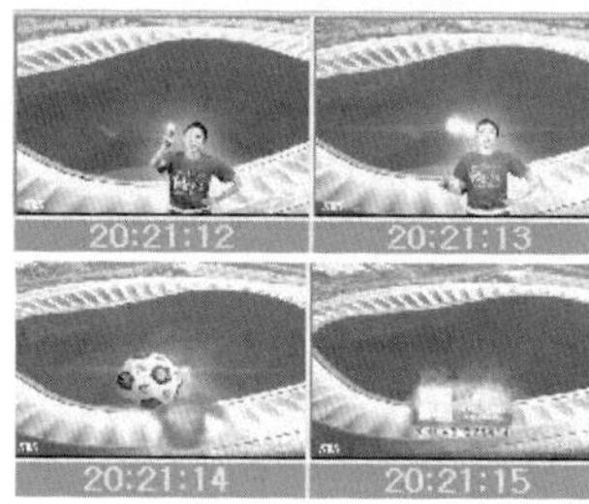

- 신유형 광고효과측정에 대한 연구 자료로 활용
  - 광고 노출위치,크기,노출 명확도 여부
- 법령기준에 맞는 이행여부 확인
  - 사후검증 체계로 활용

NOTE

7. TV 시청률 조사자료

1) AGB Nielsen Media Research

- '04년 8월, AGB그룹과 닐슨미디어리서치 인터내셔널 합병
- '99년 8월 기존 Media Service Korea 인수 및 출범
- 기존 MSK 경우, '91년 9월 설립, '91년 12월 자료 제공 개시
- '93년 8월부터 자료 독점 공급 (한국갤럽 TV정보센터 영업 중단)
- People-meter 방식, 1분 단위 프로그램 및 광고 시청률 제공
- '08년 4월 기준 총 2,350 Panel 자료 제공
  (서울,수도권 1,050,부산,경남권 350,대구,경북권 250,대전,충청권
   300,광주,호남권 300,춘천 100)
- 현재 Sub-meter 포함 총 3,290대 설치(가구 당 평균 1.4대)
- 현재 광고 소재별 효과 분석 자료 제공
- '04년 1월부터 CATV 주요채널 시청률 및 효과평가 제공
- '05년 4/4분기부터 매체효과예측 시스템 Arianna 제공
- '08년 7월부터 실시간 프로그램,광고시청률 추이자료 LiveRatings 제공
- '09년 3월부터 위성방송 스카이라이프 300 panel 시청률 조사업무
- '10년 3/4분기 현재 미조사 지역인 제주,울산 등 각 100 panel 확대
  조사 중

7. TV 시청률 조사자료

(1) AGBNMR Arianna Post Evaluation 옵션 설정 사례

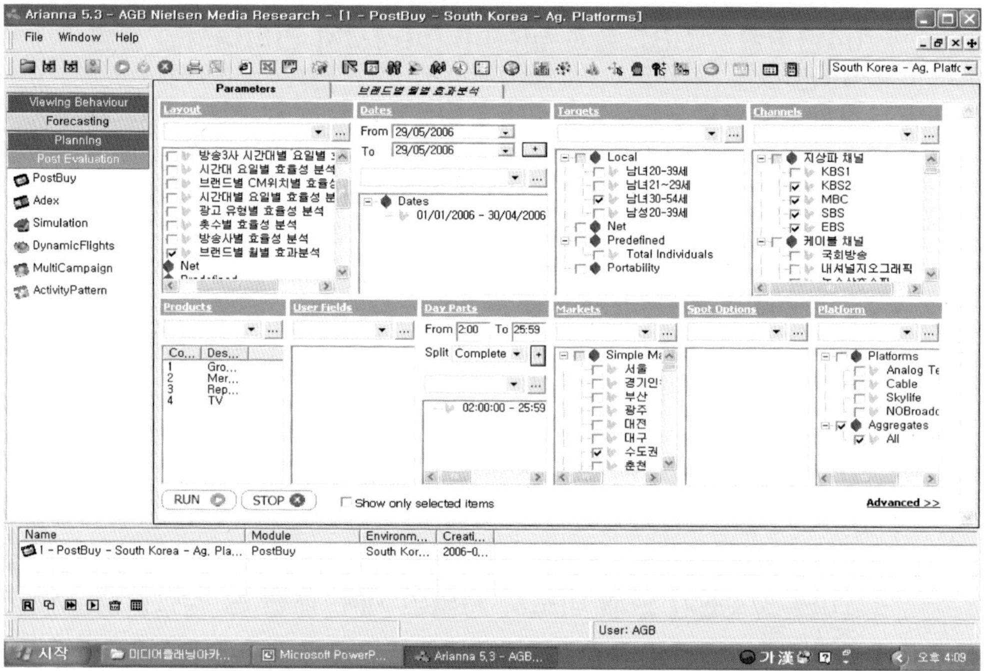

NOTE

7. TV 시청률 조사자료

(2) AGBNMR Arianna Report Format Layout 설정 사례

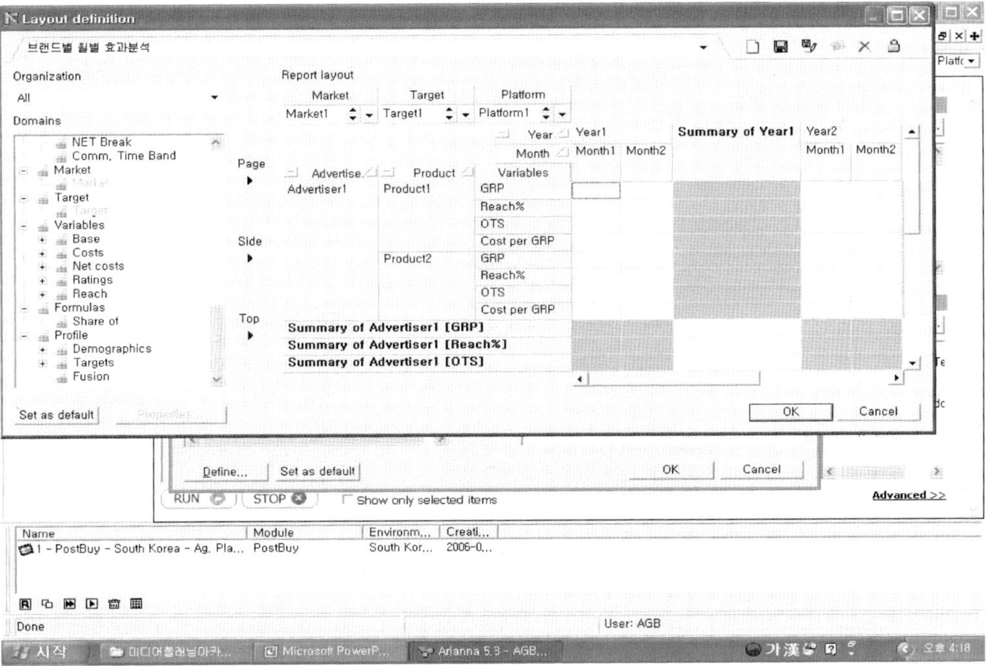

NOTE

7. TV 시청률 조사자료

(3) AGBNMR Arianna 효과분석 결과 사례

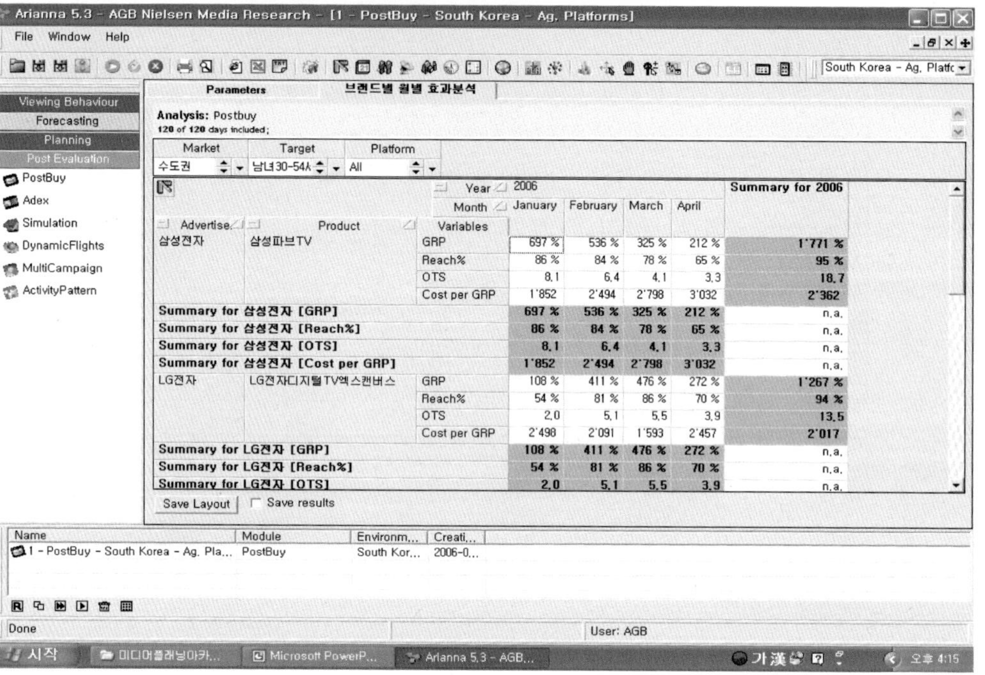

NOTE

7. TV 시청률 조사자료

(4) AGBNMR Arianna 효과분석 결과물 Excel Export 사례

	A	B	C	D	E	F	G	H
1	Market		Target	Platform				
2	수도권		남녀30-54세	All				
3			Year	2006				Summary for 2006
4	Advertiser	Product	Variables\Month	January	February	March	April	
5	삼성전자	삼성파브TV	GRP	697%	536%	325%	212%	1771%
6			Reach%	86%	84%	78%	65%	95%
7			OTS	8.1	6.4	4.1	3.3	18.7
8			Cost per GRP	1852	2494	2798	3032	2362
9	Summary for 삼성전자 [GRP]			697%	536%	325%	212%	
10	Summary for 삼성전자 [Reach%]			86%	84%	78%	65%	
11	Summary for 삼성전자 [OTS]			8.1	6.4	4.1	3.3	
12	Summary for 삼성전자 [Cost per GRP]			1852	2494	2798	3032	
13	LG전자	LG전자디지털TV엑스캔버스	GRP	108%	411%	476%	272%	1267%
14			Reach%	54%	81%	86%	70%	94%
15			OTS	2.0	5.1	5.5	3.9	13.5
16			Cost per GRP	2498	2091	1593	2457	2017
17	Summary for LG전자 [GRP]			108%	411%	476%	272%	
18	Summary for LG전자 [Reach%]			54%	81%	86%	70%	
19	Summary for LG전자 [OTS]			2.0	5.1	5.5	3.9	
20	Summary for LG전자 [Cost per GRP]			2498	2091	1593	2457	
21	소니	소니브라비아	GRP				84%	84%
22			Reach%				43%	43%
23			OTS				2.0	2.0
24			Cost per GRP				3259	3259
25	Summary for 소니 [GRP]						84%	
26	Summary for 소니 [Reach%]						43%	
27	Summary for 소니 [OTS]						2.0	
28	Summary for 소니 [Cost per GRP]						3259	
29	디지탈디바이스	디지탈디바이스PDPTV	GRP	59%				59%
30			Reach%	29%				29%
31			OTS	2.0				2.0
32			Cost per GRP	567				567

NOTE

7. TV 시청률 조사자료

(5) 실시간 TV 시청률 LiveRatings 특성

- 서울지역 전 패널가구(550가구) 대상
- 최신 디지털 미터 TVM5 설치
- 무선 데이터 및 초고속 인터넷 전송 방식 적용(CDMA/LAN)
- 세계 최초 웹 인터페이스를 통한 실시간 데이터 제공
- 표준 웹 방식의 PDA/핸드폰에 제공 예정

NOTE

7. TV 시청률 조사자료

(6) 실시간 TV 시청률 LiveRatings 웹 인터페이스 메인 화면

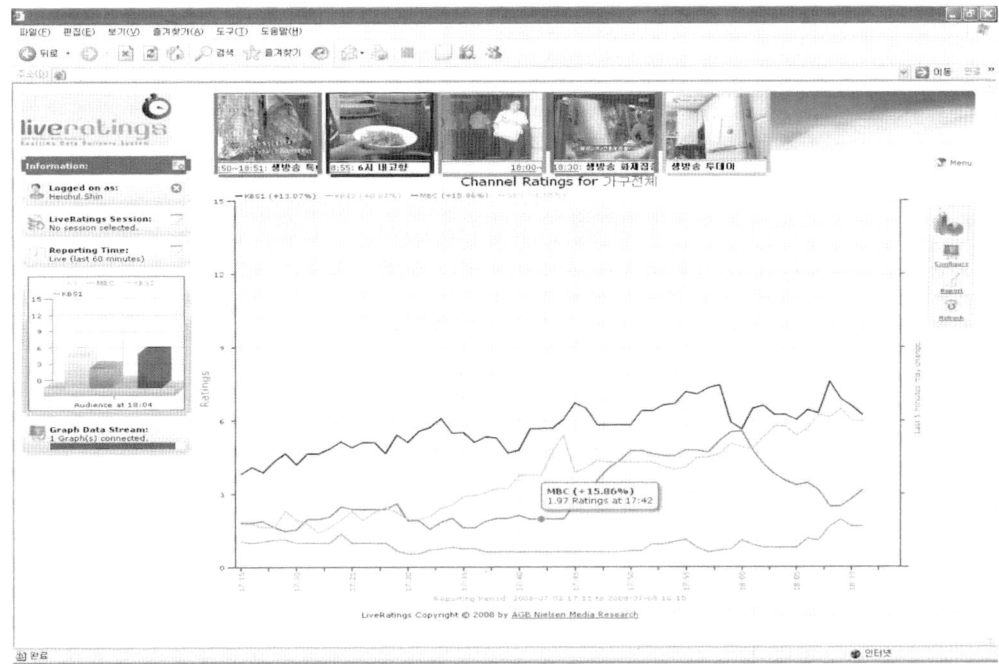

NOTE

7. TV 시청률 조사자료

2) TNmS(Total National Multimedia Statistics)

- '98년 12월 TNSMK 설립, '99년 9월 자료 제공 개시
- 서울 및 경기,부산,대구,광주,대전지역 대상 2,000 Panel 조사
  : 서울 600,경기 500,부산 270,대구 230,광주,대전 지역 각 200씩
- Sub-meter 포함 총 2,800개 meter기 설치 운영 중
- Picture matching 방식의 People-meter 활용
- 효과분석 S/W(Info TV)와 효과예측 S/W(Plan TV)로 구성
- 자체 광고 모니터링 실시 및 광고 소재별 효과분석 가능
- '03년부터 위성방송 스카이라이프 300 Panel 시청률 별도 조사 중
  : '09년 3월부로 AGB Nielsen에서 업무 담당
- '05년 1월부터 스카이라이프 양방향 채널 시청률 조사 실시
- '05년 5월부터 위성 DMB 시청률 조사 실시
- '10년 1월 사명 TNmS로 변경
- '10년 3/4분기 현재 미조사 지역인 제주,울산 등 각 100 panel 확대
  조사 중

7. TV 시청률 조사자료

(1) TNmS InfoTV 세부 집행 프로그램 효과평가 사례

7. TV 시청률 조사자료

(2) TNmS InfoTV 브랜드별 최종 효과와 효율성 평가 사례

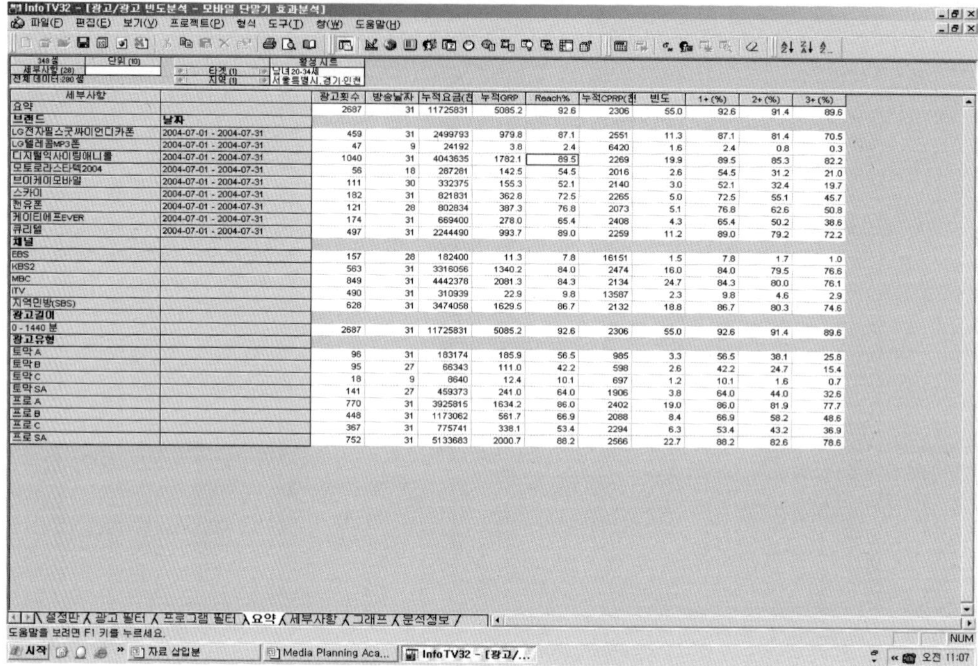

세부사항	날짜	광고횟수	방송날짜	누적요금(천)	누적GRP	Reach%	누적CPRP(천)	빈도	1+ (%)	2+ (%)	3+ (%)
요약		2687	31	11725831	5085.2	92.6	2306	55.0	92.6	91.4	89.6
브랜드											
LG전자필스굿싸이언디카폰	2004-07-01 - 2004-07-31	459	31	2499793	979.8	87.1	2551	11.3	87.1	81.4	70.5
LG텔레콤MP3폰	2004-07-01 - 2004-07-31	47	9	24192	3.8	2.4	6420	1.6	2.4	0.8	0.3
디지뮐익사이팅애니콜	2004-07-01 - 2004-07-31	1040	31	4043635	1782.1	89.5	2269	19.9	89.5	85.3	82.2
모토로라스타텍2004	2004-07-01 - 2004-07-31	56	18	287281	142.5	54.5	2016	2.6	54.5	31.2	21.0
브이케이모바일	2004-07-01 - 2004-07-31	111	30	332375	155.3	52.1	2140	3.0	52.1	32.4	19.7
스카이	2004-07-01 - 2004-07-31	182	31	821831	362.8	72.5	2265	5.0	72.5	55.1	45.7
캔유폰	2004-07-01 - 2004-07-31	121	28	802834	387.3	76.8	2073	5.1	76.8	62.6	50.8
케이티에프EVER	2004-07-01 - 2004-07-31	174	31	669400	278.0	65.4	2408	4.3	65.4	50.2	38.6
큐리텔	2004-07-01 - 2004-07-31	497	31	2244490	993.7	89.0	2259	11.2	89.0	79.2	72.2
채널											
EBS		157	28	182400	11.3	7.8	16151	1.5	7.8	1.7	1.0
KBS2		563	31	3316056	1340.2	84.0	2474	16.0	84.0	79.5	76.6
MBC		849	31	4442378	2081.3	84.3	2134	24.7	84.3	80.0	76.1
iTV		490	31	310939	22.9	9.8	13587	2.3	9.8	4.6	2.9
지역민방(SBS)		628	31	3474058	1629.5	86.7	2132	18.8	86.7	80.3	74.6
광고길이											
0 - 1440 분		2687	31	11725831	5085.2	92.6	2306	55.0	92.6	91.4	89.6
광고유형											
토막 A		96	31	183174	185.9	56.5	985	3.3	56.5	38.1	25.8
토막 B		95	27	66343	111.0	42.2	598	2.6	42.2	24.7	15.4
토막 C		18	9	8640	12.4	10.1	697	1.2	10.1	1.6	0.7
토막 SA		141	27	459373	241.0	64.0	1906	3.8	64.0	44.0	32.6
프로 A		770	31	3925815	1634.2	86.0	2402	19.0	86.0	81.9	77.7
프로 B		448	31	1173062	561.7	66.9	2088	8.4	66.9	58.2	48.6
프로 C		367	31	775741	338.1	53.4	2294	6.3	53.4	43.2	36.9
프로 SA		752	31	5133683	2000.7	88.2	2566	22.7	88.2	82.6	78.6

NOTE

8. TV 시청률 조사방법 유형

1) 면접 조사

이미 방송된 전날 또는 전번 주의 프로그램 리스트를 조사 대상자
에게 제시해서 조사하는 방식

- 조사가 간편하고 비용이 적게 드는 장점
- 방송시간과 조사시간의 시차가 너무 커서 조사 대상자의 정확한 기억을
  끌어내기 어렵다는 단점
- 매번 조사하는 표본이 다르고 세부적인 시청률 자료를 얻기 어려움
- 개인 시청률 자료 취합 가능,프로그램 평가조사에 적합

2) 전화 조사

방송되는 시점에서 조사 대상자에게 전화를 걸어 지금 무엇을 시청
하고 있는지를 조사하는 방식

- 조사가 간편하고 방송시간과 조사시간의 시차가 거의 없기 때문에 조사
  대상자의 정확한 기억으로 조사가 가능하다는 장점
- 한꺼번에 많은 조사 대상자를 조사할 수 없다는 점과 단순 시청률은 구할
  수 있지만 패널조사가 아니기 때문에 특정 프로그램에 대한 일정 기간
  동안에 누적된 누적 시청률 정보(도달률과 빈도)를 알 수 없다는 단점
- 다른 조사방법의 정확성에 대한 확인 체크용으로 활용

NOTE

8. TV 시청률 조사방법 유형

3) 일기식 조사

매번 동일한 조사 패널을 대상으로 1주일의 특정기간 동안에 매일 방송 프로그램 리스트를 제시하여 패널의 조사 대상자가 직접 기록하게 하는 방식

- 면접조사나 전화조사에 비해 패널관리에 따른 조사비용이 많이 소요됨
- 누적 시청정보를 얻을 수 있기 때문에 비교적 정확한 시청률 조사방법으로 외국에서도 오래 부터 활용되어 옴
- 시청습관에 따른 타성적 일기작성으로 실제 시청률보다 높게 평가 되어 나오는 경향이 강한 단점
- 최소 5분 단위로 조사되기 때문에 광고 시청률 자료를 구할 수 없고 실제 방송시간과 편성 예정시간과의 격차로 정확한 시간대별 시청률 자료 확보에 어려움

4) 미터식 조사

미리 설치된 패널세대를 대상으로 그 세대가 언제 어느 채널을 켜두었는지(set in use)를 기계적인 장치에 의해서 확인하는 방식

- 세대별,가구별 시청률을 비교적 정확하게 측정할 수 있는 장점
- 매회 동일한 표본을 대상으로 조사하기 때문에 누적 시청률 정보를 얻을 수 있지만 개인별 시청률 자료는 기대할 수 없음

NOTE

8. TV 시청률 조사방법 유형

5) People-meter 조사

미터식 조사와 같이 미리 설치된 패널세대를 대상으로 그 세대
구성원 각자가 언제 어느 채널을 시청했는지를 리모콘 형태의
기계적인 장치에 의해 체크하는 방식

- 매회 동일한 표본을 대상으로 하기 때문에 누적 시청률 정보 뿐만
아니라 개인별 시청률과 1분 단위 광고 시청률도 얻을 수 있음
- 1년 내내 지속적인 조사에 따른 조사대상자의 버튼 조작에 대한
싫증과 타성,세대원 들 간의 협조여부,시청 집중도 문제 대두

6) Passive-meter 조사

피플미터기에 적외선 감지기를 부착해서 정확한 TV 시청자수를
파악하는 방식

- TV 수상기 앞의 열을 분출하는 사물(Heat-source)의 수를 파악해서
정확하게 시청자수를 파악할 수 있는 반면 애완동물과 인간에 대한
분류가 현실적으로 불가능하기 때문에 피조사자로 부터 별도의 시청
정보를 받아야 한다는 단점

NOTE

8. TV 시청률 조사방법 유형

7) Image Scanner 조사

모든 조사방법의 문제점을 해결할 수 있도록 영상 판독기를 활용해서 조사하는 방식

- 폐쇄회로 TV 카메라를 이용해서 TV 앞의 모든 피사체를 자동으로 파악하고 판별할 수 있어서 군사 기술적으로 활용하고 있지만 시청률 조사에서는 사생활 침해 문제로 실제 현장에 적용하기에는 불가능함

8) Watch-meter 조사

최근의 가정 밖의 TV 시청행태 증가와 인터넷방송 통한 프로그램 시청경향 확대,DMB 방송 서비스 개시 등 Personal Media화 시대의 옥외 시청률 조사방법 대안

- 조사 대상자 각자가 손목시계 형태의 단말기 지참
- 현재 AC Nielsen에서 실험 적용 중
- 향후 가정 내 시청률 조사 People-meter + 옥외 시청률 조사 Watch-meter 방식 일반화
- 궁극적으로 Mobile Phone 보유의 일반화와 기술발전에 따른 Mobile Phone-meter 형태의 조사방법 등장 가능성

NOTE

8. TV 시청률 조사방법 유형

9) Mobile Phone-meter 조사

특수 휴대폰을 활용하여 개인이 시.청취한 방송광고 음성정보 저장과 수집 후에 원 광고 음성파장과의 비교분석 과정을 통해서 시.청취 여부를 파악하는 방식

- 미국 벤처기업 Integrated Media Measurement 개발
- 10대~50대 중반 소비자 대상 특수 휴대폰 2년간 지급과 사용료 회사부담
- 30초마다 주위 소리를 10초간 자동 저장후 디지털 파일로 압축한 뒤 회사 서버에 전송
- 컴퓨터로 디지털 파일과 광고 음성파장 비교 후 광고 시.청취 여부 판단
- 방송광고 외 DVR,게임기,휴대폰,DVD,CD 등 광고접촉 여부 파악가능
- 향후 영화와 콘서트,스포츠 행사의 광고노출 여부도 파악가능
- 조사대상자의 광고접촉 후 무선 감지기 설치매장에서 제품 구매시 광고 접촉시간에 따른 구매까지의 광고효과 측정 가능
- NBC,ESPN 등 10여개 방송사와 시청률 조사 계약체결

NOTE

9. 인쇄매체 열독률 조사자료

1) HRC (Hankook Research Company)

- '90년부터 자료 공급
- 매체 접촉실태 및 상품 접촉실태 자료
- 제주이외 전국 중소도시 거주 남녀 11-59세 7,080명 대상
- 1년 3회(2,6,10월) 약 2,300명씩 조사
- '04년부터 기존 S/W Print-Scope에서 Telmar로 교체
- 광고 모니터링 자료와 비연계의 한계점

2) CPR (Consumer Profile Research)

- '93년부터 6~7개 주요 광고회사의 컨소시엄 형태 공동조사
- 매체 접촉실태 및 상품 접촉실태 자료
- 제주이외 전국 중소도시 거주 남녀 11-59세 6,000명 대상
- 1년 1회(5월) 단발 조사
- 조사결과를 바탕으로 회원사가 독자 시스템 구축

NOTE

9. 인쇄매체 열독률 조사자료

(1) HRC Telmar TNT+ 옵션 설정 사례

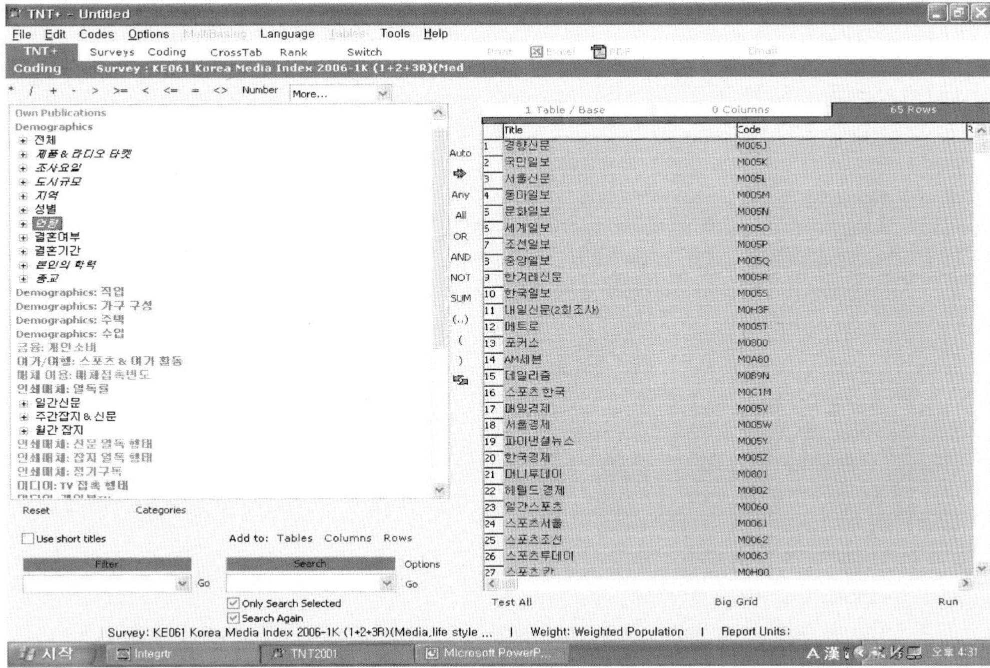

NOTE

9. 인쇄매체 열독률 조사자료

(2) HRC Telmar TNT+ 비클별 열독률 평가 사례

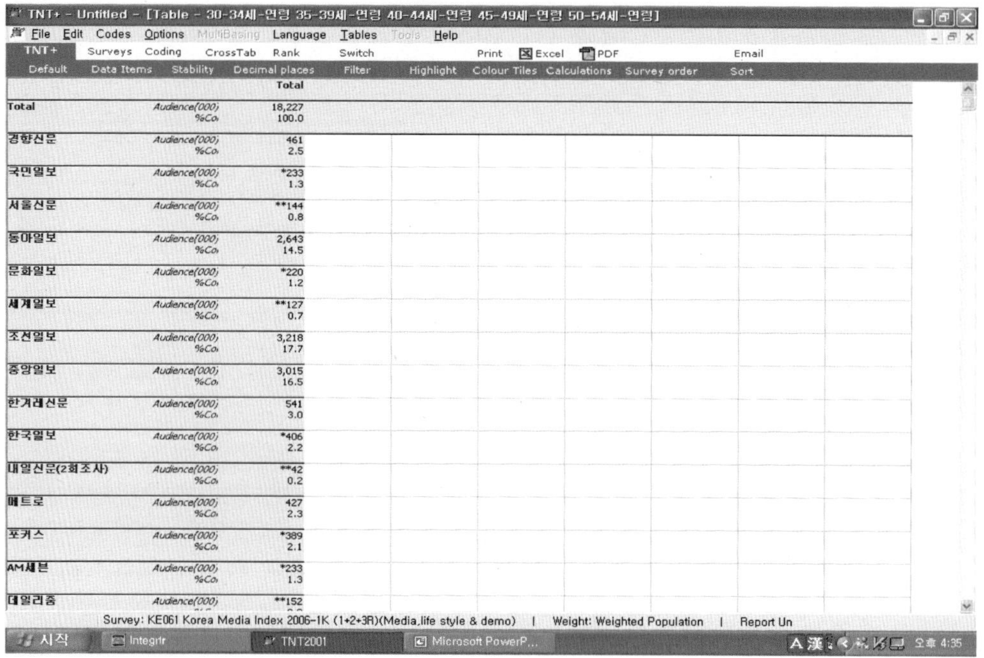

9. 인쇄매체 열독률 조사자료

(3) HRC Telmar MediaPlanner 효과분석과 예측 사례

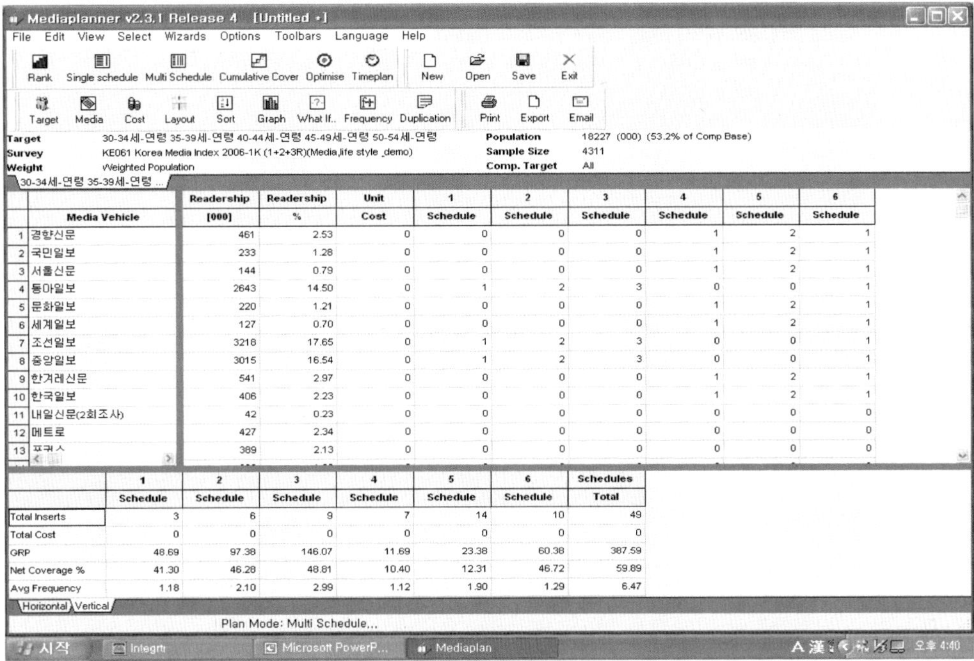

Target	30-34세-연령 35-39세-연령 40-44세-연령 45-49세-연령 50-54세-연령	Population	18227 (000) (53.2% of Comp Base)
Survey	KE061 Korea Media Index 2006-1K (1+2+3R)(Media,life style _demo)	Sample Size	4311
Weight	Weighted Population	Comp. Target	All

30-34세-연령 35-39세-연령 …

	Media Vehicle	Readership [000]	Readership %	Unit Cost	1 Schedule	2 Schedule	3 Schedule	4 Schedule	5 Schedule	6 Schedule
1	경향신문	461	2.53	0	0	0	0	1	2	1
2	국민일보	233	1.28	0	0	0	0	1	2	1
3	서울신문	144	0.79	0	0	0	0	1	2	1
4	동아일보	2643	14.50	0	1	2	3	0	0	1
5	문화일보	220	1.21	0	0	0	0	1	2	1
6	세계일보	127	0.70	0	0	0	0	1	2	1
7	조선일보	3218	17.65	0	1	2	3	0	0	1
8	중앙일보	3015	16.54	0	1	2	3	0	0	1
9	한겨레신문	541	2.97	0	0	0	0	1	2	1
10	한국일보	406	2.23	0	0	0	0	1	2	1
11	내일신문(2회조사)	42	0.23	0	0	0	0	0	0	0
12	메트로	427	2.34	0	0	0	0	0	0	0
13	포커스	389	2.13	0	0	0	0	0	0	0

	1 Schedule	2 Schedule	3 Schedule	4 Schedule	5 Schedule	6 Schedule	Schedules Total
Total Inserts	3	6	9	7	14	10	49
Total Cost	0	0	0	0	0	0	0
GRP	48.69	97.38	146.07	11.69	23.38	60.38	387.59
Net Coverage %	41.30	46.28	48.81	10.40	12.31	46.72	59.89
Avg Frequency	1.18	2.10	2.99	1.12	1.90	1.29	6.47

10. 구독률 관련개념 유형과 구분

- **구독률**(購讀率) : 살 구, 읽을 독

- **회독률,회람율**(回讀率,回覽率,**Pass-along rating**)
  : 돌아올 회, 볼 람

- **열독률**(閱讀率,**Readership**) : 볼 열

- **열독률**(熱讀率) : 더울 열

NOTE

Chapter 7

도달률과 평균노출빈도 심층 이해

1. GRPs,Reach,Avg.Freq. 상관 관계

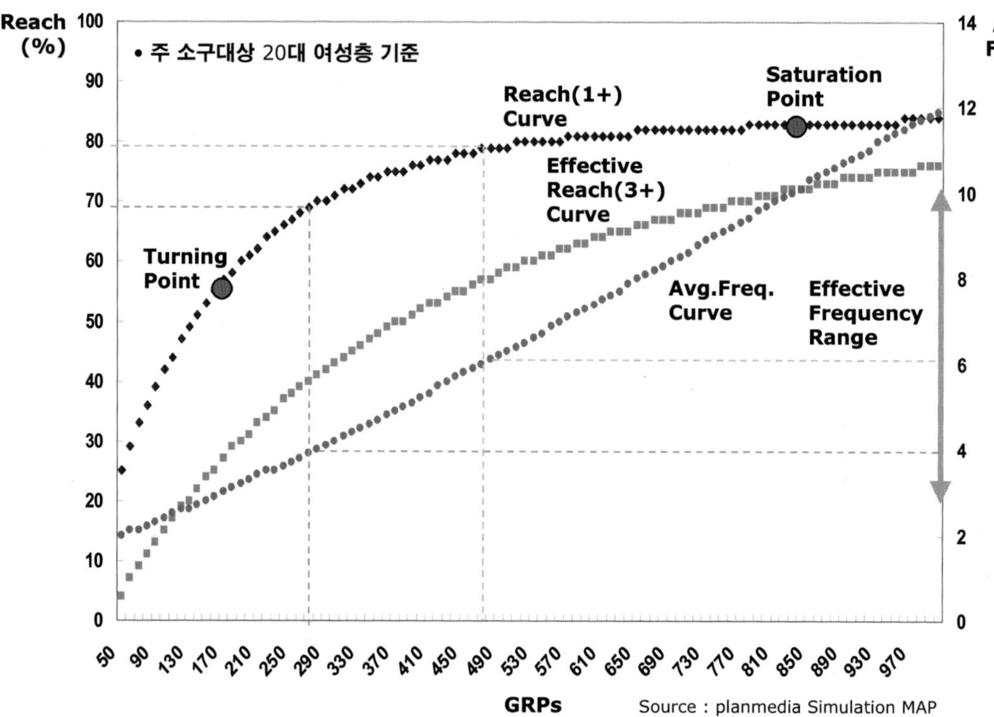

NOTE

2. 도달률과 중복 도달률 관련개념 이해

Program 'A'	Program 'B'	Program 'C'
• **시청률** : 40% • **광고단가** : 500만원	• **시청률** : 30% • **광고단가** : 400만원	• **시청률** : 30% • **광고단가** : 300만원

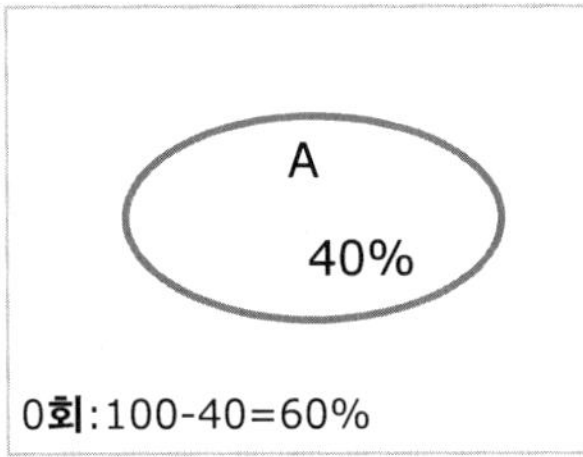

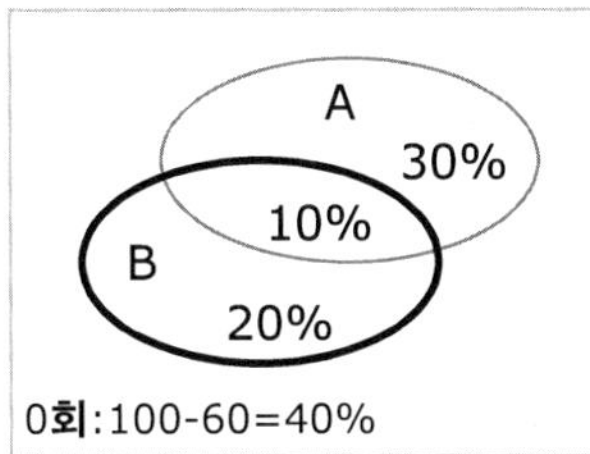

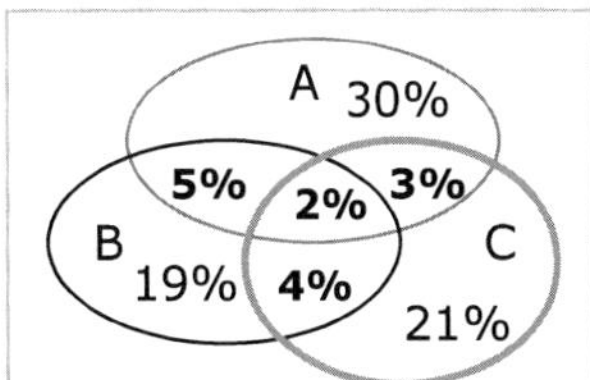

• CPP : 125천원	• CPP : 133천원	• CPP : 100천원
Only Program 'A'	**Program A+B**	**Program A+B+C**
• GRPs : 40 GRPs • CPP : 125천원 • Duplication : 0% • Reach : 40% • CPR : 125천원 • Avg.Freq. : 1.0회	• GRPs : 70 GRPs • CPP : 129천원 • Duplication : 10% • Reach : 60% • CPR : 150천원 • Avg.Freq. : 1.2회	• GRPs : 100 GRPs • CPP : 120천원 • Duplication : 16% • Reach : 84% • CPR : 143천원 • Avg.Freq. : 1.2회

NOTE

3. 미디어플래닝시 도달률 확대 방법

1) 매체별 접근 방법

- TV 매체 경우, 프로그램 유형과 내용이 자주 바뀌는 시간대를 선택 하는 방법이 유리한데 이 경우 자주 프로그램 유형이 바뀌는 만큼 자주 시청자가 바뀌기 때문

- 매체 전반적으로는 특정 매체만 집중적으로 활용하는 것 보다 다양한 매체를 골고루 사용하며 매체 안에서도 다양한 매체 카테고리에 걸쳐 활용하는 것이 바람직함

NOTE

3. 미디어플래닝시 도달률 확대 방법

2) 시점별 접근 방법

(1) Roadblock Plan

- 소구대상층이 주로 보는 모든 채널의 특정 시간대 프로그램에 동시에 융단폭격 하듯이 광고를 노출시키는 방법
- 신문 경우 특정한 날, 잡지의 경우 특정한 주나 달에 모든 비클에 동시 노출시키는 방법

(2) Scatter Plan

- 여러 방송국의 여러 시간대에 다양하게 분산시켜 광고를 노출시키는 방법

NOTE

3. 미디어플래닝시 도달률 확대 방법

3) Roadblock과 Scatter Plan 결과 비교

초기에는 Roadblock Plan이 도달률이 높게 나타나지만 GRPs가 증가되면서 결국 두 가지 방법의 결과가 비슷해짐

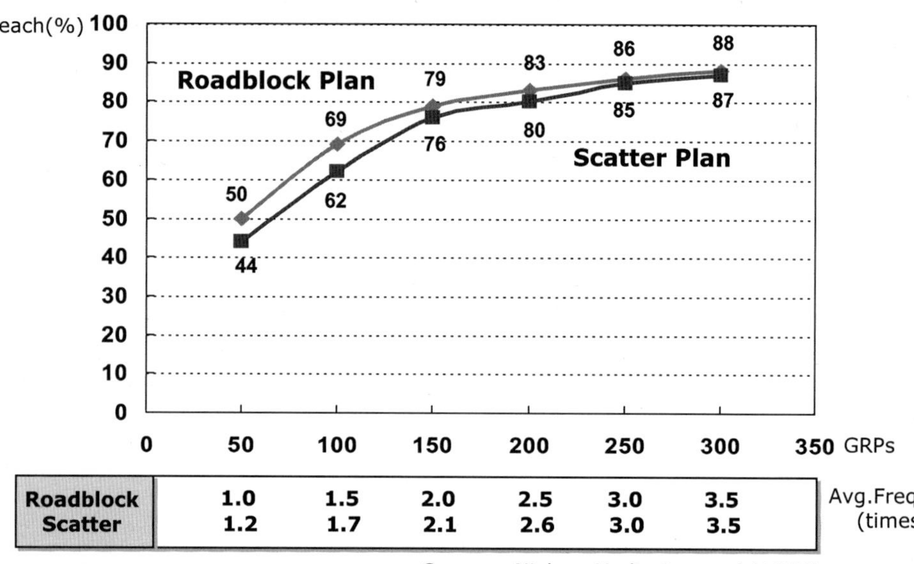

	50	100	150	200	250	300	Avg.Freq (times)
Roadblock	1.0	1.5	2.0	2.5	3.0	3.5	
Scatter	1.2	1.7	2.1	2.6	3.0	3.5	

NOTE

3. 미디어플래닝시 도달률 확대 방법

4) 편성표 상의 Roadblock과 Scatter Plan 사례 비교

: 전제 사항 - 동일한 예산 또는 GRPs를 투입할 경우

NOTE

3. 미디어플래닝시 도달률 확대 방법

4) 편성표 상의 Roadblock과 Scatter Plan 사례 비교
: 전제 사항 - 동일한 예산 또는 GRPs를 투입할 경우

최종 시점 상황(물량 최대 증액)

Roadblock

Reach

=

Avg.Freq.

=

Scatter

NOTE

4. Frequency Distribution과 효과평가

Frequency Distribution		GRPs Calculation					Effective Frequency		
Frequency **(시청 횟수)**	**Reach** **(%)**	**Frequency** **Level**		**Reach** **(%)**		**GRPs**	**Effective** **Frequency**		**Reach** **(%)**
0회 ------>	8.0%	0회	X	8.0%	=	0.0			
1	11.0	1	X	11.0	=	11.0	1+	-->	92.0%
2	14.0	2	X	14.0	=	28.0	2+	-->	81.0
3	16.0	3	X	16.0	=	48.0	3+	-->	67.0
4	11.0	4	X	11.0	=	44.0	4+	-->	51.0
5	8.1	5	X	8.1	=	40.5	5+	-->	40.0
6	6.1	6	X	6.1	=	36.6	6+	-->	31.9
7	4.6	7	X	4.6	=	32.2	7+	-->	25.8
8	3.4	8	X	3.4	=	27.2	8+	-->	21.2
9	3.0	9	X	3.0	=	27.0	9+	-->	17.8
10	2.6	10	X	2.6	=	26.0	10+	-->	14.8
11	2.4	11	X	2.4	=	26.4	11+	-->	12.2
12	2.0	12	X	2.0	=	24.0	12+	-->	9.8
13	1.8	13	X	1.8	=	23.4	13+	-->	7.8
14	1.4	14	X	1.4	=	19.6	14+	-->	6.0
15	1.2	15	X	1.2	=	18.0	15+	-->	4.6
16	1.0	16	X	1.0	=	16.0	16+	-->	3.4
17	0.9	17	X	0.9	=	15.3	17+	-->	2.4
18	0.7	18	X	0.7	=	12.6	18+	-->	1.5
19	0.5	19	X	0.5	=	9.5	19+	-->	0.8
20	0.3	20	X	0.3	=	6.0	20+	-->	0.3

Reach : (1) 100% - 8% = 92%
(2) 92% : 1+

GRPs = 491.3

Average Frequency = GRPs / Reach = 491.3 / 92.0
= 5.3회

NOTE

5. Frequency Distribution 유형별 전략적 특성비교

A Type

Frequency (시청 횟수)	Reach (%)	Effective Frequency		Reach (%)
0회 ------>	8.0%			
1	11.0	1+	-->	92.0%
2	14.0	2+	-->	81.0
3	16.0	3+	-->	67.0
4	11.0	4+	-->	51.0
5	8.1	5+	-->	40.0
6	6.1	6+	-->	31.9
7	4.6	7+	-->	25.8
8	3.4	8+	-->	21.2
9	3.0	9+	-->	17.8
10	2.6	10+	-->	14.8
11	2.4	11+	-->	12.2
12	2.0	12+	-->	9.8
13	1.8	13+	-->	7.8
14	1.4	14+	-->	6.0
15	1.2	15+	-->	4.6
⋮	⋮			

· GRPs가 500일 경우,
  - Avg.Freq. ? 5.4회
  - Reach(3+) ? 67%

B Type

Frequency (시청 횟수)	Reach (%)	Effective Frequency		Reach (%)
0회 ------>	15.0%			
1	8.0	1+	-->	85.0%
2	9.0	2+	-->	77.0
3	18.0	3+	-->	68.0
4	13.0	4+	-->	50.0
5	9.1	5+	-->	37.0
6	7.1	6+	-->	27.9
7	5.6	7+	-->	20.8
8	4.4	8+	-->	15.2
9	3.5	9+	-->	10.8
10	2.6	10+	-->	7.3
11	2.4	11+	-->	4.7
12	2.0	12+	-->	2.3
13	0.2	13+	-->	0.3
14	0.1	14+	-->	0.1
15	0.0	15+	-->	0.0
⋮	⋮			

· GRPs가 500일 경우,
  - Avg.Freq. ? 5.9회
  - Reach(3+) ? 68%

NOTE

Chapter 8

효과적인 광고 도달률과 노출빈도

1. 광고 노출빈도 관련 해결 이슈

- 광고를 어느 정도 해야 적절한 수준인가 ?
- 커뮤니케이션 효과를 얻으려면 광고 메시지를 몇 번 정도 반복되어 전달되어야 하나 ?
- 매체기획 상에서 이상적인 도달률과 노출빈도란 무엇인가 ?
- 매체기획에서 보다 나은 기법은 없는가 ?

NOTE

2. Avg. Freq.와 Effective Frequency

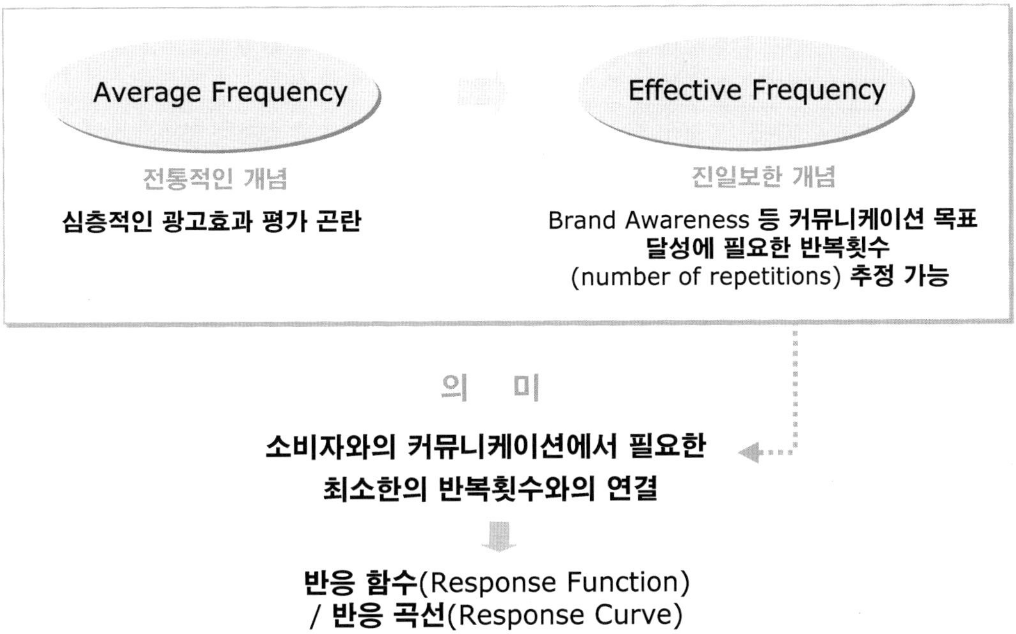

NOTE

3. Response Function과 Effective Frequency

Herbert E. Krugman's '3 Hit Theory'

자극 (Stimulus) → **반응 (Response)**

1st Exposure	• **What is it ?** (저건 무슨 상표일까?)
2nd Exposure	• **What of it ?** (전에 본 저 상표는 어디에 쓰는 걸까?)
3rd Exposure	• **Decrease of Concern**

- **Krugman**은 소비자들이 시장에서 제품을 구매하는 시점은 1단계 '인지적 반응' (Cognate Response)을 거쳐 2단계 '개인적 반응과 평가'(Personal Responses & Evaluation) 과정 이후라는 가설 정립
- **Effective Frequency**는 소비자가 제품 구매를 원한다면 2회 이후, 즉 3회 이상의 노출부터라고 주장

NOTE

4. Response Curves 유형

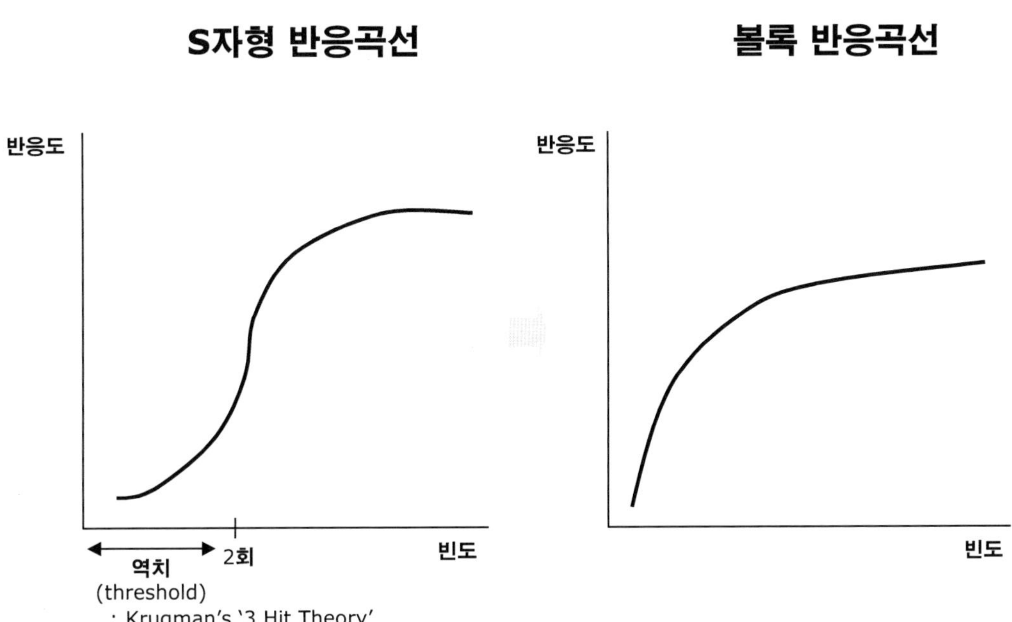

5. Effective Frequency Range

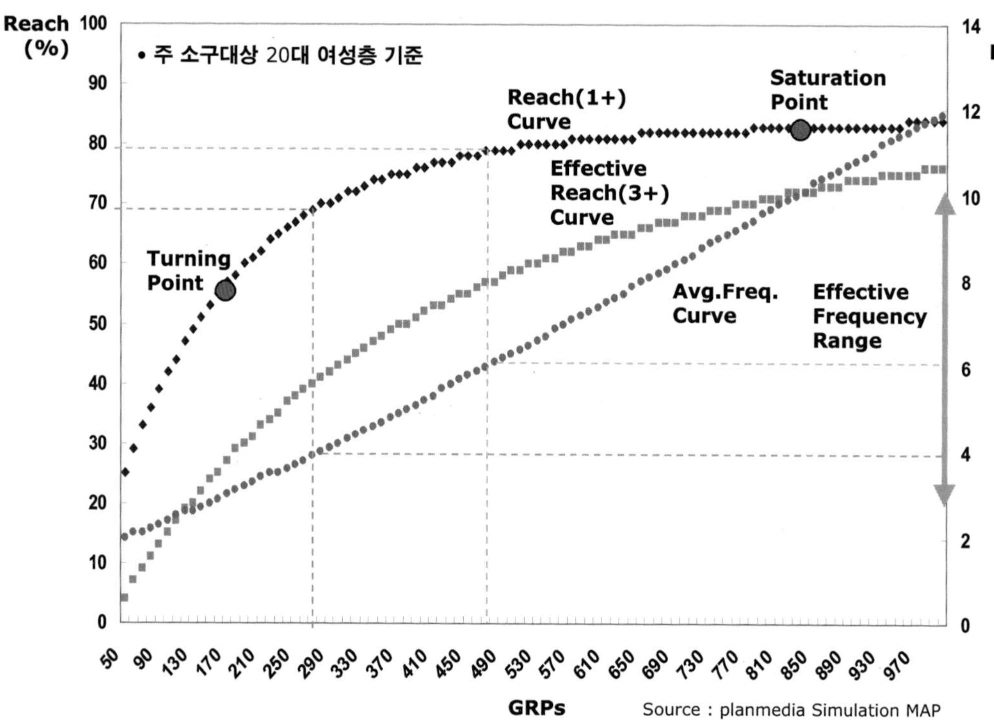

6. Effective Reach 이해와 산출방법

<table>
<tr><td colspan="2" align="center">Frequency Distribution</td><td></td><td colspan="2" align="center">Effective Reach</td></tr>
<tr><td align="center">Frequency
(시청 횟수)</td><td align="center">Reach
(%)</td><td></td><td align="center">Effective
Frequency</td><td align="center">Reach
(%)</td></tr>
<tr><td align="center">0회 ------></td><td align="center">8.0%</td><td></td><td></td><td></td></tr>
<tr><td align="center">1</td><td align="center">11.0</td><td></td><td align="center">1+ --></td><td align="center">92.0%</td></tr>
<tr><td align="center">2</td><td align="center">14.0</td><td></td><td align="center">2+ --></td><td align="center">81.0</td></tr>
<tr><td align="center">3</td><td align="center">16.0</td><td></td><td align="center">3+ --></td><td align="center">67.0</td></tr>
<tr><td align="center">4</td><td align="center">11.0</td><td></td><td align="center">4+ --></td><td align="center">51.0</td></tr>
<tr><td align="center">5</td><td align="center">8.1</td><td></td><td align="center">5+ --></td><td align="center">40.0</td></tr>
<tr><td align="center">6</td><td align="center">6.1</td><td></td><td align="center">6+ --></td><td align="center">31.9</td></tr>
<tr><td align="center">7</td><td align="center">4.6</td><td align="center">54.8%</td><td align="center">7+ --></td><td align="center">25.8</td></tr>
<tr><td align="center">8</td><td align="center">3.4</td><td></td><td align="center">8+ --></td><td align="center">21.2</td></tr>
<tr><td align="center">9</td><td align="center">3.0</td><td></td><td align="center">9+ --></td><td align="center">17.8</td></tr>
<tr><td align="center">10</td><td align="center">2.6</td><td></td><td align="center">10+ --></td><td align="center">14.8</td></tr>
<tr><td align="center">11</td><td align="center">2.4</td><td></td><td align="center">11+ --></td><td align="center">12.2</td></tr>
<tr><td align="center">12</td><td align="center">2.0</td><td></td><td align="center">12+ --></td><td align="center">9.8</td></tr>
<tr><td align="center">13</td><td align="center">1.8</td><td></td><td align="center">13+ --></td><td align="center">7.8</td></tr>
<tr><td align="center">14</td><td align="center">1.4</td><td></td><td align="center">14+ --></td><td align="center">6.0</td></tr>
<tr><td align="center">15</td><td align="center">1.2</td><td></td><td align="center">15+ --></td><td align="center">4.6</td></tr>
<tr><td align="center">16</td><td align="center">1.0</td><td></td><td align="center">16+ --></td><td align="center">3.4</td></tr>
<tr><td align="center">17</td><td align="center">0.9</td><td></td><td align="center">17+ --></td><td align="center">2.4</td></tr>
<tr><td align="center">18</td><td align="center">0.7</td><td></td><td align="center">18+ --></td><td align="center">1.5</td></tr>
<tr><td align="center">19</td><td align="center">0.5</td><td></td><td align="center">19+ --></td><td align="center">0.8</td></tr>
<tr><td align="center">20</td><td align="center">0.3</td><td></td><td align="center">20+ --></td><td align="center">0.3</td></tr>
</table>

NOTE

7. Effective Reach 적용과 사례

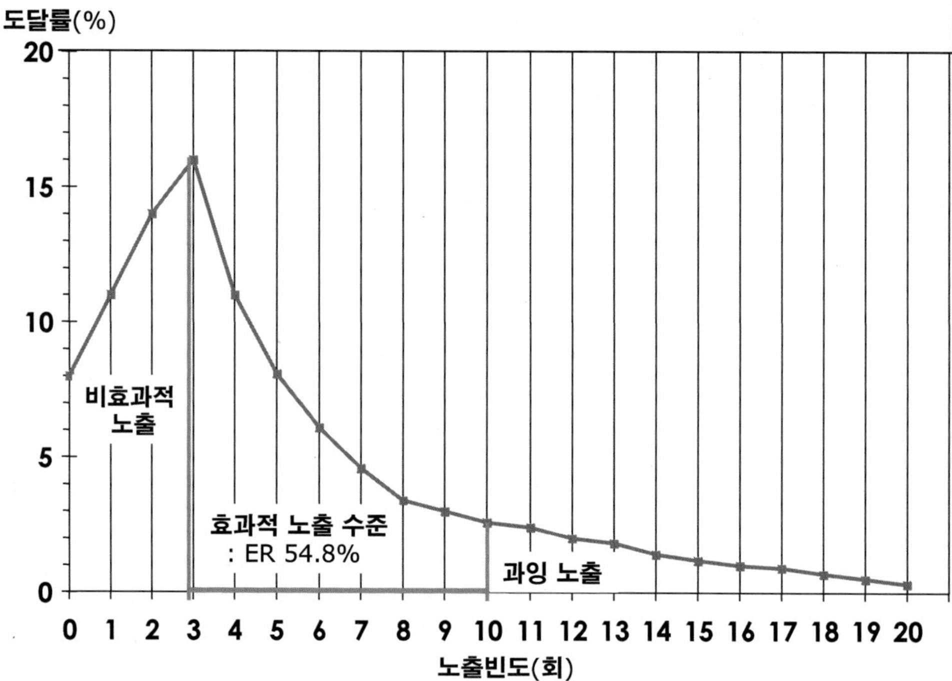

NOTE

8. Effective Rating Points 이해와 산출방법

Frequency Distribution

Frequency (시청 횟수)	Reach (%)		
0회 ------>	8.0%		비효과적 노출:
1	11.0		
2	14.0		33.0%
3	16.0		
4	11.0		
5	8.1		효과적 노출수준:
6	6.1		
7	4.6		54.8%
8	3.4		
9	3.0		
10	2.6		
11	2.4		
12	2.0		
13	1.8		과잉 노출:
14	1.4		
15	1.2		
16	1.0		12.2%
17	0.9		
18	0.7		
19	0.5		
20	0.3		

GRPs & ERPs Calculation

Frequency Level		Reach (%)		GRPs	
0회	X	8.0%	=	0.0	
1	X	11.0	=	11.0	
2	X	14.0	=	28.0	
3	X	16.0	=	48.0	
4	X	11.0	=	44.0	
5	X	8.1	=	40.5	효과적 노출량:
6	X	6.1	=	36.6	
7	X	4.6	=	32.2	281.5 ERPs
8	X	3.4	=	27.2	
9	X	3.0	=	27.0	
10	X	2.6	=	26.0	
11	X	2.4	=	26.4	
12	X	2.0	=	24.0	
13	X	1.8	=	23.4	총 노출량:
14	X	1.4	=	19.6	491.3 GRPs
15	X	1.2	=	18.0	
16	X	1.0	=	16.0	
17	X	0.9	=	15.3	
18	X	0.7	=	12.6	
19	X	0.5	=	9.5	
20	X	0.3	=	6.0	

NOTE

9. ERPs와 Effective Reach에 대한 연구

JWT의 Alvin Achenbaum이 '77년 ANA(미 광고주 협회) 미디어 워크숍에서 매체효과 측정의 필요성 차원에서 ERPs 개념 최초 제시
- 광고 캠페인 결과 발생한 접촉빈도 분포 중에서 3~10회 부분만이 유효
- 효과적 노출빈도 범위를 좁히면 ERPs는 줄고 그 범위를 넓히면 ERPs는 GRPs에 접근하게 될 것임

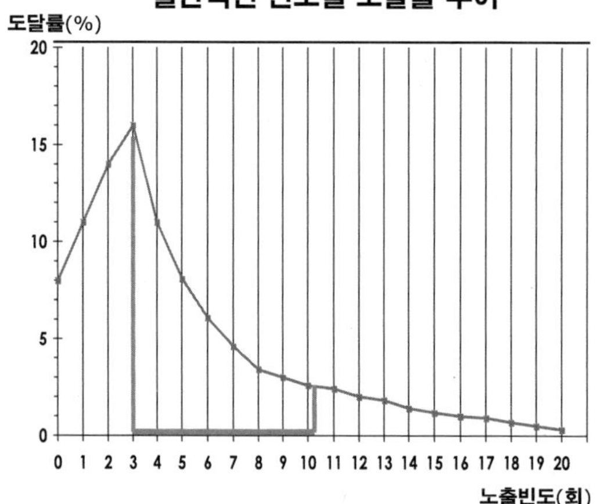

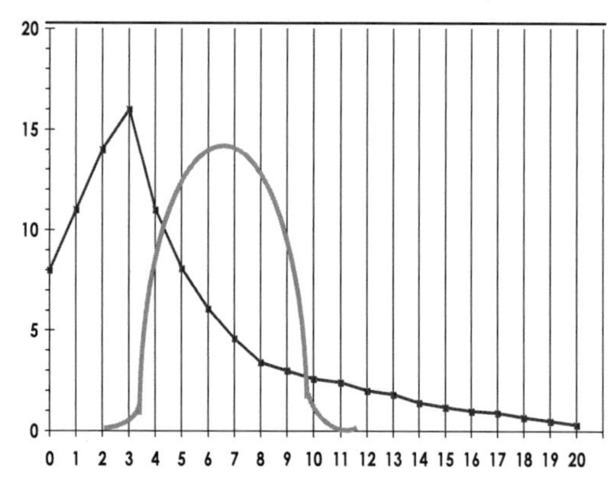

NOTE

10. M.J.Naples의 Effective Frequency 연구

메시지의 학습을 위해서 최소한 2~3회의 반복적 노출이 필요함

연구 인용 조사 자료

- Hubert Zielske의 신문광고를 이용한 상기도 조사 ; 1959년
- Ebbinghause의 반복에 따른 파지(retention)에 관한 연구 ; 1885년
- Jacobovits와 Appel의 노출에 따른 포화(satiation)에 관한 연구 ; 1965년
- Robert C.Grass의 CM 노출에 따른 주의 및 반응(attention & response)
  에 관한 연구 ; 1968년
- Hebert E. Krugman의 Three Hit Theory에 대한 연구 ; 1972년
- Colin McDonald의 효과적 빈도에 관한 연구 ; 1966년
- Ogilvy & Mather사의 TV 방송시간대별 효과연구 ; 1965년

NOTE

10. M.J.Naples의 Effective Frequency 연구

1) Hubert Zielske의 상기도 연구

2집단의 여성 층을 대상으로 같은 내용의 신문광고를 13회씩 각각 다른 스케줄로 노출한 후 노출에 따른 상기도 변화를 연구함
- 보조 상기도 측정법 적용하여 모든 표본 대상 전화조사 실시
- B집단이 지속적으로 상기도를 누적해 나가는 데 반해 A집단은 초기 급속한 누적효과 이후 노출 종료시점 부터 급격한 하락 현상을 나타냄

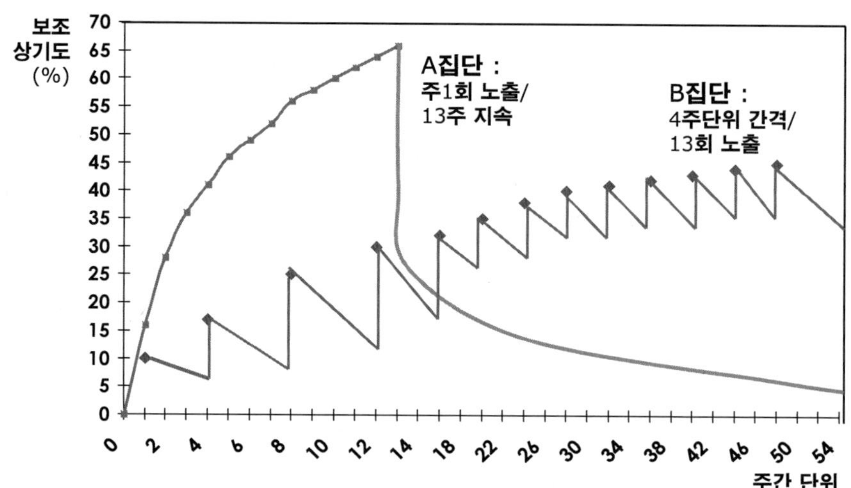

NOTE

10. M.J.Naples의 Effective Frequency 연구

2) Ebbinghause의 반복학습과 망각률 연구

자신을 실험 대상자로 하여 무의미한 철자를 활용해서 언어학습에 대한 심리적 연구

- 무의미한 철자를 무작위 배열 후 일련의 리스트 작성, 암기 후 학습성과 관찰
- 무의미한 문장으로 선택한 이유는 의미있는 단어에 대한 선험적 연상 제거 목적
- 단어를 기억할 때까지 필요한 반복횟수와 망각률 관계 해명
- 매체 스케줄 결정에 중요한 연구 결과

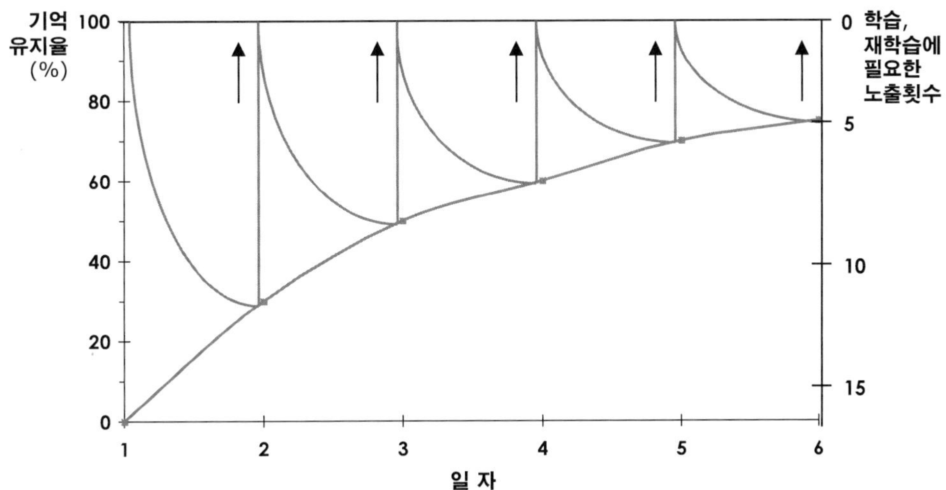

10. M.J.Naples의 Effective Frequency 연구

3) Jacobovits와 Appel의 학습효과 포화점 연구

Ebbinghause의 빈도 증대와 학습효과 연구에서 누락된 포화점 개념을 최초로 발표

- 일정하게 언어적,시각적 자극받은 사람은 점차 학습과 반응을 증대시키나 포화점에 이르면 반응과 학습이 저하되기 시작함
- 역U자형 곡선으로 반복에 의해 기억과 지식이 증대하는 증식과정과 극대화 이후 저하되는 포화과정으로 구분
- 자극 반복으로 반응의 증대와 극대점 이후의 반응 저하 현상 증명

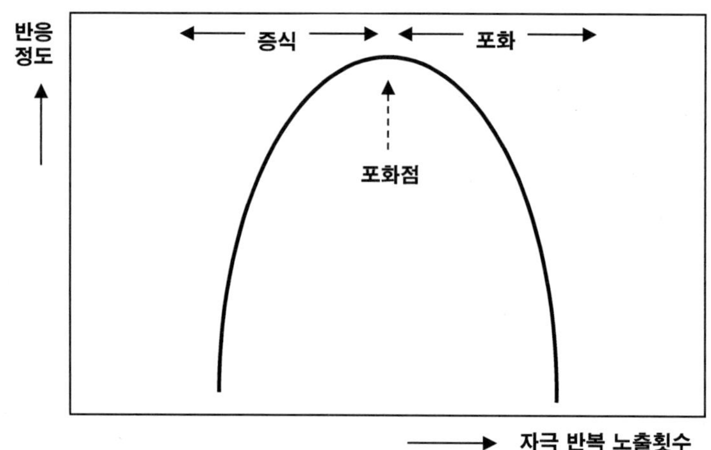

NOTE

10. M.J.Naples의 Effective Frequency 연구

4) Robert C. Grass의 광고노출에 대한 소비자 반응 연구

Dupont사에서 광고노출과 소비자의 증식,포화에 대한 반응패턴을 검토하기 위한 TV-CM 대상 실험실 조사 실시
- 피험자의 주의와 관심에 대한 측정으로 CM을 보거나 듣고자 할 때 장치를 이용해서 반복적 접촉을 한 후 그 결과 관찰 가능
- 조사 결과, 주의와 관심도는 CM의 노출이 2~4회일 때 최대이고 그 후에는 노출횟수 증가에도 불구하고 점차 감소 경향

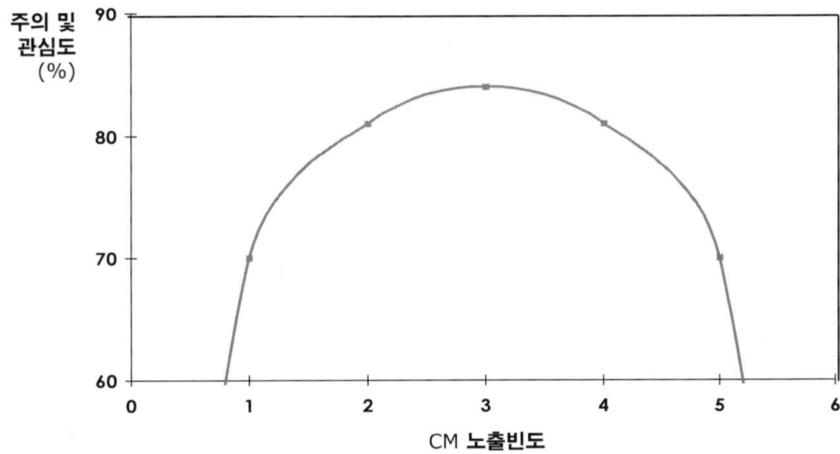

NOTE

10. M.J.Naples의 Effective Frequency 연구

5) Colin McDonald의 광고노출과 상품구매 관계 연구

- 1966년 영국시장조사협회에서 ITV 방송국 가시청 지역 대상 13주간 225명의 주부에게 일기식 방식의 조사 실시
- 50개 지정 품목 중에서 1일 1회 구입 상품 선택 후 기록과 동시에 32개 잡지와 TV 프로그램, Spot 광고 대상으로 자신이 본 광고를 기록토록 함
- 조사 목적은 '광고를 볼 기회'(Opportunities to See)와 주부 층의 상품구입 패턴을 고찰하기 위함
- 조사 의의는 소비자가 상표 전환(Brand Switching)을 할 경우 그 상표광고에 1회 노출된 사람보다 2회 노출된 쪽에서 5% 더 높게 전환이 발생한다는 점을 확인함
- 실험대상 9개 종류의 모든 제품에서 광고가 상품 구입 행동에 주는 Impact은 2회 이상 광고를 접촉한 이후에 나타나기 시작한다는 결론

NOTE

10. M.J.Naples의 Effective Frequency 연구

6) O&M사의 TV광고 노출빈도 효과 연구

타 업종 4개 광고주 11개 제품 대상 8주간 조사 실시

1. 야간에 비해 주간에 집행하는 TV광고의 상대적 효과는 어떠한가 ?
2. Spot 광고대비 네트워크 TV광고의 상대적 효과는 어떠한가 ?
3. 광고 메시지의 노출빈도에서 CM의 효과는 어떻게 변하는가 ?

- 상표 선택,변경과 노출빈도 간에는 직접적인 관계 존재
- 노출 시간대에 따른 효과 차이는 극히 적거나 없는 것으로 나타남
- 노출빈도 증가에 따라 노출 시간대 각각에 대한 노출빈도와 상표선택,변경 간에 본질적인 격차 발생
- 4회 이하 노출빈도에서는 야간 네트워크 TV 광고효과가 상표선택과 변경에 미치는 정도가 주간 네트워크나 변두리 시간대 Spot 광고보다 낮게 나타남
- 야간 네트워크 TV 노출횟수가 6회 이상이면 광고에 대한 반응은 변두리 시급의 Spot 광고나 주간 시간대 광고에 노출된 집단보다 더 적극적
- 어느 경우에도 빈도분포는 광고 스케줄을 평가할 수 있는 열쇠
- 모든 시간대의 노출빈도에 대한 효과는 정도의 차이는 있지만 빈도의 증가에 따라 광고효과는 지속적으로 상승
- 노출빈도는 판매 면에서도 효과를 발휘하지만 그 영향력은 시간대에 따라 차이 발생
  : 변두리 시급 Spot - 식료품 광고, 주간 시간대 - 가정용품, 야간 시간대 - 화장 세제류 광고 적합

NOTE

10. M.J.Naples의 Effective Frequency 연구

7) Naples의 Effective Frequency 12가지 연구 결론

- 구매주기(Purchase Cycle)내에서 타겟 집단에게 광고물을 1회 노출하는 것은 효과가 작거나 거의 없다
- 1회 노출은 통상 비효과적이기 때문에 매체기획의 생산성을 높이려면 도달범위보다는 빈도에 역점을 둬야 한다
- 대부분의 연구결과를 보면 구매주기 내에서 2회 이상의 노출로 효과적인 반응을 기대할 수 있음을 알 수 있다
- 구매주기 내 최적의 노출빈도 수준(Optimal Exposure Frequency Level)은 최소 3회가 필요하다
- 구매주기 내에서 3회 이상 노출 후 광고효과는 볼록 반응곡선을 그리며 계속 증가하며 감소한다는 증거는 없다
- 광고 캠페인 효과의 소멸현상(Wear-out)은 과도한 광고노출빈도 때문이 아니고 광고물의 Copy나 내용 때문이다
- 일반적으로 잘 알려지지 않은 제품은 빈도의 증가에 따라 광고효과도 증가 되지만 광고가 포화상태에 있는 시장 점유율이 높은 제품과 광고 점유율이 높은 제품일수록 광고효과에 대한 빈도의 영향력은 일정하지 않다

NOTE

10. M.J.Naples의 Effective Frequency 연구

7) Naples의 Effective Frequency 12가지 연구 결론

- TV에서 광고효과에 대한 빈도의 영향력은 시급(Dayparts)에 따라 달라진다. 같은 빈도라도 두꺼운 잡지보다 얇은 잡지가 광고효과가 더 높은 것과 같다 (Clutter)

- 빈도에 대한 반응은 그 광고주가 전체 제품시장에서 지출하는 광고비 규모와도 관련이 있다. 즉 지출규모가 클수록 빈도가 증가될 때 높은 반응을 얻는다

- 매체가 달라진다고 해서 빈도에 대한 반응이 달라지는 것은 아니다

- 제품에 따라 각기 다른 수준의 노출빈도가 필요할 수도 있다. 즉 특정상품에서 얻어진 빈도에 대한 경험치가 다른 제품에서도 그대로 적용될 수는 없다

- 동일량의 광고비를 두 제품에 투입한다고 해도 빈도가 달라지면 반응은 각기 다를 수도 있다

NOTE

10. M.J.Naples의 Effective Frequency 연구

8) Naples의 Effective Frequency 연구 결과 문제점

Issue 1 : 제품 카테고리별 차이

- 제품 카테고리별로 효과적 빈도 수준이 반드시 달라짐에도 불구하고 그 차이에 대한 언급이 없으며 이는 현재에도 명쾌하게 해결되지 못하고 있는 실정
- 문제 해결 이전에는 미디어 플래너의 효과적인 빈도에 대한 주관적인 의사결정에 의존
- 고관여 제품일수록 저 빈도가 필요하며 저관여 제품일수록 고 빈도가 요구
- 제품 충성도와 흥미도 역시 관여도와 빈도수준 관계와 같은 결론
- 빈도의 역할은 제품에 대한 소비자의 인지적 관성(Perceptual Inertia)을 깨는 것

Issue 2 : 역치의 존재 여부

- 3회 이상 빈도 개념(Three-plus Frequency Concept) 신봉자들은 3회째 접촉에서 부터 광고효과를 얻을 수 있다고 판단
- 그러나 Direct Marketing에서 1회의 Direct Mail만으로도 높은 반응을 보이기도 함
- '86년 노스웨스턴대 '효과적 빈도에 관한 심포지엄'에서 역치를 인정하는 S자형보다 볼록형을 반응함수 곡선으로 결론
- '95년 성숙기 시장 일상용품 대상 McDonald의 Naples 후속연구 결과, 광고노출효과가 1회 노출부터 발생하는 점과 볼록 증가형의 광고노출효과 형태로 나타난다는 주장

NOTE

10. M.J.Naples의 Effective Frequency 연구

8) Naples의 Effective Frequency 연구 결과 문제점

Issue 3 : 좋은 광고와 효과적 빈도와의 관계

- 광고 메시지의 Quality가 효과적 빈도에 미치는 영향력 문제
- 기발하고 참신한 광고가 지루하고 흥미가 없는 광고보다 노출빈도가 낮아도 됨
- 일부 미디어 플래너 경우 소비자 반응을 획득하는데 매체빈도의 역할을 너무 과장시키는 경향

Issue 4 : 광고빈도와 그 효과의 소멸현상

- Jacobovits 연구에서 소멸현상을 역U자형 곡선으로 표현하고 Grass연구에서도 빈도가 늘수록 주의와 학습수준이 2~3회의 노출 후 포만효과가 나타나 그 효과가 감소한다고 주장
- 그러나 이후 Grass의 다른 연구에서 빈도가 증가되면 광고주에 대한 우호적인 태도(favorable attitude)가 생기고 지속적으로 유지된다고 상반된 주장을 함
- 업계에는 소멸현상을 인정하지 않는 '3+ concept'파와 일정 소멸범위(range)가 있다고 믿는 부류가 있으나 정확한 범위를 밝히지는 못하고 있는 형편

NOTE

10. M.J.Naples의 Effective Frequency 연구

8) Naples의 Effective Frequency 연구 결과 문제점

Issue 5 : Vehicle 노출과 광고노출의 차이

- 일반적으로 Vehicle Exposure 보다 Advertising Exposure가 낮다
- 현재 TV 시청률 경우 광고 시청률 자료를 활용하고 있지만 나머지 매체 경우 Vehicle Exposure이기 때문에 Vehicle Exposure와 광고반응과의 관계 규명 필요
- Vehicle Exposure로 주먹구구식 광고노출을 산출하는 결과 매체기획의 신뢰도와 효과적 빈도 개념 자체의 타당성도 의문 제기
- Vehicle Exposure의 조정은 각 제품이 서로 다른 환경의 크리에이티브와 매체,판촉 전략을 갖고 있기 때문에 단순 수학계산으로 일반화될 수 없다

Issue 6 : 매체기획과 구매주기

- 일반적인 매체기획상 기본 단위는 4주, 즉 1개월 단위로 하고 있지만 Naples의 효과적 빈도에서는 구매주기(Purchasing Cycle)로 설정
- 일상 생활용품과 내구제 등 각 제품 군에 따라 구매주기는 다르며 같은 구매주기라도 구매자에 따라 제품 구매 시점에 시차가 있기 때문에 기준 설정과 광고 시점에 문제 대두
- 그러나 효과적 빈도 개념이 전통적 빈도 개념보다 가치성 인정

NOTE

11. 미디어 전략의 뉴 트랜드와 Recency Planning

1) Recency Planning(구매시점 중심 접근법) 개념

- '90년대 피플미터와 스캐너 이용 시청행태와 제품구매행동을 연동한 Single-Source Data 수집으로 미국 중심의 TV광고효과에 대한 실증적 연구에서 비롯됨, 즉 TV광고 노출이후 제품구매행태와의 상관관계 관찰통한 영향력 입증

- 관찰 결과, 소비자가 특정 브랜드 광고노출 이후 가까운 시점에 관련 제품군을 구매해야 할 때 가장 최근에 노출된 광고 브랜드를 선택할 가능성이 높다는 결론 도출

- 기존 접근법인 Frequency Planning(빈도중심 매체기획), 즉 소비자들은 제품구매 결정까지 제품인지,태도형성,구매의도,특정 브랜드 구매의 단계적 과정을 거친다는 광고위계효과이론에 따른 위계적인 각 단계에서의 반복 노출빈도 전략에 수정 필요성 제기

NOTE

11. 미디어 전략의 뉴 트랜드와 Recency Planning

2) Recency Planning의 전제

- **전제1** : 시장에 특정 제품군에 대한 수요를 가진 소비자가 항상 존재한다

  확고한 계절성 제품 이외 대부분 제품은 수요가 일년 내내 분산되어 항상 존재하고 수요는 집합적으로 동시 발생하는 것이 아니라 개별 소비자의 수요에 따라 캠페인 전체 기간동안 산발적으로 분포함

- **전제2** : Single-Source Data **연구결과, 소비자들은 제품 구매시점과 가장 가까운 과거 시점**(recency)**에 노출된 광고 브랜드를 선택할 가능성이 높다**

3) 기존 Frequency Planning과의 차이점

- **2가지 접근법 경우 전혀 다른 전략이 아닌 다른 관점으로 접근방법 채택**
- **Recency Planning 경우 판매 또는 소비자 구매시점 중심**, Frequency Planning **경우 노출빈도 중심의 브랜드 커뮤니케이션 구축 목표**
- **소비자의 메시지 통제권 관점에서** Frequency Planning**은 광고의 소비자 통제 가능성 제시와 그에 따른 광고의 학습효과 강조**, Recency Planning**은 소비자들의 메시지 통제 가능성과 취사선택능력 강조**

NOTE
____

11. 미디어 전략의 뉴 트랜드와 Recency Planning

4) Recency Planning의 집행 스케줄 사례

- **기존** Frequency Planning **경우 가능한 많은** Freq.**를 짧은 시간 내 구축이 중요한 반면** Recency Planning**은 전체 캠페인 기간동안 지속적인 일정 수준의** Reach **유지가 더욱 중요함**
- Recency Planning**은** Continuous Pattern **주로 적용하며 지속적으로 최소 수준의** Reach **확보위한 노출효과 평가기간을 기존 4주 단위에서 1주 단위로** Reach **추정**

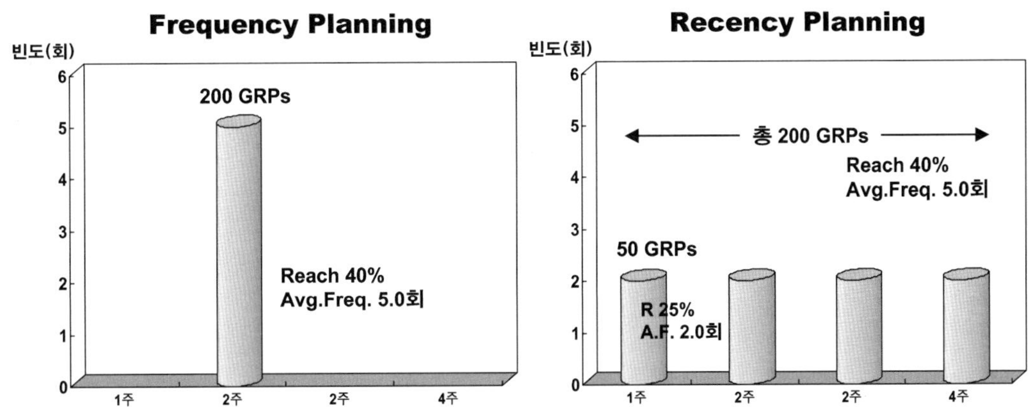

NOTE

Chapter 9

효과적인 빈도와 도달률 수준 결정방법

1. J.Ostrow의 효과적 빈도 결정방법

1982년 Advertising Research Foundations의 워크숍에서 FCB사의
Joseph Ostrow가 효과적 빈도수준을 결정에 영향을 주는 요인 20여 가지를
마케팅,크리에이티브,매체 등 3개 분야로 분류해서 빈도의 고저를 평가함

마케팅 요인	크리에이티브 요인	매체 요인
기존 제품 대 신제품 시장 점유율 제품 지배력 제품 인지도 제품 충성도 구매 주기 제품 사용 주기 경쟁 상황 가격 수준 유통 구조 포장 상태 구매 점포 수 프로모션 빈도	기존 대 신 캠페인 이미지 대 제품광고 메시지 독창성 메시지 복잡성 메시지 변형도 광고 싫증도 광고 단위	매체 혼잡도 주목도 프로그램과 광고 상관성 활용 가능 매체수 반복 노출력 지속도

NOTE

2. 부문별 효과적 빈도 결정요인

1) 마케팅 부문

요 소	낮 음	높 음	이 유
신제품 대 기존제품	기존 제품	신 제품	신제품 경우 학습 필요, 반복은 소비자의 메시지 학습에 도움
시장 점유율	높은 점유율	낮은 점유율	높은 점유율은 높은 상표 충성도 의미
제품 지배력	높은 지배력	낮은 지배력	인식이 낮은 제품 경우 반복노출 필요
제품 인지도	높은 인지도	낮은 인지도	높은 인지도 보유시 낮아도 됨
제품 충성도	높은 충성도	낮은 충성도	
구매 주기	긴 제품	짧은 제품	짧을수록 더욱 빈번하게 노출시켜야 소비자들의 구매 제품 품목에 진입 할 수 있음

2. 부문별 효과적 빈도 결정요인

1) 마케팅 부문

요 소	낮 음	높 음	이 유
제품 사용주기	긴 제품	짧은 제품	비일용품 대 일용품
경쟁 상황	느슨함	치열함	
가격 수준	저렴,가격 혜택	고가,무혜택	
유통 구조	원활함,다양함	획일적,제한적	
포장 상태	다양함,경쟁력	제한적,비경쟁적	
구매 점포 수	많음,전 점포에 비치	제한적	
프로모션 빈도	진열대에서 잘 보임	찾기 어려움	

NOTE

2. 부문별 효과적 빈도 결정요인

2) 크리에이티브 부문

요 소	낮 음	높 음	이 유
기존 대 신 캠페인	기존 캠페인	신 캠페인	신 캠페인 경우 인지도 제고 차원에서 높은 수준 필요
이미지 대 제품광고	제품 광고	이미지 광고	이미지 중심 경우 이해하기 어려움
메시지 독창성	독창적	평범함	독창적일 경우 기억에 오래 남음
메시지 복잡성	단순함	복잡함	단순할수록 이해하기 쉬움
메시지 다양성	제한적	다양함	메시지가 다양할수록 이해시키기 위한 많은 노출수준 필요

NOTE

2. 부문별 효과적 빈도 결정요인

3) 매체 부문

요 소	낮 음	높 음	이 유
매체 혼잡도	여유로움	혼잡함	혼잡할수록 SOV 차원의 노출 필요
주목도	높은 비클	낮은 비클	
프로그램,기사와의 상관성	유사함	전혀 다름	유사할 경우 후광효과 기대 가능
활용가능 매체수	제한적	다양함	
반복 노출력	반복 가능	반복기회 없음	One-shot exposure일 경우 높은 빈도의 노출횟수 필요
지속도	연중 지속적	단발적	Scheduling 문제

NOTE

3. 효과적 빈도 결정 적용사례

- 시점별 설정한 최소한의 적정 노출빈도 수준에 결과로 얻어진 가산점수를 반영
  - 월간 필요 최소노출수준을 3회로 설정하였다면 3.0회+0.7회 = 3.7회로 적용함

항 목		가산 점수
마케팅 요인	- 이번에 광고할 제품이 신제품이다	+ 0.2
	- 이 제품은 시장에 잘 알려진 제품이 아니다	+ 0.2
	- 제품의 구매주기가 짧다	+ 0.2
	- 이 제품은 일용품이다	+ 0.1
	- 경쟁이 치열하다	+ 0.2
크리에이티브 요인	- 내용이 복잡하다	+ 0.2
	- 경쟁 제품보다 독특한 크리에이티브다	- 0.2
	- 인쇄매체 광고 위주다	- 0.1
매체 요인	- 매체의 혼잡도가 심하다	+ 0.2
	- 광고 내용과 매체 Vehicle 성격이 일치한다	- 0.1
	- 지속형의 광고 스케줄이다	- 0.2
	- 다양한 형태의 매체를 활용한다	+ 0.2
	- 반복 노출력이 많은 편이다	- 0.2
합 계		+ 0.7

NOTE

4. Minimum Effective Frequency 결정방법

1) Rossiter와 Percy의 MEF 결정 주요 요인

    (1) 매체별 주목도

    (2) Target Audience 성격

    (3) 커뮤니케이션 목표

    (4) 개인 간의 영향력

- Rossiter와 Percy의 1987년 저서 'Advertising & Promotion Management' 에서 MEF의 결정방법으로 실험에 의한 시행착오(Trial & Error)를 강조

NOTE

5. Rossiter와 Percy의 MEF 결정 주요 요인 이해

1) 매체별 주목도 (Media Vehicle Attention)

- Media Vehicle은 그 자체 특성으로 인해 각기 다른 수준의 주목도를 보유하고 있지만 연구방법,주목도 정의,시기가 다름에 따라 서로 다른 결과를 나타냄
- 실용적 목적으로 양분하면 High Attention Vehicle과 Low Attention Vehicle로 구분되며 일반적으로 LAV은 HAV에 비해 2배 이상의 노출 빈도가 필요함

Media	High Attention Vehicle	Low Attention Vehicle
TV	Prime Time,시리즈물	변두리 시간대
Radio	-	전체 시간대
Npp.	주독자(Primary Reader)	회독자(Pass-along Reader)
Mag.	〃	〃
DM	전체	-
OOH	〃	-

NOTE

5. Rossiter와 Percy의 MEF 결정 주요 요인 이해

2) Target Audience 성격

- 광고 수용자에 따라 메시지에 대한 학습정도가 다르기 때문에 광고 수용자에 대해서도 노출빈도 조정이 필요함

Target Audience 분류	빈도 추가 여부 및 수준
자사 제품 충성자	추가 학습 불필요에 따른 빈도 추가 불필요
자사 제품으로의 전환자	제품 전환 유도위한 1회 빈도 추가
다른 제품 충성자	비교광고 등 새로운 학습위한 최소 2회의 추가빈도 필요
새로운 제품 카테고리 사용자	시장 주도적 제품(주도 제품 빈도+2회), 비주도적 제품(+1회)

NOTE

5. Rossiter와 Percy의 MEF 결정 주요 요인 이해

3) Communication Objectives

- 빈도의 수준이 커뮤니케이션 효과의 가장 중요한 목표인 제품 인지와 제품에 대한 태도 형성 및 유지 과정에 중요한 역할을 수행함

Communication Objectives	빈도 추가 여부 및 수준
상표 再認(recognition)	별도의 유효빈도 조정 불필요
상표 想起(recall)	시장 지배적 제품(주도 제품 빈도+2회), 비지배적 제품(+1회)
상품정보 제공	1~2회 노출로 충분,별도 조정 불필요
자사 상표로의 전환위한 상표 이미지 구축과 태도 강화	시장 지배적 제품(주도 제품 빈도+2회), 비지배적 제품(+1회)

NOTE

5. Rossiter와 Percy의 MEF 결정 주요 요인 이해

4) 개인 간의 영향력(Interpersonal Influence)

- 구전 광고(word-of-mouth)를 의미하는 메시지의 확산(diffusion)
- 1960년 S.A.Ozga 연구 결과, 구전광고에 의한 메시지 확산이 광고에서의 중요한 역할 수행
- 연구 과정에서 접촉 계수(contact coefficient) 개념 도입
  - 접촉 계수 0.25(구매주기에서 4명중 1명이 타인에게 그 제품에 대해 언급하는 상태) 이상일 경우, 1회의 빈도 축소 가능
  - 0.25 이하일 경우, 빈도 유지 필요

NOTE

6. MEF 요인별 적정 빈도수준과 산출방법

요인		조 정 수 준					
		- 1	0	+ 1	+ 2	LC+1	2배
매체별 주목도 (VA)				고 주목			저 주목
Target Audience 성격(TA)			제품 충성자	제품 전환자	타 제품 충성자	타 제품 이용자	
커뮤니 케이션 목표	BA BATT		상표재인 상표정보 제공			상표상기 상표전환	
개인간의 영향 (PI)		높음 ($\geq$0.25)	낮음 ($<$0.25)				

- LC : Leading Competitor(시장 주도 경쟁제품)

: Minimum Effective Frequency = 1 + VA(1,2) (TA + BA + BATT - PI)

[참고] 1 = 출발점, TA = Target Audience 조정계수, BA = 상표인지 조정계수,
BATT = 상표태도 조정계수, PI = 개인간 영향 조정계수,
VA(1,2) = 매체 Vehicle 주목 조정계수로서 유효빈도 수준 결정 승수
: 고 주목에는 1, 저 주목에는 2를 적용

NOTE

7. Rossiter와 Percy의 MEF 산출사례

예 제

특정 여성의류 제품을 구매주기 내에서 최저 유효빈도를 결정하려고 한다
- 광고 대상은 특정 잡지의 주 구독자 . . . . 1 X
- Target Audience는 상표 전환자 . . . . + 1
- 상표 인지에서는 상표 재인이 목표 0
- 상표 태도 면에서는 상표 전환 전략인데 현재 시장 주도 상표가
  +2의 MEF 채택 . . . . 3 (LC+1)

: Minimum Effective Frequency = 1 + VA(1,2) (TA + BA + BATT - PI)

[참고]　1 = 출발점, TA = Target Audience 조정계수, BA = 상표인지 조정계수,
BATT = 상표태도 조정계수, PI = 개인간 영향 조정계수,
VA(1,2) = 매체 Vehicle 주목 조정계수로서 유효빈도 수준 결정 승수
: 고 주목에는 1, 저 주목에는 2를 적용

해 답　　**MEF = 1 + 1 X (1 + 0 + 3) = 5**
: 일반적으로 구매주기 내에서 MEF 범위는 1~13회 정도

NOTE

---

8. Murray와 Jenkins의 효과적 도달범위 결정방법

- **1992년 캐나다 G.B.Murray와 J.G.Jenkins의 논문 'The Concept of Effective Reach in Advertising'(Journal of Advertising Research)** 에서 언급

1) 효과적 도달범위 개념 정의

합의된 기간(Agreed-upon Time Period) 동안에 최소 3회 이상 Vehicle에 노출된 Target Audience의 범위

2) 효과적 도달범위의 역치에 관한 정의

- 합의된 기간 동안에 Target Audience에 대한 45%의 효과적 도달범위의 획득
- 실제 시장에서 소구 대상층의 45%에게 3회 이상 노출한 결과 광고 캠페인에서 성공적
- 그 이하 수준에서 성공한 경우는 시장 내에서의 느슨한 경쟁체제,우수한 크리에이티브,차별적 마케팅 요인 때문

NOTE

8. Murray와 Jenkins의 효과적 도달범위 결정방법

3) 효과적 도달범위의 측정 Time Frame

TV,라디오,신문 - **4주** 단위, 잡지 - **3개월 분기** 단위

4) 매체별 효과적 도달범위의 역치

Media	월 45~50%의 효과적 도달범위를 얻기 위한 필요 주간 단위 GRPs 수준	12주 또는 분기	
		최소 비클 노출빈도	필요 GRPs 수준
TV	75 ~	9회+	900
Radio	150 ~	9회+	1,800
Npp.	70 ~ 75	9회+	800~900
Mag.	-	3회+	250~300

- 잡지 경우 효과적 도달범위의 Time Frame상 분기 단위 적용

• **자료원** : BBM(Bureau of Broadcast Measurement), PMB(Print Measurement Bureau), NADbank

Chapter 10

미디어플래닝과 마케팅전략

1. 미디어플래닝과 마케팅전략과의 상관관계

**마케팅전략은 제품 판매를 위한 청사진으로 최종 목표는
경쟁자를 제압하는 것이지만 대부분의 광고 캠페인에서 가장
취약한 부분이 올바르고 확고한 판매전략의 부족**

: 판매전략이 부실하면 아무리 화려한 광고 제작물도 소용없다.
　그러나 튼튼한 판매전략이 수립되면 광고 제작물의 효과도 배가될 것이다.

　빈틈없는 판매전략이 없는 매체기획은 헛수고에 불과하다.
　매체기획은 마케팅과 무관하게 홀로 존재할 수 없으며 마케팅과 판매를 위한
　서비스 기능이다.
　튼튼한 판매전략없이 흔히 매체선정과 집행이 이루어지는 것은 비논리적이다.

NOTE

1. 미디어플래닝과 마케팅전략과의 상관관계

매체기획안은 기성복이 아닌 주문복이어야 한다

이 유

1) 매년 시장상황의 동적 변화 발생
- 경쟁사 마케팅 활동의 지속적 변화와 수정
  : 광고메시지와 마케팅 비용 조정,신제품 출시,기존 제품
  할인판매 실시 등

2) 소비자들의 지속적인 변화
- 거주지역 이동,직업변경,생활주기와 방법의 변화,제품구매
  패턴의 변화

- 이러한 변화들은 광고주에게 마케팅상 새로운 기회와 문제점 동시 제공
- 결과가 적절하고 신속히 매체기획에 반영되기 위해서는 신축적,비고정적 바람직
- 결국 매체기획은 쉽게 실행될 수 있어야 하며 고정된 법칙을 가진 과학이 아니다. 즉 변화되는 마케팅 상황에 따라 새로운 접근방식이 필요하다

NOTE

2. 마케팅전략의 주요 목적

- **현재의 문제점을 해결할 수 있고 기회를 활용하는데 도움이 되는 목표 설정**(Setting Objectives)
- **제품 판매방법**(How to Sell)**의 결정**
- **누구를 대상으로**(to whom) **판매노력을 집중할 것인지를 결정**
- **제품 판매에 있어서 어떤 마케팅믹스**(Marketing Mix)**를 적용할 것인지를 결정**
- **포장 형태와 크기 같은 기타 조정사항**(Adjustments)**의 결정**
- **마케팅 비용**(How much to sell)**의 결정**

NOTE

3. 마케팅전략이 미디어플래너에게 중요한 이유

- 마케팅계획은 주어진 광고와 크리에이티브,매체기획 달성의 상위 개념
- 마케팅계획이 작성되어야 해당 제품에 대한 시장공략의 전반적인 구도가 쉽게 가시화됨
- 마케팅계획의 성공여부는 모든 목표와 전술이 계수적으로 얼마나 명료하게 기술되어 있는가에 달려 있음
- 장기적인 시각에서 실행 가능한 매체기획안을 작성할 수 있도록 의사결정을 위한 명확한 지침서 역할

NOTE

4. 미디어플래너로서 알아야 할 세부 마케팅 정보

1) Marketing Objectives

현재 마케팅 상에서의 문제점을 향후 캠페인에서 해결해야 할 과제로
설정하고 그에 따른 목표치를 계량적 수치로 수립하는 것

- 시장 점유율,비보조 또는 보조 인지도,선호도,구매 의향률,판매율 등

2) Market Situation & History

시장에서 각 제품들이 그 동안 어떤 마케팅 활동을 전개해서 매출액을
올리고 있는지 그 결과 현재 시장구도는 어떤 상황인지 파악하는 것

- 전반적인 경제상황,해당업종의 **PLC** 위치,시장규모와 점유율,지역별 판매량
  과 시장 세분화,계절과 가격변동에 따른 매출액 변화 추이 등
- 광고주와 경쟁사의 마케팅 비용과 매출이익 광고주 자금상황과 마케팅활동
  능력,제품 매출규모와 손익 수준,광고주의 마케팅관련 인식과 태도,광고주의
  의사결정구조 등

NOTE

4. 미디어플래너로서 알아야 할 세부 마케팅 정보

3) Distribution Channels

광고주와 경쟁사 제품이 어느 지역에 어떤 방식으로 유통되고 있는지
파악하는 것

- 지역별 판매량,유통 지역과 유통 장악력,제품 진열,재고 보유량,판매방식,
  판촉활동 등의 제반 유통경로 요인에 관한 정보 분석,중간상의 유통마진과
  반응 등

4) General Sales Strategy

마케팅 믹스 중 매체전략과 밀접한 프로모션 전략관련 내용 파악

- 대리점 대상 특별 가격정책 추진 시 업계지 비중 확대,쿠폰과 샘플의 할인
  판매 활용 시 잡지와 신문 삽입에 따른 인쇄매체 활용전략 변화
- 다른 프로모션 활동 활용여부,대인 판매활동 여부와 수준,프로모션 기간에
  따른 매체활용 집중시기 결정과 도달률 확대전략 구사 등

NOTE

4. 미디어플래너로서 알아야 할 세부 마케팅 정보

5) Test Marketing

본격적인 마케팅 활동 전에 일부 시장을 대상으로 시범 운영하여 소비자 반응을 사전에 파악하는 것

- 시장에서의 실질적인 점유율,전체시장 규모로의 확장 가능성 여부,반복구매 가능성,특정기간 동안의 목표시장 점유율 달성여부 파악 목적

6) Consumers of Product

제품 사용자의 성,연령,소득,직업,지역 등 기본적인 인구통계적 특성과 심리적 특성을 분석하는 것

- 소비자들의 라이프스타일,태도 등과 같은 심리적 특성 분석 포함 제품구매 시기,장소,사이즈,모델,색상 등의 Buying Habit 분석,해당 제품군에 대한 관심도 평가,소비자들의 제품에 대한 취향변화 추이 분석 등
- 제품 구매자와 사용자,구매 영향력 행사자들의 특성과 성향분석 통한 매체 소구대상층 결정

NOTE

4. 미디어플래너로서 알아야 할 세부 마케팅 정보

7) Product

제품의 역사와 개발과정,제품 변화시기와 이유,제품변화가 경쟁제품에
미친 영향과 변화 분석,광고주와 경쟁사 제품에 대한 소비자 인식분석

- 광고주 제품 특성과 강점,차별점,제품의 시장내 경쟁상황,소비자의 해당
  제품군 내에서의 선택적 대안 존재여부,제품에 대한 소비자 인식 등
- 제품수명주기,제품 재구매 주기,제품에 대한 사용자 변화율 또는 전이율,
  제품 가격정책 등

8) Advertising & Media Analysis

광고주와 경쟁 제품광고에 대한 소비자 반응,매체 광고비와 매체별 집행
패턴 분석

- 소비자 대상 커뮤니케이션 전략,광고 메시지 형태와 신뢰성,이해도 등
- 광고활동과 활용매체에 대한 소비자 반응,집행 광고물 개수와 사이즈,
  광고집행 시기 등
- 소비자들의 매체 관심도와 접촉도,매체효과와 효율성,각 매체별 시장별
  광고비 할당 규모 등
- 광고심의 등 법적,제도적 규제,매체별 광고판매상황과 판매제도 등
- 소비자들의 매체에 대한 취향변화 분석

NOTE

4. 미디어플래너로서 알아야 할 세부 마케팅 정보

9) Budget

마케팅목표가 설정되면 그 목표달성을 위한 필요 광고예산을 파악해야 하거나 또는 마케팅전략 수행에 필요한 광고비를 추정해야 함

만일 주어진 목표를 달성하는데 예산이 충분하지 못할 경우 목표를 축소하거나 수정해야 함

- 캠페인별,소구대상층별,지역별 설정 예산분배 비율,예산별 세부항목 등
- 광고주의 제품에 대한 인식과 예산 적용기준,캠페인과 제품에 적합한 예산 설정 방법 등

10) Creative Strategy

마케팅전략 상 기본적인 판매 아이디어로 부터 크리에이티브 전략이 나오고 이러한 전략에 따라 활용매체가 정해지는 경우가 있기 때문에 매체선정 과정에 영향을 주는 요인으로 작용함

- 제작물 수준과 내용,제품 포지셔닝 방법,광고물의 개별적인 목표,광고물의 종류와 사이즈,초수 등 운영형태
- 색상 선명도의 중요성 수준,전시효과 필요성,Sizzle 효과,카달로그 효과, 소구방식 등

NOTE

5. 매체기획안 수립시 영향을 주는 주요 마케팅 변수

신제품 도입 방법	Roll-out 패턴 / 주요 세분시장 참여 패턴 / 전국시장 대상 동시 참여 패턴
시장 점유율 확대 방법	상표 전환 유도 / 현재 고객대상 사용률 확대 새로운 시장으로의 진출
상표 이미지에서 요구되는 변화	새로운 크리에이티브 전략 / 새로운 Timing 전략 Positioning 변화에 따른 새 크리에이티브 전략
광고예산 축소	이익 증대 추구 / 손실 감소 유도 / 제품 생산 라인 상의 문제점 발생
광고예산 확대	새로운 시장으로의 진출 / 신제품 런칭 / 커뮤니케이션 상의 변화 시도
SP전략 변화	SP와 광고와의 관계 변화 / 새로운 SP 전략 필요

NOTE

5. 매체기획안 수립시 영향을 주는 주요 마케팅 변수

테스트 마케팅 상황	**동일한 매체 또는 여러 매체를 이용한 각기 다른 세분시장에서의 예산 수준별 테스트**
PLC 상의 변화	Product Life Cycle **상에서의 특정 제품과 제품군의 위치 변화**
경쟁사의 마케팅 전략 대응	

NOTE

6. 구매과정상에서의 광고와 제품의 역할과 비중

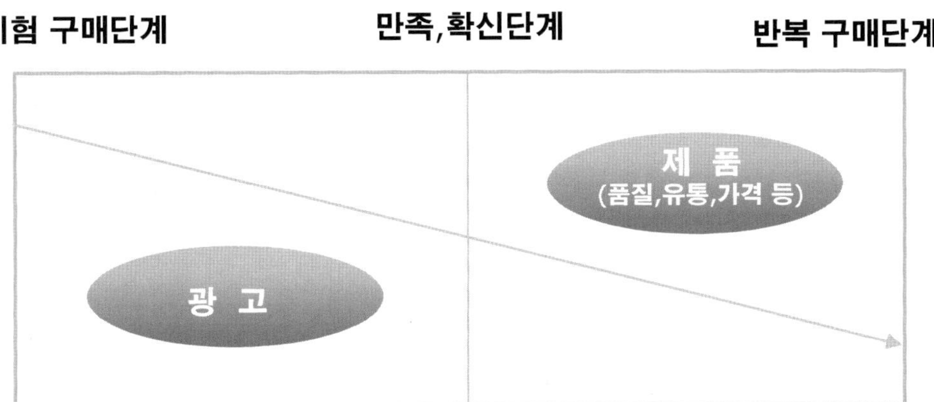

NOTE

7. 커뮤니케이션 진행과정에서의 매체의 역할과 비중

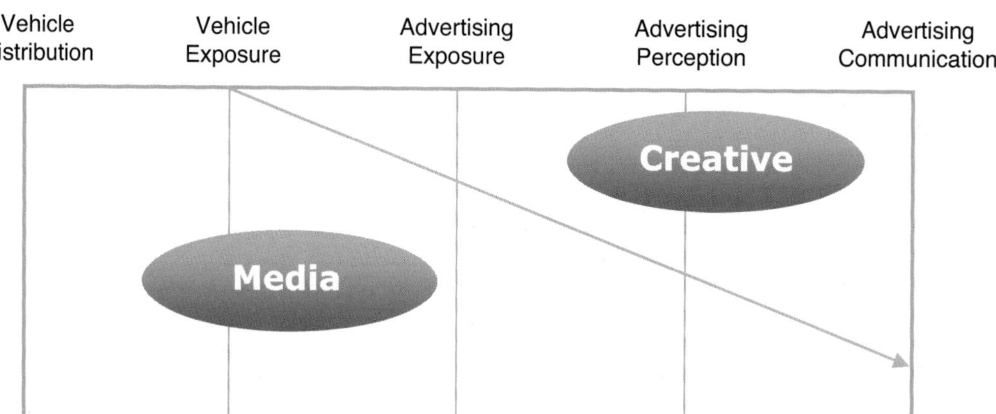

NOTE

Chapter 11

매체목표와 전략 수립방법

1. 매체목표,매체전략,매체전술 개념정의

매체목표(Media Objective)

- 광고 캠페인 기간동안 매체집행을 통해서 달성하고자 하는 목표치를 매체관점에서 제시 가능한 요소를 정량적으로 명시하는 것으로 주로 전달하고자 하는 광고 메시지를 목표 소구대상층의 어느 정도에게 얼마나 노출시킬 건지를 설정하게 됨
- 설정된 마케팅목표와 광고목표를 직.간접적으로 달성할 수 있도록 고려 필요

매체전략(Media Strategy)

- 수립된 매체목표를 어떻게 달성할 것인지에 대한 매체운영의 전반적인 방향을 설정하는 단계로 광고 메시지를 어떤 소구대상층에게 어느 매체를 활용해서 언제,어디에서 노출되도록 할 것인지를 제시하게 됨

매체전술(Media Tactic, Media Action Plan)

- 수립된 매체전략을 실행할 수 있도록 구체화시킨 매체별 세부집행 또는 추천안을 제시하는 단계로 매체별 달성 목표치와 집행 스케줄,비히클 선정,시간대,사이즈,회수,예산규모,기대효과수준 등을 논리적 근거와 함께 제시하게 됨

NOTE

2. 매체목표의 역할과 기능

1) 매체전략과 매체전술의 지향점 제시

- 전체적인 매체전략과 전술을 인도하는 역할
- 성공적이고 설득적인 매체기획안이 되기 위해서는 설정된 상위 목표인 마케팅 목표와 광고목표를 직.간접적으로 달성할 수 있도록 해야 하며 하위 의사결정 과정인 매체전략과 전술 결정과정에 전략적인 방향성을 제시할 수 있도록 설정 되야 함

2) 일관성과 지속성 유지

- 수립된 매체목표는 매체기획과 집행에 관여하는 모든 당사자들의 의사결정과 행동을 조정하여 캠페인 기간동안 일관성 있게 지속시킬 수 있는 구심점 역할을 수행하게 됨

3) 매체집행효과와 광고 캠페인 집행평가의 기준점

- 매체노출효과의 계량적 지표를 제공하여 여러 매체 스케줄의 평가와 선택을 용이 하게 함으로써 최적의 매체조합을 선택하도록 할 뿐만 아니라 정량적 매체목표치 제시로 광고 캠페인 집행이후 캠페인 성공여부를 평가하는 기준 역할 수행

NOTE

3. 매체목표 수립 가이드라인과 설정고려 요소

1) 매체목표 수립 가이드라인

- 매체기획이 달성하려고 하는 정량적인 노출효과를 포함하는 구체적인 내용이어야 하며 추상적이고 이상적인 구호는 부적합함
- 매체목표는 매체전략의 기초이기 때문에 실제 미디어믹스와 매체집행시기, 집행지역을 결정하는데 가이드라인이 될 수 있도록 설정 필요
- 따라서 매체목표는 구체적이며 현실적으로 측정 가능해야 하고 가용예산 범위 내에서 달성 가능해야 함

2) 매체목표 설정고려 요소

- 얼마나 많은 목표 소구대상층에게 메시지를 노출시킬 것인가? ... Reach
- 목표 소구대상층에게 몇 번 정도 메시지를 노출시킬 것인가?
  ... Avg.Freq. & Effective Frequency
- 얼마나 오랫동안 광고노출을 지속할 것인가? ... Scheduling

- **Reach, Avg.Freq., Scheduling** 3가지 요소가 동일 예산 내에서 상호작용함에 따라 한 요소를 증가시키면 다른 요소가 감소되기 때문에 우선 순위와 적정점 도출과제

  [사례] 연간 캠페인 기간 중 집중기에 핵심 소구대상층 **90%**에게 평균 **5회** 광고를 보도록 하고 유지기에 **80%**에게 평균 **3회**를 보도록 유도한다

NOTE

4. 매체목표 수립적용 마케팅이론과 모델

1) 위계효과 모델(Hierarchy Effect Model) 개념

- 제품이 처해있는 현재 상황에서 광고 캠페인이 달성할 수 있는 것에 의해서만 광고 캠페인이 평가되어야 된다는 전제를 바탕으로 함

- 주목-흥미-선호-행동까지의 여러 단계를 거치는 논리적인 소비자 의사결정과정을 보여주는 틀로 다양한 수준의 마케팅계획을 수립하는데 유용하며 목표 소구대상층이 커뮤니케이션 효과단계상 어느 위치에 있는지를 확인할 수 있는 틀을 제공함

- **FCB Grid 모델 또는 Rossiter,Percy 경우 4가지 형태의 단계로 구분 접근**
    - **(1) 고관여 이성(informative, thinker) : learn - feel - do**
    - **(2) 고관여 감성(affective, feeler) : feel - learn - do**
    - **(3) 저관여 이성(habit formation, doer) : do - learn - feel**
    - **(4) 저관여 감성(self-satisfaction, reactor) : do - feel - learn**

NOTE

4. 매체목표 수립적용 마케팅이론과 모델

2) 위계효과 모델(Hierarchy Effect Model) 유형 분류

고관여 모델 : 인지 – 태도 – 행동

- 높은 관여도와 차별화 잘되어 있는 제품군 적합 - 승용차,컴퓨터 등
- 도달률과 지속적 광고노출이 매체목표의 기본변수로 우선설정

저관여 모델 : 인지 – 행동 – 태도

- 최초 상기도 의존한 제품 구매군으로 구매행동 결과에 대한 위험부담이 낮고 빈번한 구매빈도와 제품간 품질 유사한 제품군 적합 - 비누,라면 등
- 최초 상기도 증대위한 노출빈도가 매체목표로 우선설정

부조화,귀인 모델 : 행동 – 태도 – 인지

- 높은 관여도 성향을 띄면서도 비차별화적 동등 가격대 브랜드 또는 개인적인 정보원으로 부터 영향을 받는 브랜드 적합 - 디자이너 브랜드 의류,컴퓨터 프로그램,서적 등
- 자신의 구매행동을 정당화하기 위한 강한 Selective Exposure 경향
- 광고역할로 제품구매자에 대한 긍정적 태도 강화와 오피니언 리더 적극 지원
- 오피니언 리더 대상 높은 빈도,소비자층 대상 넓은 도달률로 매체목표 설정

NOTE

4. 매체목표 수립적용 마케팅이론과 모델

3) 개혁확산이론(Diffusion of Innovations)과 PLC

PLC 단계		도입기	성장기	성숙기	쇠퇴기
시장특성	판매 단위비용 이윤 고객 경쟁자	저조 고비용 마이너스 Innovators 소수	급성장 평균수준 증가 Early Adopters 증가	최대 저비용 최대-감소시작 Middle Majority 감소시작	쇠퇴 저비용 감소 Laggards 감소
마케팅 목표		제품 인지 구매시도 창출	시장점유율 극대화	시장점유율 고수 ,이윤 극대화	비용 절감
광고목표		인지도	인지도,호의도	브랜드 차별, 상기도 제고	판촉 지원
매체 목표		도달률	차별화 위한 노출빈도	이탈방지 위한 노출빈도	판촉 지원

NOTE

4. 매체목표 수립적용 마케팅이론과 모델

Diffusion of Innovations - Everett Rogers(1962)

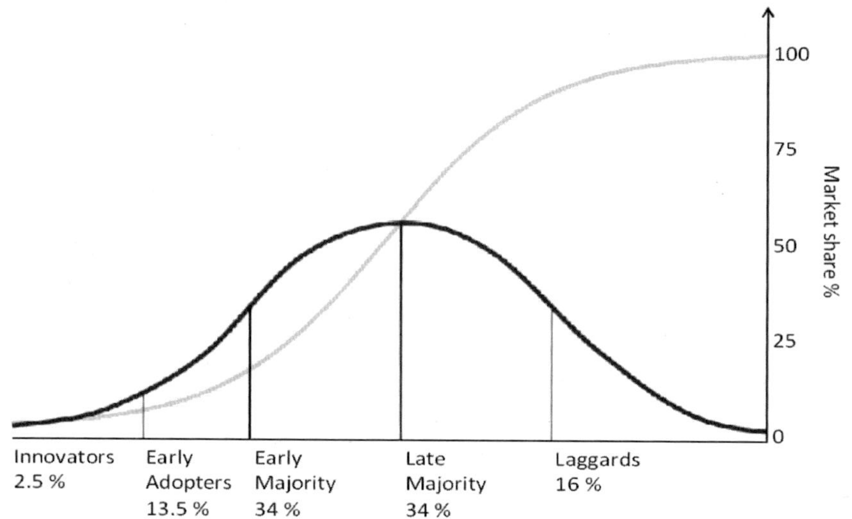

NOTE

5. 창의적인 매체전략 수립위한 주요 가이드라인

1) 효율적이어야 한다

일반적인 매체전략보다 투입된 매체예산 이상의 효과를
얻을 수 있어야 한다.

즉 효율적이고 효과적인 전략이 되어야 한다.

창의적인 매체전략이란 매체예산을 늘리거나 다양한 매체를
활용한다고 해서 얻어질 수 있는 것은 아니다.

특별한 경우를 제외하고 일단 많은 전력을 투입하고도
적보다 낮은 성과를 얻었다면 실패한 전쟁일 수 밖에 없다.

NOTE

- **1차 티저 광고매체로 벽보와 현수막 활용을 통한 런칭 캠페인
목표인 궁금증 유발과 브랜드 인지도 증대 달성**

NOTE

5. 창의적인 매체전략 수립위한 주요 가이드라인

2) 새로운 것 만이 창의적인 것은 아니다

매체전략을 수립할 때 미디어플래너나 광고주 입장에서
소구대상층에게 주목도를 높이기 위해 새로운 아이템의 매체를
선호하는 경향이 강한 편이다.

그러나, Newness보다도 중요한 것은 브랜드 특성, 마케팅과
캠페인 목표, 소구대상층의 매체접촉 성향분석,
매체특성과 역할, 적합성 등이 종합적으로 검토되어야 한다.

NOTE

[사례] 마이클럽닷컴 2000년초 런칭 캠페인 티저 광고
'선영아 사랑해'

- 포털이라는 그 당시 새로운 IT업종 브랜드 이미지와 달리 원시적인
이미지의 Old Media만으로 메시지 전달과 목표달성

**· 우리 일상생활 속에서 접할 수 있는 건물과 각종 사물을 활용하여
대기오염,반전,영유권 캠페인 전개로 강력한 임펙트 제공과 메시지 전달**

NOTE

5. 창의적인 매체전략 수립위한 주요 가이드라인

3) 정량적인 자료에만 너무 의존하진 말라

매체에 많은 비용을 지불해야 하는 광고주를 설득하기 위해서 미디어플래너로써 특정 비클을 사용해야 되는 근거를 마땅히 객관적인 자료를 근거로 설명해야 된다.

하지만 수리적 근거자료가 없을 때는 정성적인 판단기준을 바탕으로 제시할 수 있어야 하며 너무 정량적인 자료에만 의존하면 안된다.

즉 정량적인 근거자료가 있다 하더라도 항상 정성적인 관점에서도 살펴보는 조화와 균형감각이 필요하다.

NOTE

[사례] 두산잡지 GQ 창간호(2001년 3월) 런칭 캠페인 집행시 스포츠지 활용배제

- 핵심 소구대상층 미혼 직장인 남성 20대 후반~30대 초반
- 정성적 요인 중 매체에 대한 수용자 인식과 후광효과(Halo Effect)로 인해 스포츠지 활용배제와 런칭 목표 브랜드 이미지 구축 가능

NOTE

5. 창의적인 매체전략 수립위한 주요 가이드라인

4) 브랜드가 지닌 마케팅 상의 문제점 해결과 마케팅 목표달성에 도움이 되어야 한다

매체전략은 매체전략 혼자 존재하거나 그 자체로는 아무런 의미가 없다.

즉 매체나 모든 부문의 광고노력은 브랜드나 광고주가 안고있는 마케팅 상의 문제점 해결이나 목표달성 하는데 간접적이나마 기여하며 존재해야 한다.

그런 의미에서 모든 광고활동은 마케팅 목표를 달성하기 위한 하나의 수단으로 존재할 뿐이다.

NOTE

[사례] 한섬 브랜드 광고에서 TV매체 활용여부 문제

- 브랜드 매출확대와 브랜드 자산,가치 증대관련 미디어 컨설팅
- 정성적 매체 평가요소 중 Catalogue Effect로 해법도출

NOTE

5) 모든 광고업무의 출발점은 마케팅이다 마케팅 지식을 축적하고 접목하라

모든 커뮤니케이션과 광고전략의 출발점은 마케팅 상황분석에서 시작된다.

따라서 마케팅에 대한 기본지식은 물론 분석내용을 이해하고 마케팅목표와 전략이 매체전략에 접목되도록 노력해야 한다. 직접적인 접목이 현실적으로 불가능하다면 간접적으로라도 연결되도록 노력해야 한다.

NOTE

· 광고주 관리하의 3P 영향력과 Promotion의 단계별 역할과 비중 설명으로
커뮤니케이션 활동결과에 대한 설득 가능

구매과정 상에서의 제품과 광고의 역할과 비중

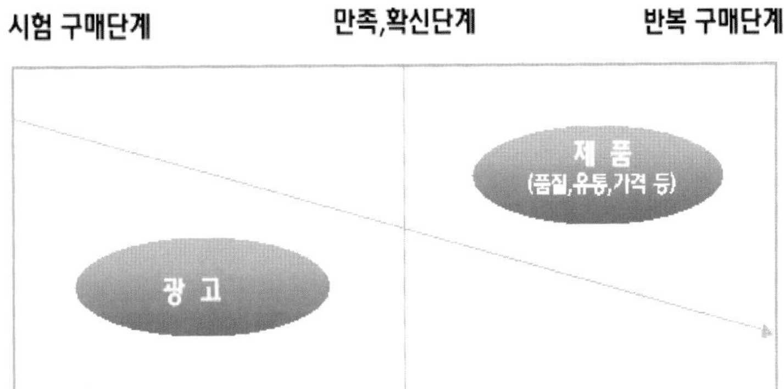

NOTE

[사례] 기존 또는 새로운 마케팅 이론과 지식 습득 및 적용

- **두뇌 과학과 마케팅 결합된 호이젤 박사의 신경마케팅 이론**
  : 인간의 비합리적 또는 감성적 브랜드 선호 및 구매경향
  (2003년 코카콜라의 블라인드 테스트와 MRI 실험)

NOTE

5. 창의적인 매체전략 수립위한 주요 가이드라인

6) 장.단기적 미디어 트렌드를 예측하고 이를 전략에 반영시켜야 한다

최근 Paradigm Shift라고 할 정도로 미디어 환경이 급변하고 있다.

또한 새로운 개념의 다양한 미디어가 탄생하고 있는 현 상황에서 미디어의 미래와 변화방향과 특성을 제대로 이해하지 못한다면 엉뚱한 방향으로 전략을 이끄는 오류를 범할 수 있다.

NOTE

· 새로운 미디어의 등장과 그에 따른 미디어간 역학관계 예측통한
브랜드와 캠페인과의 적합성 등 장.단기적인 매체전략 대책 마련

디지털 시대에서의 미디어 영향력 이동 추세

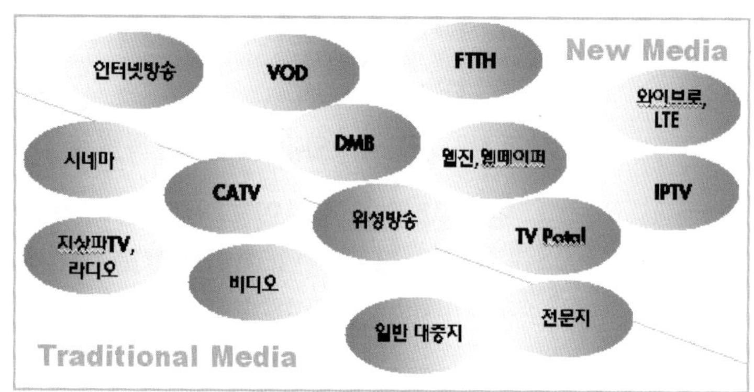

NOTE

· 지하철 역사내 스크린도어 등장에 따른 미디어가치 변화

전동차 외부광고

지하철 노반광고

지하철 PDP 광고

미디어가치 위축 및 하락

· 연내 민영 방송 미디어랩 등장과 광고회사별 미디어 운영전략 및 경쟁력

NOTE

7) 미디어가 크리에이티브를 리드할 수도 있음을 이해하고 접근하라

최근 Media Convergence 등을 통해 미디어 홍수라고 할 정도의 다양한 미디어가 우리 실생활 속에 등장하고 있다.

이러한 새로운 개념의 다양한 미디어를 통해 광고 메시지를 성공적으로 소비자들에게 전달하기 위해서는 각 미디어의 특성에 맞는 메시지와 소구방법 등을 적용해야 한다.

이 과정에서 먼저 미디어플래너가 최적의 미디어를 주도적으로 결정한 후 이를 바탕으로 적합한 크리에이티브를 제작하는 현상이 확산되고 있다.

NOTE

· 3M 브랜드의 마케팅 목표와 커뮤니케이션 전략에 적합한 미디어 아이템 선정과 그에 따른 크리에이티브 메시지 표현

NOTE

5. 창의적인 매체전략 수립위한 주요 가이드라인

8) 철저하게 광고주 수준에 눈높이를 맞춰라

광고주에게 전략 안을 제시하거나 프리젠테이션 하는
궁극적인 목표는 설득이다.

아무리 전략 안이 창의적이고 효과적이라 하더라도 이를 최종
의사결정 해야 하는 광고주가 이해하지 못한다면 100% 실패한
커뮤니케이션이다.

따라서 의사결정권자인 광고주의 수준을 사전에 파악하여 눈높이에
맞게 전략 안을 작성하고 커뮤니케이션 해야 한다.

NOTE

· 개념 및 용어에 대한 사전 설명, 각종 도표 및 그래프, 그림 등 적용

NOTE

5. 창의적인 매체전략 수립위한 주요 가이드라인

9) Simple하고 Easy해야 한다

광고주에게 전략 안을 제시하거나 프리젠테이션 하는
궁극적인 목표는 설득이다.
이러한 설득을 제대로 하기 위해서는 장황한 표현과 빼곡한 숫자
나열보다 가능하면 단순화한 그림이나 그래프가 보다 효과적이다.
항상 단순화하고 쉽게 표현하려고 노력하라.

NOTE

[사례] Personal Media Network 전략 이해위한 그림 활용

· 광고주들의 높은 주목도와 이해력 유도 가능

NOTE

5. 창의적인 매체전략 수립위한 주요 가이드라인

10) 책상에서 창의성이 얻어지는 것이 아니다
움직이고 주변 모든 것에 관심을 가져라
특히 정보 수용자 관점에서 미디어를 보라

특별한 사람 또는 특별한 경우를 제외하곤 창의적인 아이디어가
항상 넘칠 수는 없다.
따라서 평상시에 주변을 둘러보고 모든 것에 관심을 가지고
많은 경험을 하고 특히 미디어에 대해 정보 수용자,
즉 소비자 관점에서 생각하고 접근하라.
공상과학영화나 소설, 각종 언론정보 상의 미디어 관련 기사를 살펴라.
거기에서 많은 idea와 insight를 얻게 될 것이다.

NOTE

[사례] 영화 또는 소설 속 등장 미디어의 현실화 및
주변 실생활 미디어 아이디어 응용

· 광고회사 캠페인 팀장이 거리에서 본 사랑고백 벽보의
마이클럽닷컴 광고 아이디어로 차용
· 공상과학영화 또는 소설에 등장하는 미래사회 미디어의 현실화
: 블레이드 러너(1982), 토탈리콜(1989), 마이너리티 리포트(2002) 등

NOTE

Personalcasting(Pointcasting), 1:1 맞춤형 광고 사례

· 영화 '마이너리티 리포트'와 BMW 자동차 광고

미국, 말하는 광고판 등장

조선일보('07년 1월30일)

미국에서 고객별로 특화된 메시지를 전달하는 이른바 '말하는 광고판'이 거리에 등장해 화제가 되고 있다.

29일(현지시간) 뉴욕타임스의 보도에 따르면 광고판에 메시지 창을 별도로 만들어 지나는 고객에게 이름과 특화된 메시지를 전달하는 새로운 형태의 거리 광고판이 뉴욕과 샌프란시스코, 시카고, 마이애미에서 시범운영에 들어갔다.

BMW의 자회사로 미니 쿠퍼를 판매하고 있는 미니 USA가 만들고 '말하는 광고판'으로 이름붙인 이 광고판은 주변을 지나는 미니 쿠퍼 차량에서 나온 전자신호를 통해 차 소유자를 파악해 미리 준비한 메시지를 내보내는 방식으로 운영된다.

미니 USA는 사전에 미니 쿠퍼 소유자들의 동의 아래 파악한 개인정보를 이용해 운전자만이 알 수 있는 생일축하 메시지나 인사말을 내보내 운전자들의 눈길을 사로잡겠다는 것으로 시범운영 효과를 본 뒤 확대 여부를 결정할 방침이다.

그러나 이 같은 광고가 운전자들의 시선을 분산시키면서 사고위험이 높아질 수 있다는 비판론도 만만치 않게 제기되고 있어 말하는 광고가 광고업체와 교통안전단체 사이에 새로운 논쟁거리가 될 것이라는 지적도 나오고 있다.

· IPTV 하나TV(현 SKT 브로드앤TV)의 V2.0 광고 서비스
· KT 쿡TV의 Smart Web 관심기반광고 서비스

NOTE

6. 제한적인 예산 하에서의 매체전략 수립방법

1) 예산한도에 맞추어 마케팅 목표를 하향 조정하는 것도 검토
가능하다

2) 매체목표의 우선순위를 나열한 후 가장 중요한 것부터 예산이
허용하는 범위에서 차례로 충족시켜 나간다

3) 이용 매체의 광고요금 할인을 유도한다

4) Flighting Schedule 방법을 택해서 적은 예산으로도 광고를
상당 기간 유지할 수도 있다

5) 예산이 충분히 확보되기 전까지 광고를 유보 시키는 방법도
있다

NOTE

7. 미디어플래닝 단계별 종합 검토사항

전반적인 기획안 내용

· 광고주 최고 의사결정권자가 매체기획안을 신속하고 정확하게 이해할 수 있도록
간결하게 작성돼야 한다
너무 장황하게 서술되어 오히려 역효과를 낳는 경우도 있음을 주의해야 한다

매체 목표

· 목표는 간결하고 계수적으로 정확하게 서술돼야 한다
· 매체목표가 마케팅목표와 전략 달성과 실행에 얼마나 정확하게 연관되어 있는가
를 서술해야 한다
· 인구통계적 변수 또는 심리묘사적 변수에 기초한 소구대상층 정의,필요 도달범위
와 빈도 수준,필요한 효과적 도달범위와 빈도 수준 등이 명시돼야 한다

NOTE

7. 미디어플래닝 단계별 종합 검토사항

매체 전략

- 매체전략은 매체목표와 연관돼서 명확하게 서술돼야 한다
- 선정 매체유형,지역별 예산배분 전략,매체유형별 예산할당 비율,월별 예산할당 비율과 광고캠페인 성격별 예산할당 비율,월별 도달범위와 빈도,월별 효과적 도달범위와 빈도,주요 시장과 기타 시장의 규모,광고 노출량의 각 소구대상별 가중치,목표 가격효율성 수준,전년대비 전략의 변화 이유,매체 선정 기준,스케줄 패턴 결정요인,경쟁사 전략대비 차이점,선정 전략 근거 등이 포함돼야 한다
- Stand-by Plan은 마련되어 있는가? 즉 판매 기대치에 못미칠 경우 예산 수정 또는 삭감계획은 마련되어 있는가? 또는 판매가 목표치를 초과할 경우 대비책은 있는가? 경쟁사가 신제품이나 개선된 제품을 출시했을 때 대책은 준비되어 있는가?

매체 전술(세부 매체 전략)

- 매체별 전략을 구체적으로 근거를 제시하여 서술해야 한다
- 매체가치 결정 기준,비클 선택 근거,매체별 도달범위와 빈도,GRPs 수준,매체별 가격효율성 수준,매체별 월별 노출횟수와 게재횟수,매체별 예산규모와 기대효과 수준

NOTE

7. 미디어플래닝 단계별 종합 검토사항

전체 구성과 논리 전개

- 기획 안의 구성에는 무리가 없는가? 필요한 정보를 쉽게 찾아 볼 수 있는가?
- 분야별로 서술한 제목은 눈에 잘 띄고 잘 이해할 수 있는가?
- 모든 도표는 간결하면서도 그 내용과 잘 어울려 이해하기 용이한가?
- 주어진 시간에 충분히 발표할 수 있도록 내용면에서 잘 정리되어 있는가?
- 프리젠테이션 자료와 기획서용 자료를 별도로 준비해야 할 것 인가?
- 기획 안에서 논리전개 부문에서 취약한 부분은 없는가?

NOTE

8. 미디어플래닝시 제기되는 문제점

1) 정보의 불충분성

- 수집이 불가능하거나 별도 조사하기에 효용성에 비해 비싼 비용 부담
    - 각종 옥외광고물에 대한 광고접촉 자료, 인터넷,CATV 등에 대한 소구 대상별 광고 접촉자료 등
- 매출과 관련된 지역별,시즌별 조사자료 확보의 어려움
    - 소규모 광고주 경우 비용과 마인드 부재에 따른 자료 부재
    - 대형 광고주 경우 자료 유출에 대한 우려와 대행사에 대한 신뢰 부족으로 제공 기피현상

NOTE

8. 미디어플래닝시 제기되는 문제점

2) 자료의 객관성과 신뢰도

· 각종 시청률과 구독률 조사자료에 대한 객관성의 부족

- 인쇄매체 조사 경우 간이 설문조사방법 사용으로 신규 매체의 상대적 저평가와 기존 매체의 고평가 현상 존재
- TV 경우 소구대상층의 광고에 대한 주목도(degree of attention) 측정 문제
- 인쇄매체 경우 게재광고물에 대한 접촉 정도와 관심도 자료의 부재와 불신
- 조사방법과 표본 추출과정 등에서 발생되는 오류 등으로 상식과 어긋나는 조사결과 발생

NOTE

8. 미디어플래닝시 제기되는 문제점

3) 시간상의 제약성

- 짧은 시간에 매체기획안을 수립해야 되는 경우가 많기 때문에 경쟁사의 주요 시장별 광고비 지출규모와 집행패턴 등을 정밀하게 분석하여 그 결과를 반영시키기 어려움
- 일단 수립한 안 대로 매체를 집행하려고 해도 광고주의 집행 승인이 지연되는 경우가 빈번해서 원하는 계획된 시간대나 지면 구매가 곤란함
- 소구 대상층과 관련된 다양한 자료를 분석하기에 인력과 시간의 부족함

4) 외부 압박과 간섭

- 지나친 창의성과 차별성을 요구하는 분위기에 따라 기본적인 접근방식과 과정을 무시한 채 돌출된 형태의 결과물 작성 추세
- 미디어비클 선정시 광고주나 대행사 내부 인력의 입김에 의해서 특정 매체를 포함시키도록 강요 받기도 함

NOTE

8. 미디어플래닝시 제기되는 문제점

5) 효과측정의 어려움

- 광고효과에 대한 정확한 측정이 어렵기 때문에 매체 의사결정에 대한 효과분석에서 어려움
- 담당자의 특정 매체 선호에 따른 객관적인 통계치 비활용

6) 용어사용의 혼동

- 동일한 용어 경우에도 매체유형과 적용시기,사용자에 따라 다양하게 표현하는 경향
- 동일한 용어가 의미상에서 통일이 안된 경우와 각기 다른 용어들이 혼용되어 같은 용어로 사용되는 경우가 존재

NOTE

Chapter 12

미디어믹스 전략과 비히클 선정

1. 미디어믹스 개념이해

개념과 특성

- 특정 목표 소구대상층에게 광고목표를 달성하기 위한 광고 메시지를 전달 시키기 위해 일반적으로 여러 개의 매체를 동시에 활용하는 것
- 기존 미디어믹스 전략은 매체특성과 노출 목표만을 중심으로 적절한 미디어 믹스를 평가하였지만 최근의 전략은 소비자 중심에서 소비자들의 일상적인 매체 소비행태 뿐 아니라 광고메시지,매체,소비자 심리 등 다양한 요소를 고려해서 접근하려는 경향

활용 이유

- 미디어플래닝 상 도달범위를 확장하기 위한 방법으로 1개 매체를 활용하는 것 보다 여러 개의 매체를 활용하는 것이 목표 소구대상층에 대한 도달범위 를 넓힐 수 있기 때문
- 형태가 다른 메시지들을 목표 소구대상층에게 제시하여 제품에 대한 기억 을 자극할 수 있기 때문
- 각 매체가 가지는 단점과 한계점을 보완할 수 있기 때문

NOTE

2. J.Rossiter와 L.Percy의 미디어믹스 접근법

1987년 저서 'Advertising & Promotion Management'에서
커뮤니케이션 목표(Brand Awareness,Brand Attitude)에 따른
Media Mix 제안

- Brand Awareness는 Brand Recognition(再認)과 Brand Recall(想起)로 구분
  - 再認 : 특정 브랜드에 대한 정보가 단순히 기억 속에 남아 있는 지를 의미
  - 想起 : 기억 속에 있는 정보를 즉각 인출해 내는 것으로 unaided와 aided recall로 구분(=回想)

- Recognition 경우 단순한 브랜드명 또는 포장 디자인 등 제품을 확인할 수 있는 수준의 정보만을 기억하고 구매장소에서 동일제품을 보고 선택할 수 있는 정도인 반면 Recall은 아무런 힌트없이 소비자가 기억 속에 저장하고 인출하는 과정에서 높은 수준의 노력 필요

- 동일한 수준의 인지도 향상이어도 목표치가 재인도 또는 상기도 여하에 따라 광고 제작물 내용과 미디어믹스 전략이 달라지게 됨

- Brand Attitude 경우 제품 관여도에 따라 광고 메시지가 기존 사용자의 반복 구매를 유도하기 위한 정보 제공형(informational)과 새로운 사용자를 대상으로 한 상표전환을 유도하기 위한 전환형(transformational)으로 구분하여 미디어믹스 제안

NOTE

3. 브랜드 인지도 관련 미디어믹스 제안유형

유형 1 : Brand Recognition(再認) 증대 목적

- 어디에서 본 적이 있는 친숙함과 그에 따른 신뢰감 제공으로 지속적 再認을 통해 제품구매를 유도하기 위해서는 브랜드명,제품 포장과 로고 등 실제 색상과 모양으로 보여주는 시각적 내용(Visual Content) 전달이 필요함
    : 시각적 제시가 불가능한 라디오 매체 배제

- 제품에 대한 再認을 돕기 위해서는 색상 표현(Color Content)이 필요
    : 색상 재현이 불충분한 신문은 제한적으로 이용하는 것이 타당함

- 상대적으로 짧은 노출시간(Brief Processing Time)으로도 가능함

- 상대적으로 빈도가 낮아도 가능함

**TV 등 영상매체 적합,
잡지,옥외,DM,POP 등 이용 가능**

NOTE

3. 브랜드 인지도 관련 미디어믹스 제안유형

유형 2 : Brand Recall(想起) 증대 목적

- 브랜드명의 전달을 위해 구어체든 문어체든 상관없이 언어적 내용(Verbal Content)의 제시가 요구됨
    - : 약국에서 감기약 구매할 경우나 편의점에서 음료수 구매할 경우 소비자가 특정 브랜드 지명하는 빈도가 높으며 이 경우 소비자의 상기도에 따른 특정 브랜드 지정과 구매 결정
- 시각적 단서보다 언어적 단서가 중요하기 때문에 색상적 요소에 너무 치중할 필요 없으며 짧은 노출시간(Brief Processing Time)으로도 충분함
- 제품군 내에서 브랜드명의 연상을 위해 반복이 필요하므로 시간과 사이즈가 작아도 되지만 일반적으로 높은 반복적 노출빈도가 필요함
    - : 잡지,옥외,DM은 제한적 이용 바람직 / POP는 구매시점 이전에 충분한 노출확보가 불가능 하기 때문에 부적합

TV,라디오,일간신문 등
이용 가능

NOTE

3. 브랜드 인지도 관련 미디어믹스 제안유형

- Recognition 만으로도 충분히 구매가 일어날 수 있는 제품군이어도 시장에 런칭단계인 신규 브랜드 경우 어느 정도 지명도 확보를 위해 Recall을 동시에 고려할 필요

- 시장 내에서 어느 정도 입지를 다진 브랜드 경우도 경쟁이 치열한 시장일 경우 경쟁 브랜드의 Recall 확대를 방지하기 위해서 Recognition과 Recall을 동시 증대하는 전략 구사 필요

NOTE

3. 브랜드 인지도 관련 미디어믹스 제안유형

매체별 브랜드 인지도와의 적합성 평가

	지상파TV	CATV	라디오	신문	잡지	옥외(고정형)	옥외(이동형)
Recognition (재인)	적합	적합	부적합	적절 (색상 제한)	적합	적합	적합
Recall (상기)	적합	적합	적합	적합	적절 (빈도 제한)	적절 (이동횟수 제한)	적절 (이동횟수 제한)

• **자료원** : Rossiter & Percy(1998)

NOTE

4. 브랜드 태도 관련 미디어믹스 제안유형

유형 1 : 저관여 제품,정보 제공형 광고 메시지일 경우

- 저관여 제품이며 기존 사용자의 반복구매 유도위한 정보 제공형 메시지 경우 해당 제품의 장점 관련정보를 잘 전달하기 위해 언어적 메시지를 이용하는 것이 필요하며 광고정보에 브랜드 편익(Benefit)에 대한 주장을 전달해야 함
- 관여도 낮은 제품군이기 때문에 강조해야 할 정보도 간단한 편이어서 1~2회 노출빈도로도 가능
- 색상적 요소에 너무 치중할 필요 없고 모든 매체 활용 가능하지만 시각적 효과 면에서 영상매체가 더 효과적임
- 사용 전,후의 간단한 사진만으로 충분히 정보전달 가능할 경우 인쇄매체 무난
- 편익에 대한 정보가 1~2회 내에서 학습되기 때문에 상대적으로 낮은 빈도와 짧은 노출시간도 가능

모든 매체 이용 가능하지만
실연효과 필요시 동적 Visual 제시가
가능한 영상매체 적합

NOTE

4. 브랜드 태도 관련 미디어믹스 제안유형

유형 2 : 저관여 제품,전환형 광고 메시지일 경우

- 저관여 제품이기 때문에 긴 메시지가 필요없지만 새로운 사용자를 대상으로 한 상표전환을 유도하는 전환형 광고 메시지 경우 1~2회 노출로는 불가능
- 따라서 대다수 저관여 제품경우 구매주기가 짧기 때문에 구매주기 내에 여러 번의 반복노출이 가능한 매체가 적합함
- 전환 동기가 지각상의 만족이나 사회적 인정에 있다면 색상적 요소도 중요 요소이며 이런 시각적 형태의 TV를 비롯한 영상매체 통한 메시지 전달 필요
- 그러나 지적 자극을 통해서 지각상의 만족과 사회적 인정을 얻는 것이 목적이 아니고 브랜드 태도 전환동기를 부여하는 것이 목적이라면 짧은 구매주기 내 높은 빈도의 노출이 가능한 라디오 또는 일간신문 적합
- 상대적으로 짧은 노출시간으로도 충분함

TV 등 영상매체 적합

NOTE

4. 브랜드 태도 관련 미디어믹스 제안유형

유형 3 : 고관여 제품,정보 제공형 광고 메시지일 경우

- 고관여 제품이기 때문에 제품에 대한 심층적 정보가 구매결정에 영향을 미치는 제품일 경우 잠재 소비자가 필요정보를 충분히 처리할 수 있는 시간을 스스로 통제할 수 있는 인쇄매체가 최적
- 제품정보의 편익에 대한 내용에 초점을 두기 때문에 언어적 내용의 전달이 중요하고 색상적 요소에 너무 치중할 필요는 없음
- 소구대상층은 신중하게 여러가지 편익에 대한 정보를 처리하기 때문에 일반적으로 긴 노출시간이 요구됨
    - : 인포머셜 형태의 긴 시간광고가 아닌 일반적 광고의 TV와 라디오 매체는 이용상 부적합함
- 소구대상층은 1~2회의 접촉을 통해서도 제품정보에 대한 편익을 수용할 수 있기 때문에 높은 빈도 수준이 필요하지 않음

매체 특성상 인쇄매체,DM
활용 가능

NOTE

4. 브랜드 태도 관련 미디어믹스 제안유형

유형 4 : 고관여 제품,전환형 광고 메시지일 경우

- 전환 동기가 지각상의 만족이나 사회적 인정에 있다면 색상적 요소도 중요 요소이며 이런 시각적 형태의 TV를 비롯한 영상매체 통한 메시지 전달 필요
- 고관여,전환형 전략에서 정보 제공이 아주 필요하지 않다면 짧은 노출시간 으로도 충분함
- 비록 전환태도가 서서히 형성되지만 고관여,전환형 제품 경우 구매주기가 일반적으로 길기 때문에 누적효과를 고려할 때 빈도 수준이 상대적으로 높을 필요가 없음
- 단기간 높은 빈도보다 오히려 장기간 일정수준의 지속적 노출이 더 중요함

색상적 요소의 전달이 불가능 하거나 어려운 라디오,신문을 제외한 다른 매체는 이용 가능

지적 자극에 목표를 둘 경우 신문도 활용 가능

NOTE

4. 브랜드 태도 관련 미디어믹스 제안유형

매체별 브랜드 태도와의 적합성 평가

	지상파TV	CATV	라디오	신문	잡지	옥외(고정형)	옥외(이동형)
저관여, 정보제공형	적합	적합	적합	적합	적합	적합	적합
저관여,전환형	적합	적합	적절 (시각적 제약)	적절 (색상 제한)	적절 (빈도 제한)	적절 (이동횟수 제한)	적절 (이동횟수 제한)
고관여, 정보제공형	부적합	적합	부적합	적합	적합	적절 (이동횟수 제한)	적절 (정보처리 시간제약)
고관여,전환형	적합	적합	적절 (시각적 제약)	적절 (색상 제한)	적합	적합	적합

• **자료원** : Rossiter & Percy(1998)

NOTE

5. 소비자 라이프스타일 관련 미디어믹스 접근법

Personal Media Network 개념 적용

NOTE

6. 미디어 특성에 따른 미디어 선정방법

미디어플래너는 어떤 매체를 활용할 것인지 결정하기 위해서 매체유형 간의 비교
(Inter-media Comparison)**와 매체유형 내의 비교**(Intra-media Comparison)
평가 필요

	Newspaper	Magazine	T V	Radio	On-line	OOH	CATV
장점	즉시 게제성 지역 선택성 색상 재현성 가족단위 도달률 카달로그 가치 신뢰성	소구대상 선택성 / 색상 재현성 긴 수명 높은 회람율	시청각적, 동적 효과 / 지역활용상 신축성 / 소구계층의 선별성 / 비용효율성	특정계층 선별성 / 높은 빈도 / 교통인구 접근성 / 지역 신축성 인지도 증대	시공간적 비제한성 / 특정계층 선별성 / 1:1 접근성 다양한 표현 수단,기법 / 즉시 반응성	반복적 노출 가능 / 구매시점 노출 용이 / 제작물의 대형화 / 기법 다양화	높은 지역 선별성 / 소구계층의 선별성 / 높은 비용 효율성 / 높은 보너스 보장
단점	색상표현 제한성 효율성 열세 짧은 수명 낮은 회람율	단기적,신속한 광고효과 획득 곤란 / 짧은 마감시간 완만한 도달률	높은 광고비 / 짧은 전달시간 카달로그 가치 부재 / 광고규제 심화 선호 시간대 확보 곤란	짧은 전달시간 낮은 회상도 낮은 광고 효과 인식 / 효과평가 자료 부족	용량,처리 속도 등 주변장치의 비균등성 / 사용 집단의 제한성 / 정보접근의 비용이성	정보 제공의 한계 / 치열한 혼잡도 설치상의 법적 제재 / 낮은 상기도 설치 비용 부담(대형)	가입률 한계 낮은 도달률 낮은 프로그램의 질적 수준

7. 미디어 비히클 평가와 선정기준

기준 1 : Media Value 결정

가장 중요한 원칙으로서 효율적으로 가능한 많은 소구대상층에게 광고 메시지를 전달시킬 수 있는 Vehicle을 선택하는 것

[예] 잡지매체 가치결정 기준
- 1차 객관적 기준 : 소구대상층에 대한 전달력,비용효율성,
  제품사용자에 대한 전달력 등
- 2차 객관적 기준 : 주요 독자와 회독자(Pass-along Reader),
  상표 이미지와 관련된 기사성격과 내용,
  특집기사,인쇄상태,발행부수 등
- 주관적,정성적 기준 : 기사의 Tone,독자의 관심사,기사의 신뢰성 등

기준 2 : 소구대상층의 도달률과 가격 효율성

기준 3 : 복수 소구대상층 존재시 각 소구대상별 GI 수준 평가

NOTE

7. 미디어 비히클 평가와 선정기준

기준 4 : 기타 사항

- Secondary Audience(Pass-along Reader)
- **기사 내용과 편집방향**
- **광고 Clutter 수준**
- **부수발행 추세**
- Volume Discount
- **제작물 변형 운영의 신축성**
- **지역적 선택성**
- **색상 선명성 등**

NOTE

8. 매체광고 형태와 효과지수

1) TV매체 광고 시급별 Recall Index 조사 결과

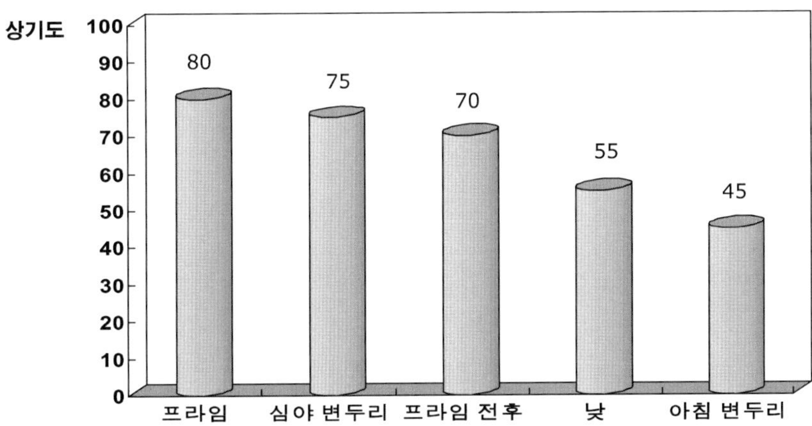

NOTE

8. 매체광고 형태와 효과지수

2) TV매체 광고 촛수별 Recall Index 조사 결과

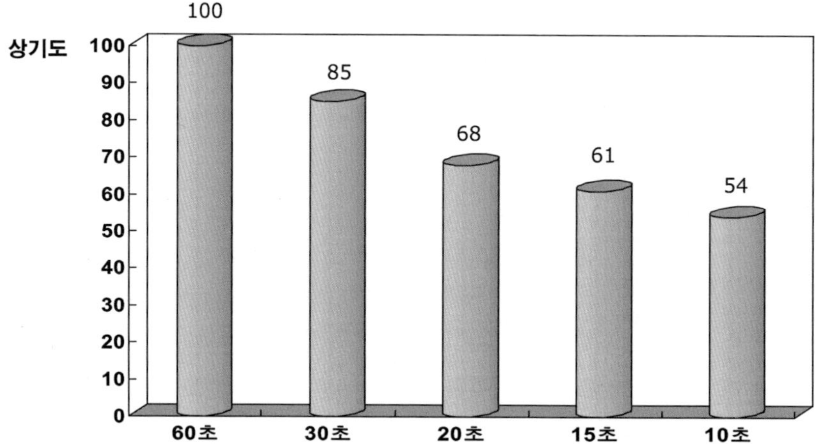

NOTE

8. 매체광고 형태와 효과지수

3) 신문매체 광고 사이즈별 평균 주목도 조사 결과 - 일본 사례

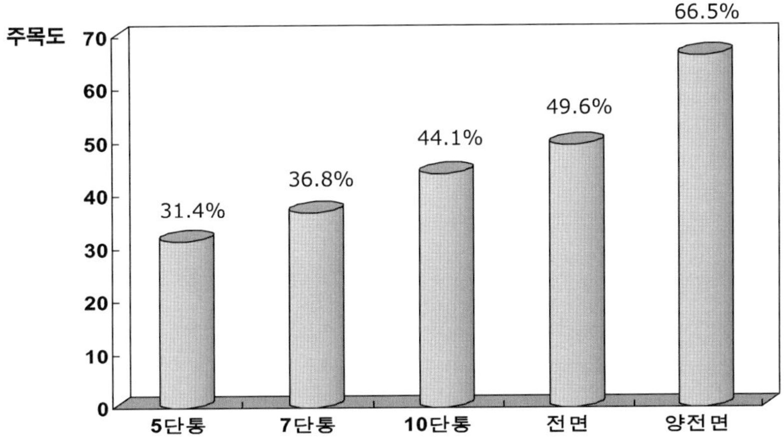

NOTE

8. 매체광고 형태와 효과지수

신문매체 광고 유형과 사례

NOTE

8. 매체광고 형태와 효과지수

4) 신문매체 광고 사이즈별 평균 주목도 조사 결과 - 국내 사례

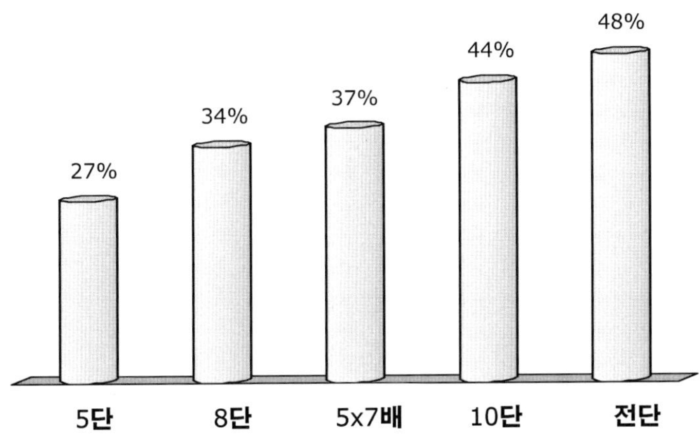

자료원 : 인쇄매체 주목률 광고회사 컨소시엄 CPR 조사(2000년)

NOTE

8. 매체광고 형태와 효과지수

5) 신문매체 광고 사이즈별 연령별 주목도 조사 - 국내 사례

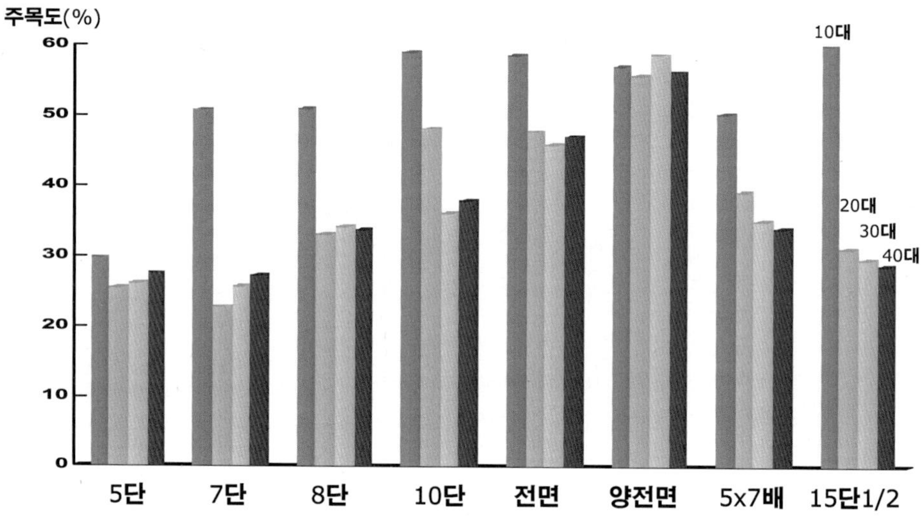

NOTE

8. 매체광고 형태와 효과지수

6) 신문매체 카테고리별 광고 사이즈별 주목도 조사 - 국내 사례

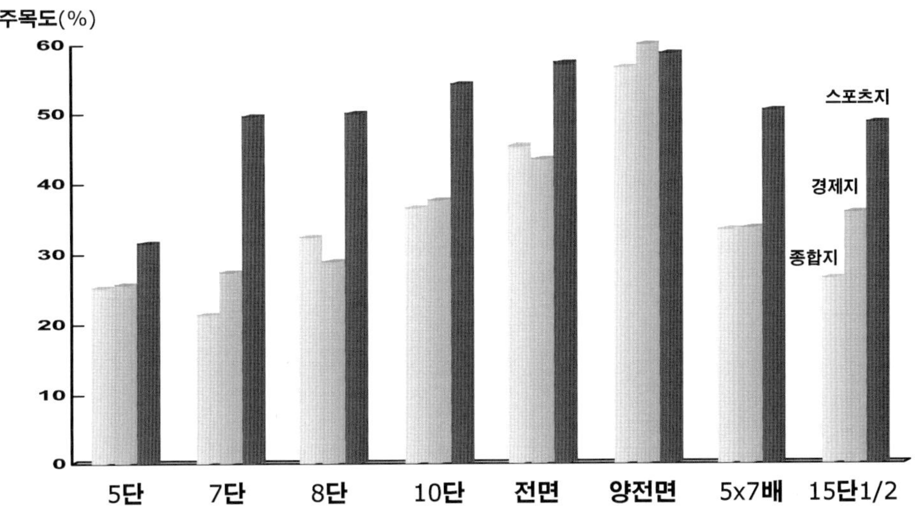

자료원 : 인쇄매체 주목률 광고회사 컨소시엄 CPR 조사(2000년)

NOTE

8. 매체광고 형태와 효과지수

7) 신문매체 광고 색도,기사내용별 Readership Index

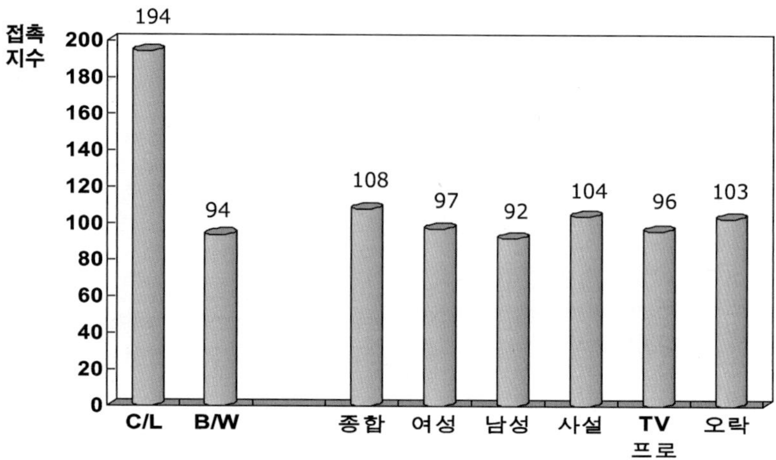

NOTE

8. 매체광고 형태와 효과지수

8) 잡지매체 광고 면수,색도,게재위치별 Attention Index

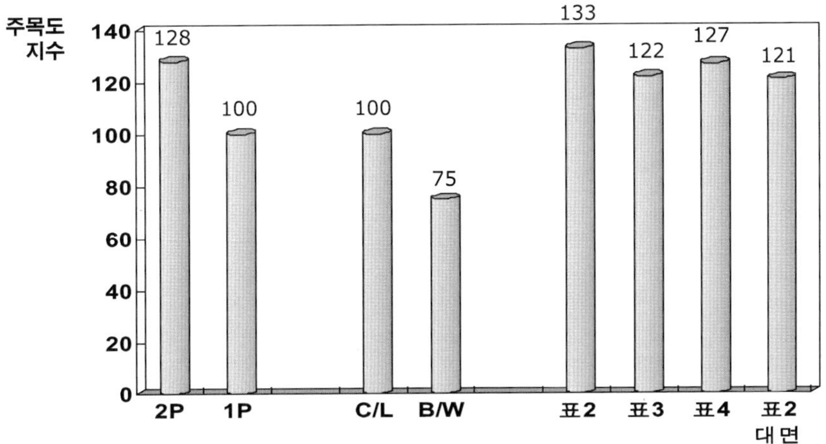

자료원 : Leo Burnett Media Research,1978

8. 매체광고 형태와 효과지수

9) 잡지매체 광고 게재위치별 Attention Index

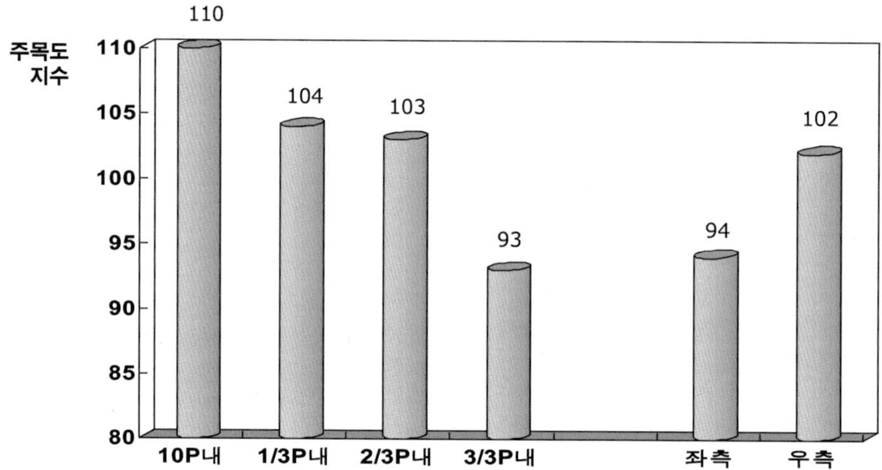

NOTE

8. 매체광고 형태와 효과지수

10) 라디오매체 광고 시간대별 Recall Index

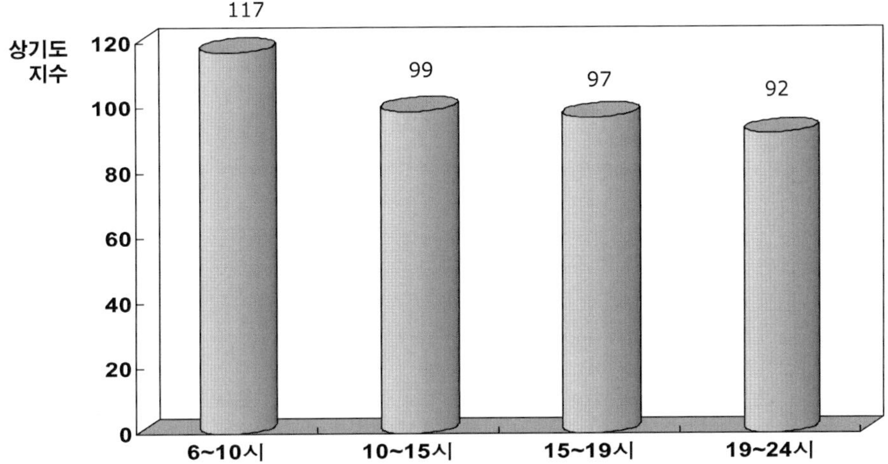

자료원 : Leo Burnett Media Research,1977

NOTE

Chapter 13

스케줄링 전략과 지역선정 전략

1. 스케줄링 전략 고려요인

1) 제품 카테고리와 광고주 제품의 월별 매출액 규모

- 제품 카테고리의 매출액(CDI)이 높은 시점에 광고량 집중 바람직
- 일반적으로 제품 카테고리에 대한 월별 매출액 비율 경우 제품의 계절적 효과 의미

2) 광고 예산의 한계

- 월별 매출액 지수를 활용한 월별 예산의 Break-down
- Continuity, Pulsing, Flighting, Burst

3) 경쟁사의 광고활동

- 경쟁사를 포함한 동종 업종과 다른 광고 스케줄을 고려할 경우 명확한 근거 필요
- 업종의 평균적 월별 광고비 지출 패턴과 월별 매출액 패턴 유사

NOTE

1. 스케줄링 전략 고려요인

4) 제품의 마케팅 목표

- 제품에 따라서는 경쟁사에 비해 보다 적극적인 마케팅과 광고활동을 전개해야 할 때와 시장 점유율을 높이려고 할 때 경쟁사보다 한발 앞선 시기에 광고물량을 대폭 투입할 수 있음

5) 제품의 가용성(Product Availability)

- 기업이 새로운 수요에 대응해 생산시설을 적시에 확대하지 못하는 경우가 있는데 이런 경우 광고시기는 제품의 생산능력에 따라 재조정돼야 함

6) 판촉활동 상의 광고지원

- 일정 시점에 특별한 판매촉진 캠페인을 계획할 경우 그 시점에 보다 높은 강도의 광고가 필요함

NOTE

2. 스케줄링 전략 유형과 특성

스케줄 패턴 선택시 첫번째로 고려해야 할 사항은 제품 카테고리에 대한 구매 패턴(Purchasing Pattern)을 검토하는 것

1) Continuity Pattern

- 소비자가 잊어버려서는 안된다고 생각되는 메시지를 광고할 때 사용함
- 소비자들에게 메시지를 계속 노출시켜 그 메시지를 항상 상기할 수 있도록 하기 위한 것
- 장점으로는 광고노출 사이에 빈 공간이 없기 때문에 구매주기의 전부를 포함시킬 수 있다는 점
- 대부분의 소비자들이 해당 제품을 실제 구매하는 것과 상관없이 광고를 계속 접촉하고 있다는 확신을 광고주가 갖게 됨
- 지속적인 집행 통해서 단가할인 혜택 받아 효율적 운영 가능
- 식료품 등 일상용품 광고 적합
- 구매시점중심 전략(Recency Planning)에서 주로 사용하는 접근법

NOTE

2. 스케줄링 전략 유형과 특성

2) Flighting Pattern

- 가장 판매 잠재력이 높은 시기에 광고를 집중화 시킬 수 있어 경쟁력이 강해 진다는 장점
- 구매 주기상 가장 유리한 시점에 광고하여 예산의 낭비를 줄이는 효과
- 광고예산의 한계나 매출액의 시점별 심한 기복이 있을 때 주로 활용
- 일반적으로 판매가 증가될 때 광고비를 늘리고 감소될 때 광고활동을 중단함
- 일정 시점에 한해 광고를 하기 때문에 다양한 매체를 동시에 활용하거나 multi-spot 광고 운영 가능
- 일정 시점에 집중함으로써 경쟁사를 물량면에서 제압할 수 있는 반면 광고 집중기간이 끝나는 시점에서 효과의 소멸현상,싫증도(wear-out)가 발생 가능
- 계절성이 명확한 제품 또는 예산이 제한적인 제품 적합

NOTE

2. 스케줄링 전략 유형과 특성

3) Burst(=Blitz) Pattern

- Flighting 형태의 일종으로 집중하는 시점이 보다 특정기에 한정되어 있는 점이 특징
- 가장 판매 잠재력이 높은 시기에 광고를 집중화 시킬 수 있어 경쟁력이 강해 진다는 장점
- 구매 주기상 가장 유리한 시점에 광고하여 예산의 낭비를 줄이는 효과
- 광고예산의 한계나 매출액의 시점별 심한 기복이 있을 때 주로 활용
- 일정 시점에 한해 광고를 하기 때문에 다양한 매체를 동시에 활용하거나 multi-spot 광고 운영 가능
- 일정 시점에 집중함으로써 경쟁사를 물량면에서 제압할 수 있는 반면 지나친 노출로 인한 광고 무감각 증세인 벽지효과(wallpaper effect) 등의 역효과, 브랜드에 대한 거부감 발생 가능
- 계절성이 특정 시점으로 제한되어 있거나 예산이 제한적인 제품 적합

NOTE

2. 스케줄링 전략 유형과 특성

4) Pulsing Pattern

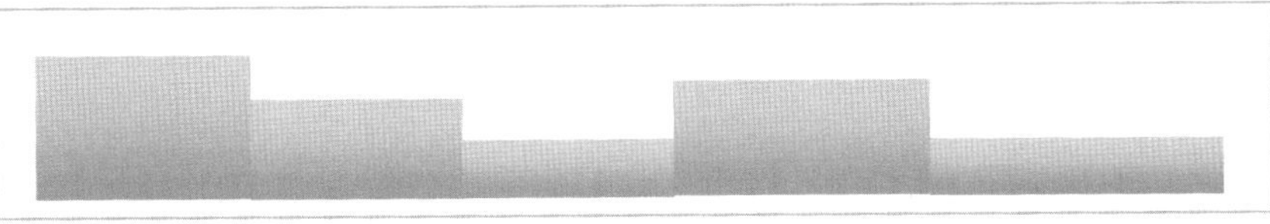

- 지속형과 집중형의 결합 형태
- 지속형과 집중형의 장점을 최대한 살리고 두 방법의 단점을 최소화하기 위한 방법
- 연중 지속적인 판매가 발생하면서도 일정 시점에 매출이 증가하는 일종의 계절성이 존재하는 제품 또는 런칭 제품에 적합

NOTE

3. 지역선정 전략과 BDI,CDI 개념

1) BDI 개념이해와 사례

Brand Development Index

특정 제품에 대한 시장 내에서의 잠재력을 나타내는 지수

BDI = (전 지역 판매량에 대한 특정 시장의 제품 판매량 / 전체 시장에 대한 특정 시장의 인구 백분율) * 100

[예제] 우리나라 전체 인구에 대한 서울지역의 인구 백분율이 30%이고 LG전자 에어컨 휘센 브랜드의 우리나라 전체 판매량에 대한 서울지역 판매량이 40%라면 LG 휘센의 서울지역 BDI는 얼마인가?

[해답] LG전자 휘센의 서울지역 BDI = (40% / 30%) * 100 = 133

NOTE

3. 지역선정 전략과 BDI,CDI 개념

2) CDI 개념이해와 사례

> ### Category Development Index
>
> **특정 제품을 포함한 제품 카테고리 전체에 대한 시장 내에서의 잠재력을 나타내는 지수**
>
> CDI = (전 지역 판매량에 대한 특정 시장의 제품 카테고리 판매량 / 전체 시장에 대한 특정 시장의 인구 백분율) * 100

[예제] 우리나라 전체 인구에 대한 서울지역의 인구 백분율이 30%이고
에어컨의 우리나라 전체 판매량에 대한 서울지역 판매량이 30%라면
에어컨 업종의 서울지역 CDI는 얼마인가?

[해답] 에어컨 업종의 서울지역 CDI = (30% / 30%) * 100 = 100

NOTE

3. 지역선정 전략과 BDI,CDI 개념

3) BDI와 CDI 사례에 대한 해석

BDI와 CDI 사례 결과값

LG전자 휘센의 서울지역 BDI = (40% / 30%) * 100 = 133
에어컨 업종의 서울지역 CDI = (30% / 30%) * 100 = 100

LG전자 휘센이 서울지역에서 에어컨 업종 전체 수준보다
시장 잠재력이 33 더 크다고 볼 수 있다
즉, LG 휘센 경우 서울지역에 더 많은 광고노력을 기울이면
더 많은 판매량을 기대할 수 있다는 의미이다

NOTE

4. 지역선정 전략과 BDI,CDI Matrix 활용전략

(3) 제품 카테고리의 판매 잠재력은 높지만 특정 제품의 판매는 부진한 시장이며 유통,가격 등 마케팅믹스의 세밀한 분석이 필요한 지역

: Aggressive Strategy 구사

(1) 특정 제품과 그 제품이 속한 카테고리 둘 다 높은 판매 잠재력을 지닌 시장이며 향후 지속적인 성장이 예상되는 지역

: Maintenance Strategy 구사

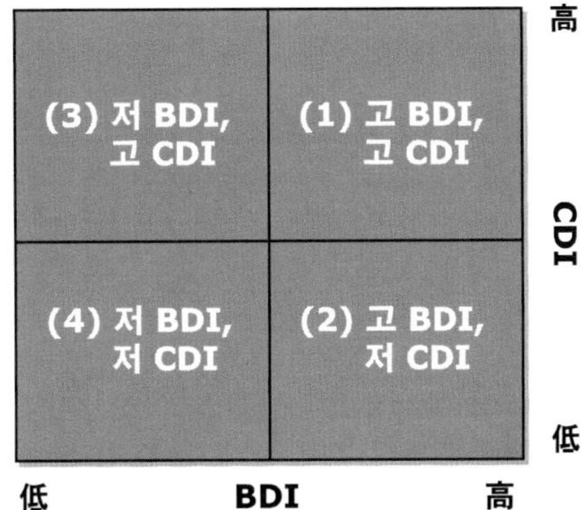

(4) 특정 제품을 포함해서 여타 모든 제품의 판매가 부진한 시장이며 문제점과 기회를 철저히 분석한 후 마케팅 노력여부를 결정해야 할 지역

: Extremely Aggressive Strategy or Withdrawal Strategy 구사

(2) 해당 카테고리 전체 시장의 판매는 부진하지만 특정 제품은 잘 판매되고 있는 시장이며 광고가 필요한 시장인 동시에 향후 매출 감소가 예상되는 지역

: Defensive Strategy 구사

NOTE

5. 지역선정 전략과 CI 개념

1) CI 개념이해와 사례

> ### Combined Index
>
> **기존 BDI와 CDI에 마케팅 전략적인 측면에서 중요도에 따라 가중치를 부여해서 해당 시장의 잠재력을 평가하는 결합지수**
>
> CI = (CDI * 설정 가중치) + (BDI * 설정 가중치)

[예제] LG 휘센의 서울지역 BDI가 133, 에어컨 업종 전체의 서울지역 CDI가 100일 때 마케팅 전략상 공격적인 전략을 전개하기 위해서 BDI보다 CDI에 더 많은 비중을 두고 그 비율을 40:60으로 결정했다면 LG 휘센의 서울지역 CI는 얼마인가?

[해답] LG 휘센의 서울지역 CI = (130 * 0.4) + (100 * 0.6) = 112

NOTE

Chapter 14

광고예산 설정방법

1. 광고예산 설정방법의 한계성과 효과측정 제약요인

적정 광고예산 배분과 책정 문제에서 매출과 이익에 광고가 어느 정도 영향을 미쳤는지 실질적인 효과를 정확하게 측정하는 것이 불가능하기 때문에 어려운 과제로 존재함

1) 매출액 중 광고의 정성적 요인 영향력 평가 어려움

- 매출액은 광고비 규모와 광고의 정성적 요인-광고 메시지의 내용과 형식, 매체 배분,스케줄링 등에 의해서 영향을 받지만 이 모든 요인들에 대한 영향력 평가 어려움

2) 광고효과의 시간적 이월성 측정 어려움

- 광고비 경우 회계상 비용으로 처리되어 당 기간 소진되지만 광고효과는 당 기간 뿐만 아니라 차기에 이월되며 이전 광고와 함께 시너지효과로도 나타나기 때문에 시간적 이월효과 평가 어려움

3) 매출발생에 여러 마케팅 믹스 요인 복합적 작용

- 매출액은 광고 이외 브랜드 품질,가격,유통,프로모션 등의 마케팅 믹스 요인과 그들간의 상호작용을 통해서 나타나는 산물로서 모든 요인의 상황을 고려해서 효과 측정하는 것은 불가능함

NOTE

2. 광고예산 설정시 고려사항

1) Broadbent의 고려사항 분류
: the Advertiser's Handbook for Budget Determination (1988)

- 장.단기 제품과 광고 목표
- 현재와 최근 광고예산 규모
- 해당 제품군과 주경쟁 브랜드 포함한 브랜드의 마케팅 역사와 예측
- 장.단기 광고효과

NOTE

2. 광고예산 설정시 고려사항

2) Broadbent의 고려사항 세부내용

(1) 제품 목표

- 해당 제품의 회사 내에서 장,단기적 위치 파악과 이해
    - 제품의 현재 시장에서의 위치와 장래 전망을 매출,수익 측면에서 분석 필요
    - 포트폴리오 상 해당 제품군 위치 분석
    - CEO의 제품에 대한 인식 파악
- 분석과정을 통한 확대,유지,철수 등 제품 전략 적용형태 결정
- 제품전략 결정 후 광고목표 결정
    - 매출 대 수익증대, mass 대 segmented market 대상 등 적용 제품전략 유형 결정
- 유통 채널 상의 현재 제품의 위치
    - 빈약한 유통 채널일 경우 추가적인 광고예산 필요

NOTE

2. 광고예산 설정시 고려사항

2) Broadbent의 고려사항 세부내용

(2) 제품 예산

- 과거의 제품에 대한 마케팅 예산과 매출,수익 검토로 CEO의 제품 인식과 목표 추측
  - 구체적 검토 대상 :
    판매량,가격,총 매출액 / 한계비용 / 순이익 / 판촉 등 마케팅 활동에 대한 지출수준

(3) 시장 상황의 변화와 예측

- 과거의 제품과 시장의 변화과정,주요 경쟁자들의 전략과 마케팅 활동, 그리고 그에 따른 결과분석
  - 세부 검토 항목 :
    전체 시장규모(판매량,단위가격) / 총광고비 규모 / 주요 경쟁 제품별 시장점유율과 SOV 변화추이 / 주요 경쟁제품의 상대적 가격과 이미지

NOTE

2. 광고예산 설정시 고려사항

2) Broadbent의 고려사항 세부내용

(4) 광고 효과

- 광고의 매출효과는 개념적으로 매우 중요한 자료이지만 효과추정은 마케팅에서 매우 어려운 부분으로 실질적인 한계점 인식
- 광고의 매출효과정보 없이 광고예산 결정은 위험하기 때문에 완전치 않더라도 지침이 될 수 있는 정보를 바탕으로 접근 필요

(5) 기타 고려요인

- 제품 성격 : 신 제품대비 기존 제품의 상대적 낮은 예산소요
  '성공한 신제품 경우 평균적으로 광고 점유율 SOV가 시장점유율의 1.7배' - Peckham's Law(1975)
- Pull 전략과 Push 전략 : 제품성격과 유통력에 따라 광고와 판촉 중 어느 전략을 위주로 하느냐에 따라 예산 수준 차이 발생
- 경쟁 상황 : 다수의 경쟁자가 존재하고 경쟁 정도가 심할수록 높은 규모의 예산 필요

NOTE

2. 광고예산 설정시 고려사항

2) Broadbent의 고려사항 세부내용

(5) 기타 고려요인

- 제품의 복잡성 : 기존 제품대비 후발주자로서 제품이나 제품의 효용 (benefit)이 매우 복잡하고 이해하기 어렵고 소비자들의 구매와 사용습관,상표 충성도가 매우 높은 경우 해당
- 조직의 의사결정 구조 : bottom-up decision-making 체계조직이 top-down decision-making 조직보다 광고비 규모나 매출액 대비 광고비율이 높은 것으로 연구결과 밝혀짐 - Piercy의 연구(1987)

NOTE

3. 광고예산 설정방법 연구

영국의 Lynch와 Hooley(1990)의 5,400여개 기업 마케팅 담당임원 조사
: '82년 대비 '89년 광고주들의 예산적용방법 변화연구

1) 자료중심의 예산설정기법 도입 증가추세
- 판단 중심적 기법 - 주관적 책정법,지출 가능액법,매출액 비율법 등
- 자료 중심적 기법 - 경쟁사 대비법,목표과업법,실험법,수리모델법 등

2) 기업규모별,광고비 지출 규모별 차별적인 활용 기법 적용
- 기업규모가 클수록 목표과업법,실험법 등이 증가한 반면 적은 규모일수록 지출 가능액법 등 판단 중심적 기법활용 증가 추세
- 광고비 지출규모 증가할수록 복잡한 기법과 다양한 기법 동시활용 경향

3) 기업 업종별 적용기법의 변화 추세
- 소비재 기업 경우 구매빈도가 높은 일상용품과 내구재 기업에서 이전대비 목표과업법 증가 대비 매출액 비율법 활용도 감소 경향

- 소규모 기업,서비스 기업 또는 시설재 기업을 제외하고 대부분의 영국기업에서 목표과업법이 광범위하게 적용되는 경향
- 주관적이고 단순한 기법인 매출액 비율법,지출 가능액법 등은 활용도 감소

NOTE

4. 예산설정방법 유형

1) 기존 제품대상 설정기법

- 비율 기준법 : 매출액 비율법, 수익률 비율법, 단위 매출당 산정법
- SOV와 M/S 대비법
- 현상 유지법
- 경쟁 대항법
- 목표 과업법
- 지출 가능액법
- 수리모델 이용법
- 실험법

2) 신제품 대상 설정기법

- 고정액법
- 실험법
- 지출 가능액법
- 시장점유율 대비법
- 신제품 모델 활용법

NOTE

5. 기존 제품대상 예산설정 기법

1) 비율 기준법

반응 결과치인 매출액,매출량,이익 등의 일정 비율을 광고비로 책정하는 방법으로 복잡한 추정과정 없이 단순한 계산과정이 특징

2) SOV와 M/S 대비법

광고비 점유율과 시장 점유율의 상관관계를 분석하여 적용하는 예산설정방법으로 '87년 Jones가 JWT 협조 하에 연구

시장 점유율이 큰 제품이 작은 제품보다 광고 의존도가 낮다는 연구결론

3) 현상 유지법

시장변화가 거의 없는 경우나 현재 구도를 바꾸기 어려운 상태 또는 광고가 전체 마케팅믹스에서 차지하는 비율이 낮을 경우의 적용법

4) 경쟁 대항법

경쟁자와의 유사한 노출수준을 달성하기위해 필요한 광고비 규모와 미디어 믹스 산정을 통해서 필요한 수준의 예산을 추출하는 방법

사용의 편이성과 설득 용이성 강점인 반면 경쟁자의 과다지출에 따른 비효율적 집행 경우 동반 효율성 악화 가능

5) 목표 과업법

설정된 마케팅과 광고목표를 달성하기 위해 필요한 광고예산의 수준을 결정하는 방법으로 단순적 산술모델과 각종 광고효과측정모델,광고반응함수 등의 수리적 모델 적용 필요

NOTE

5. 기존 제품대상 예산설정 기법

6) 지출 가능액법

다른 부문의 필요비용과 재무적인 제한을 고려한 후에 회사가 광고비로 사용 가능한 수준을 추정하는 방법으로 지불능력 범위 안에서 책정됨

목표달성에 필요한 광고투입량 비고려로 합리성 없고 필요수준 대비 낮은 수준의 예산설정 가능성

불황기,비용 삭감기에 가장 많은 영향을 끼칠 수 있는 방법으로 장기적으로 기업에 악영향

7) 수리모델 이용법

광고의 매출효과 또는 커뮤니케이션 효과측정을 통계적 모델과 시뮬레이션을 통해 추정하는 방법으로 매출영향 변인들에 대한 상호작용효과를 완전하게 구분 지을 수 없기 때문에 실질적으로 다른 모델과 병행하는 추세

8) 실험법

다른 모든 변수를 통제하고 광고예산수준 변화에 따른 매출의 변화를 규명 하여 적정 광고예산을 결정하는 방법

결과의 명확성이 장점인 반면 모든 변수를 통제해서 얻어진 결과에 대한 실제 적용 가능성과 타당성,한계성 문제

NOTE

6. 신제품 대상 예산설정 기법

기존 제품 적용방법과 다른 이유로 과거의 실적과 경험적 자료 부재,소매상 설득
통한 매장공간 확보 필요성,소비자들의 제품에 대한 지식 전무상태 존재

1) 고정액법

과거 신제품 출시 경험과 근거자료를 토대로 예상 매출액의 일정 비율로
광고예산을 설정하는 방법으로 사용의 간편성이 강점인 반면 타당성과
위험성 문제 내포

2) 실험법

신제품 출시에서 이 방법을 적용할 경우 시간이 많이 소요되며 신제품
계획이 경쟁자에 노출될 가능성이 크고 오히려 역공을 당할 위험성 대두

3) 지출 가능액법

4) 시장점유율 대비법

Peckham(1975)의 광고비 점유율 대 시장 점유율간의 관계규명
런칭 연도의 적정 광고비 수준으로 시장 점유율의 2배 규모 책정 제시
제품유형과 업종별 광고 의존도 격차에서 발생되는 비율에 대한 편차 문제

5) 신제품 모델 활용법

과거 신제품 출시자료 중 GRPs 수준,인지도,시험구매율 등을 활용해서
신뢰성과 적용일반화 가능한 모델 개발 필요

NOTE

광고효과와 매체효과 관련 연구사례

1. Avg.Freq.와 Communication Effects 상관관계

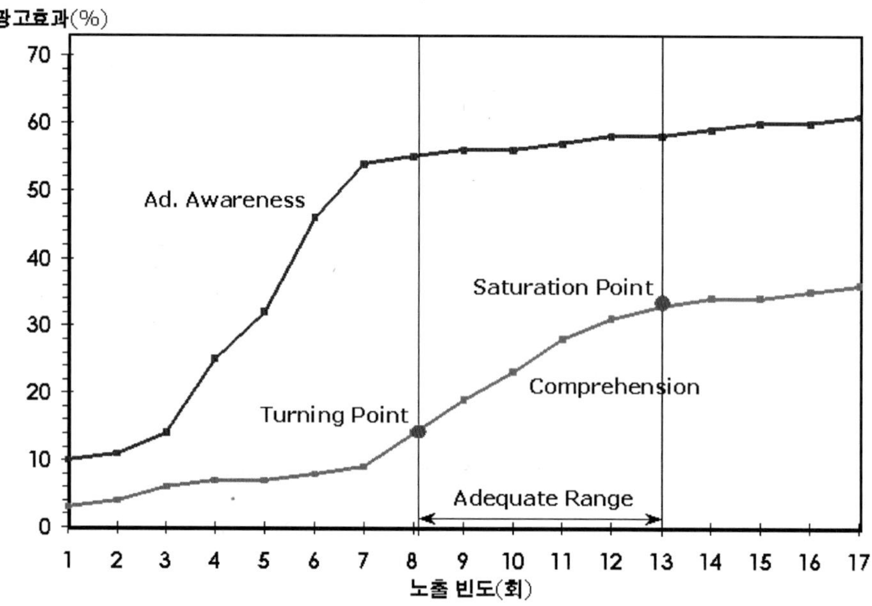

NOTE

2. 광고 인지도와 시장 점유율과의 상관관계

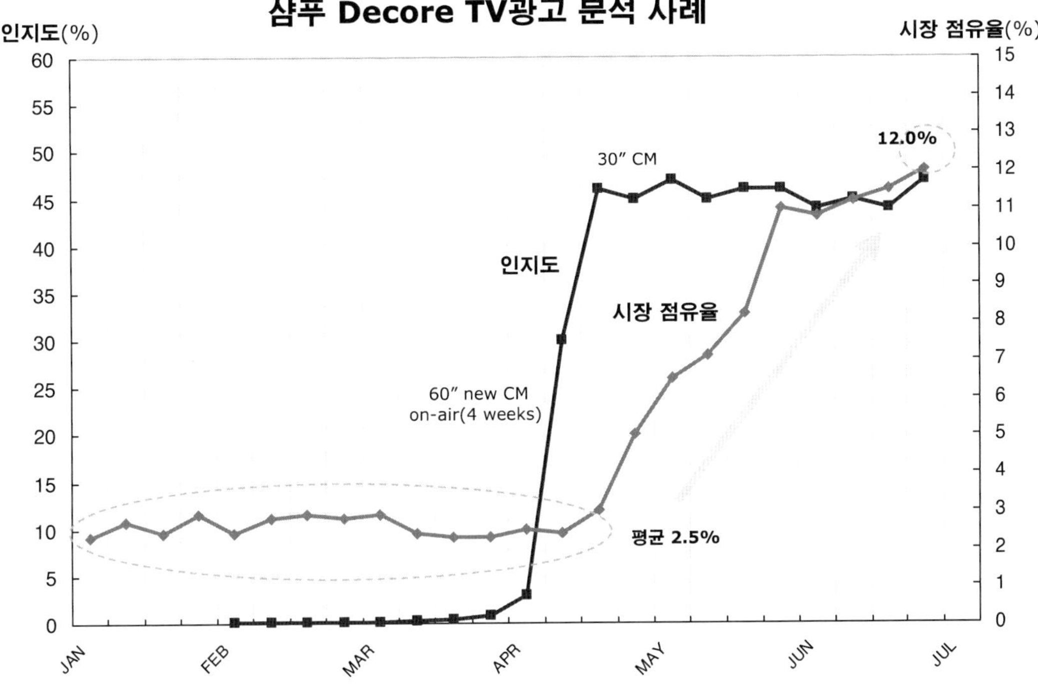

자료원 : 호주 MarketMind 'Continuous Tracking', Sutherland Smith Research

3. 구매 의향률 변화로 본 트래킹 조사 필요성 사례

내구재 신제품 **TV**광고 캠페인 사례

· 지속적인 광고가 장기적으로 브랜드에 긍정적인 영향을 미치는 것을 입증
· 광고가 집행될 때 소비자들의 mind share인 구매 의향률이 증가하고 그 반대일 때 하락하는 것이 나타남

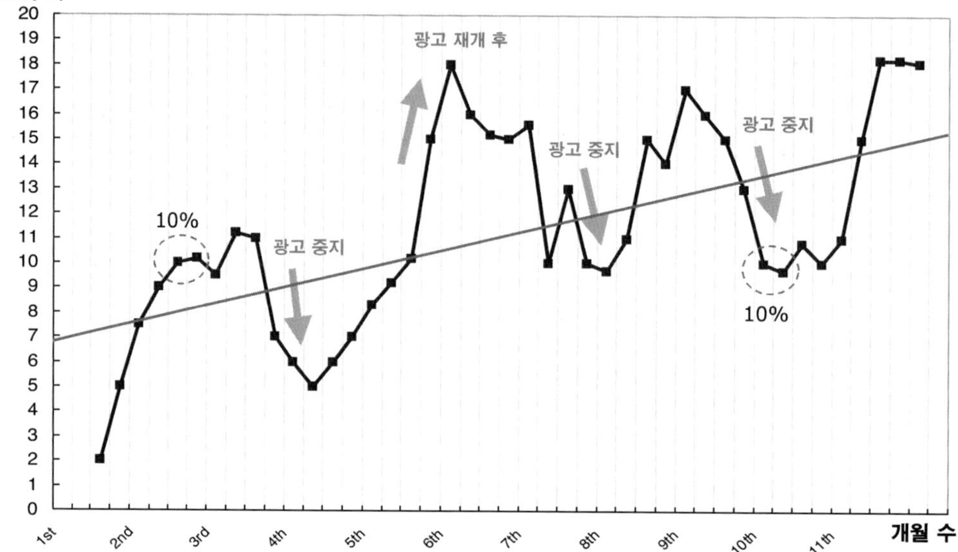

자료원 : 호주 MarketMind 'Continuous Tracking', Sutherland Smith Research

NOTE

4. 시점별 인지도 변화와 결과판단 사례

- 런칭 특정 브랜드의 시장 진입 2개월 후 소비자의 인지율 26% 획득은 캠페인 초기에 잠재고객의 50%에도 브랜드를 인식시키지 못한 실패 사례
- 사례를 통한 시사점은 브랜드의 실패보다는 광고와 판촉전략의 수정 필요성, 목표 소구대상층 선정과 스케줄링 방안 재검토 필요성 제시

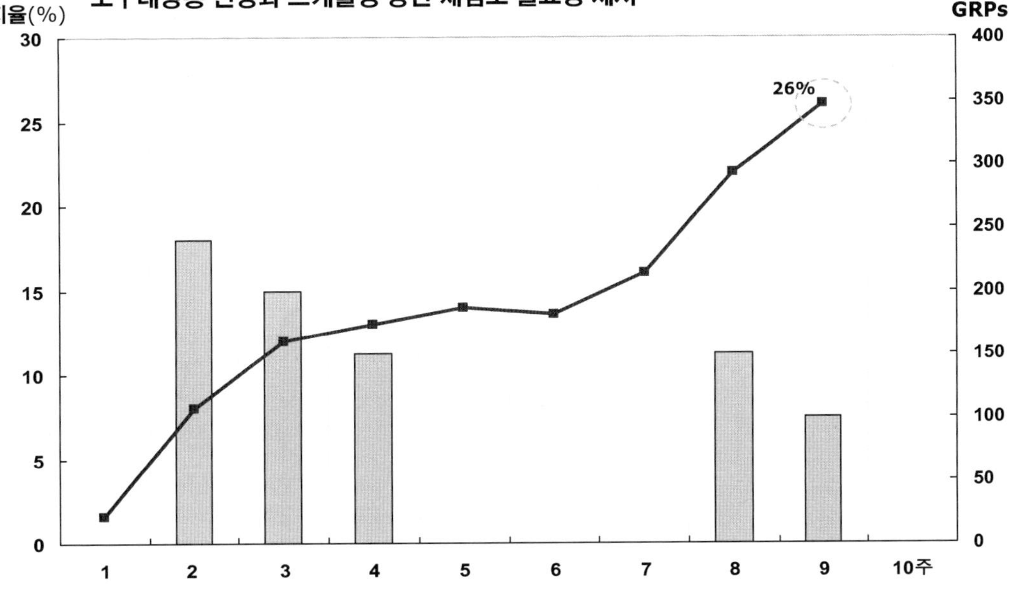

NOTE

5. Voice Share와 Mind Share의 상관관계

· 광고가 집중되는 Flight 말미부터 인지도 증가 경향
· 투입 광고량과 노출기간에 따른 인지도 잔존 정도와 소멸속도 파악 가능
· 기억의 소멸현상은 시간의 흐름 보다 경쟁 브랜드들의 광고노출에 따른 간섭효과
  (interference effects)와 혼잡도 원인

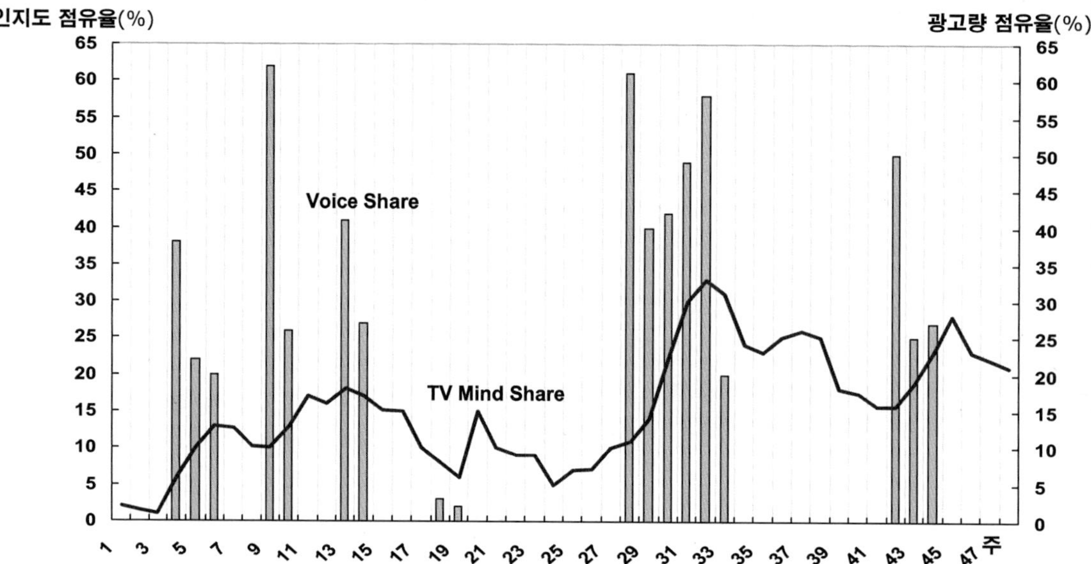

NOTE

6. 광고 잔존효과와 자발적 회상과의 상관관계

1) 브랜드 A의 사례

**1970년대 미국 우유광고의 테스트마켓 실험결과,
광고중단 후 12개월간 매출변화 미발생 이후 급작스런 하락현상 발생,
이후 감소현상 억제에만 18개월 소요**

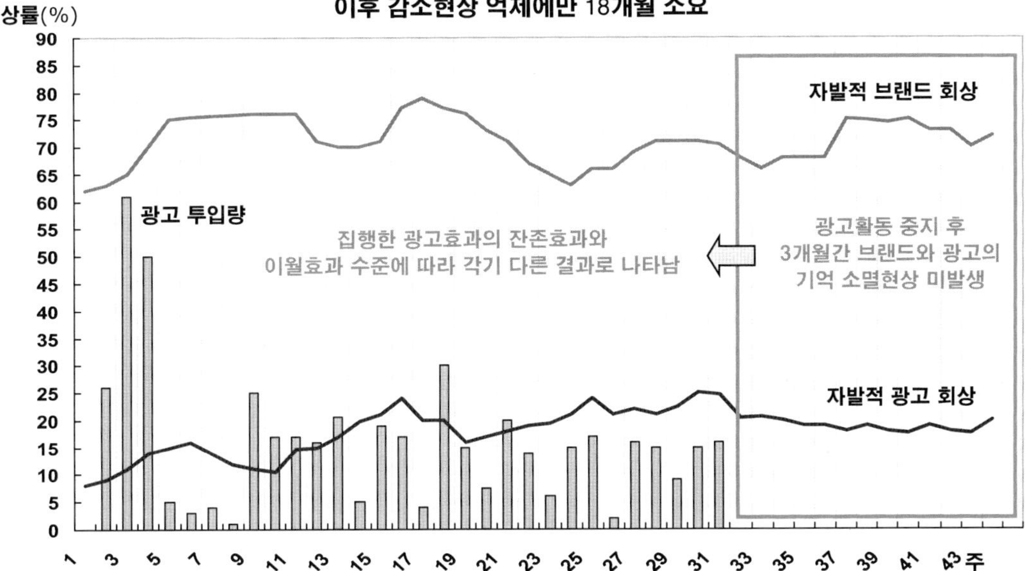

6. 광고 잔존효과와 자발적 회상과의 상관관계

2) 브랜드 B의 사례

**광고활동 중지 후 브랜드 회상률 경우 유의미한 감소현상 미발생,
반면 광고 인지율 급격한 감소현상 발생**

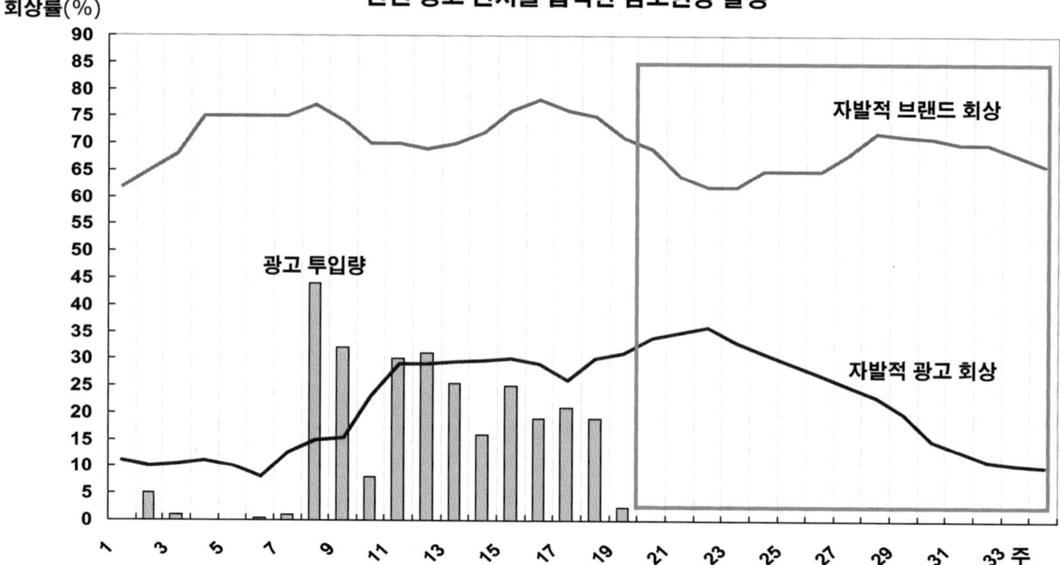

NOTE

7. 광고 잔존효과와 브랜드 구매자 변화 사례

·광고 중단 후 급작스런 매출 감소현상 미발생
·중단 2달 후 구매자 관심의 급속한 쇠퇴현상
  : 광고노출 중단으로 충성 구매자 비율 하락과 습관적 구매자 증가의 상반적 경향

[교훈] 1. 광고를 중단하면 충성 구매자를 잃는다
       2. 경쟁 브랜드의 광고중단 시점이 절호의 도약 기회다
       3. 광고는 매출증대 보다 기존 고객의 구매행동을 강화시켜준다

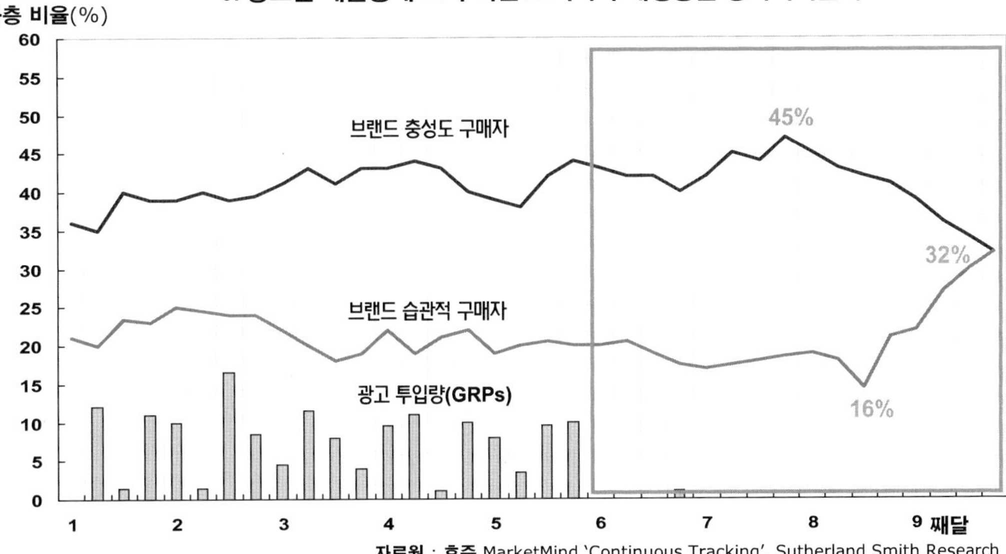

NOTE

Chapter 16

매체평가서 사례

한국언론재단 관련
광고주 매체집행 평가서

: 이미지 및 **PR**광고 중심 분석

Sep.,2006

4대 매체 광고비 분석

분석 기간: '05년 1월~'06년 7월

❖ **19개월간 관공서,공공단체,지자체의 누적 광고비 분석결과, 총 1,191억원 수준**

- 공공단체 76%(909억), 중앙관공서 14%(164억), 지자체 10%(118억) 점유
- 정부기관 보건복지부와 한전 등 3개 공공단체 경우, 각 7% 수준 광고량 점유

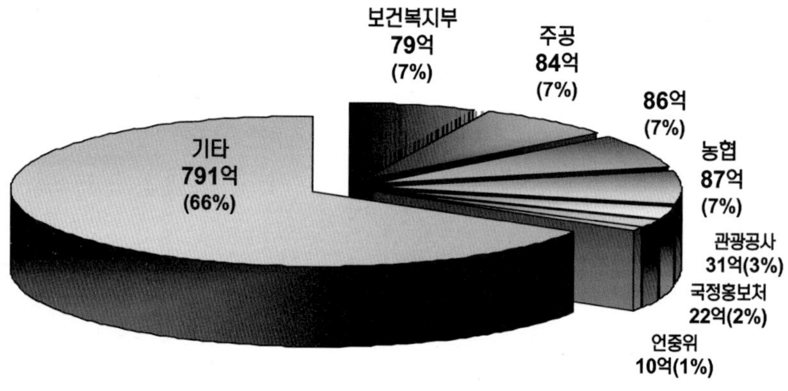

* 제품광고 및 공고 제외

자료원: KADDNMR

NOTE

❖ **19개월간 집행분 미디어믹스 분석 결과, 캠페인 성격에 따른 매체별 접근 양상**

- 보건복지부 경우, 금연 등의 공익캠페인 전개위한 TV매체 위주 집행
- 공공단체 경우, TV와 신문 병행으로 캠페인 전개
  - 주공은 TV와 신문에 대등한 매체집행 구도
  - 한전 등 4개 단체 경우, 신문매체 중심의 캠페인 전개

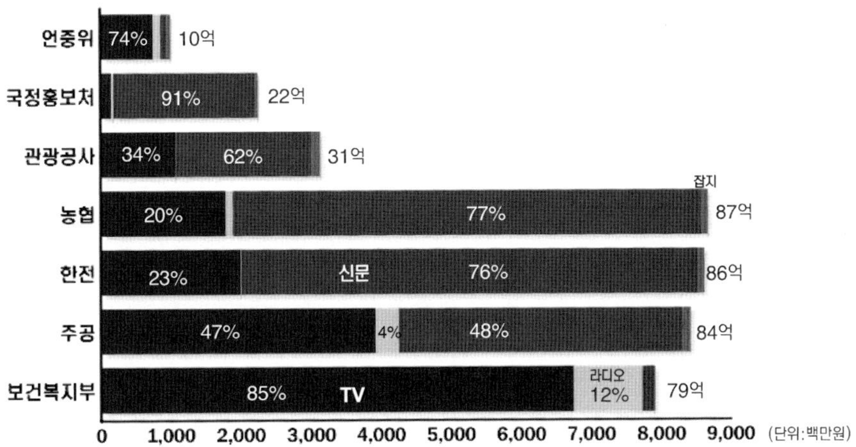

NOTE

❖ **월별 광고비 분석결과, 기관별 캠페인 스케줄에 따른 집행경향**

  ▪ 보건복지부 경우, '05년 봄,가을철과 '06년 봄철 금연 캠페인 위주 전개
  ▪ 한전은 '05년 10월부터 '세상에 빛을 이웃에 사랑을' 공익 캠페인 전개
    - 농협은 '05년 상반기 농촌사랑.나라사랑 캠페인, '06년 농촌사랑 캠페인 운영
    - 관광공사는 '05년 하반기 국내 관광 캠페인 전개
    - 언중위는 '05년 8월부터 새로운 언론중재법 캠페인 운영

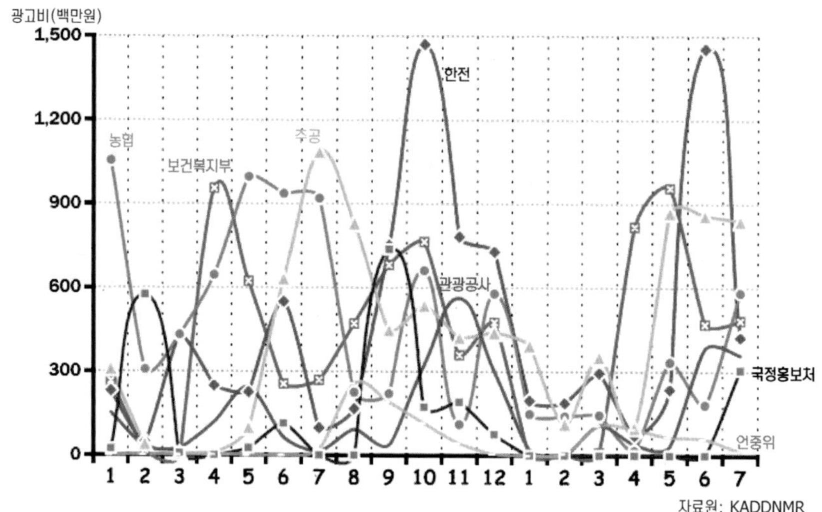

NOTE

❖ **매체별 월별 집행분석 결과, TV보다 신문 위주의 지속적 캠페인 전개 경향**

- 보건복지부는 '05년 금연, 생명존중캠페인과 '06년 금연,입양캠페인 TV매체 중심 전개
- 한전은 '05년 10월부터 TV에 '세상에 빛을 이웃에 사랑을' 캠페인 전개, '06년 6월 신문에 '에디슨 전기대상 수상' 관련광고 운영
- 주공은 '05년 주택 보급 관련 캠페인과 '06년 36.5도시 캠페인 전개
- 농협은 신문에 '05년 7월 '창립기념 농촌사랑운동'과 10월 '한마음 대축제'와 12월 '세계가 인정한 은행' 캠페인 집행

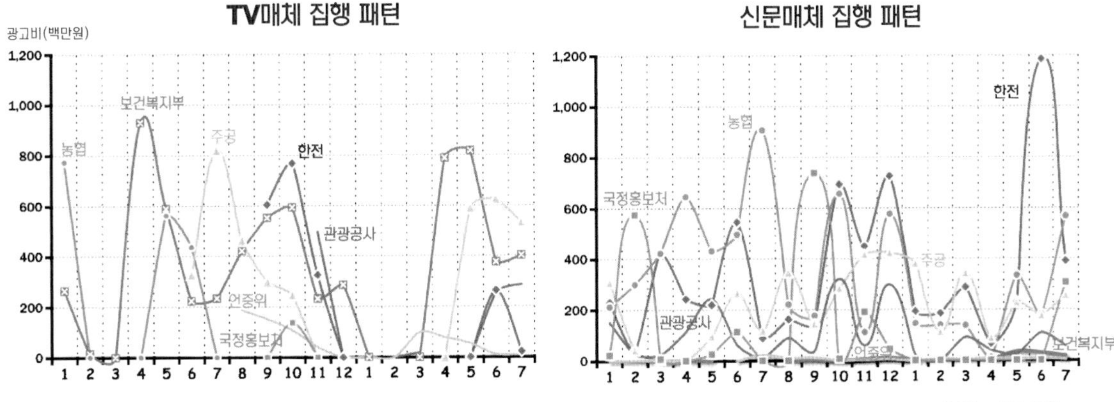

NOTE

광고주별 **TV**매체 효과 및 효율성 분석

분석 기간: '05년 1월~'06년 7월
주요 분석 기관: 보건복지부, 주공, 한전, 농협, 관광공사

- ❖ 주요 5개사 분석 결과, 보건복지부와 주공이 각 22회,14회의 높은 노출빈도 수준
- ❖ 효율성 면에서 전년 238만원 대비 '06년 361만원으로 51% 인상 경향
  - 관광공사만 전년대비 효율성 31만원 개선 효과
  - 5개사 2년간 평균 CPP 266만원 대비 농협이 76만원 효율적 운영

주 소구대상층: 남녀 10세 이상 전체

		광고비 (천원)	횟수	GRPs	Reach (%)	ER(3+) (%)	Avg.Freq. (회)	Avg. Rating	CPP (천원)
보건복지부	'05년	3,965,384	709	1,528	93	82	16.4	2.2	2,595
	'06년	2,107,620	333	558	82	58	6.8	1.7	3,777
	소계	6,073,004	1,042	2,086	96	87	21.8	2.0	2,911
주공	'05년	1,984,597	367	835	89	71	9.3	2.3	2,377
	'06년	1,549,171	188	424	73	48	5.8	2.3	3,654
	소계	3,533,768	555	1,259	92	78	13.7	2.3	2,807
한전	'05년	1,422,808	274	594	79	58	7.5	2.2	2,395
	'06년	285,687	51	67	36	7	1.9	1.3	4,264
	소계	1,708,495	325	661	85	63	7.8	2.0	2,585
농협	'05년	1,597,513	313	838	88	70	9.5	2.7	1,906
	'06년								
	소계	1,597,513	313	838	88	70	9.5	2.7	1,906
관광공사	'05년	450,316	80	162	52	23	3.1	2.0	2,780
	'06년	343,191	91	139	47	18	2.9	1.5	2,469
	소계	793,507	171	301	67	38	4.5	1.8	2,636
합계	'05년	9,420,618	1,743	3,957				2.3	2,381
	'06년	4,285,669	663	1,188				1.8	3,607
	소계	13,706,287	2,406	5,145				2.1	2,664

자료원: AGB Nielsen Media Research

NOTE

❖ **평균노출빈도 분석결과, 각 기관별 기복이 심한 Flighting 형태의 집행패턴 경향**

- 보건복지부는 생명존중,금연,입양 등의 공익 캠페인으로 월 평균 2.6회 노출
- 농협은 '순수 대한민국은행' 캠페인으로 월 평균 4.4회 노출
- 주공은 '바람이 지나가는 자리', '36.5도시' 캠페인으로 월간 2.8회 노출
- 한전은 반딧불,흰둥이 소재로 월 평균 2.6회 노출

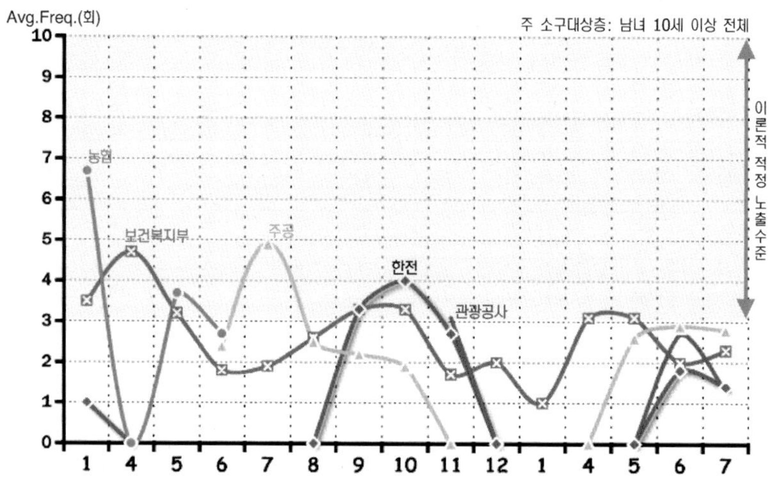

NOTE

❖ **방송사별 효율성 분석결과, 5개사 전체 기준 SBS 245만원으로 가장 효율적**

- 5개사 전체 기준 SBS 광고 투입량 26% 대비 GRPs 28%로 우수
- 농협 경우, 5개사 전체 평균대비 각 방송사마다 42~97만원 효율적 집행
- 보건복지부는 MBC, 주공은 KBS2에서 투입량 대비 낮은 GRPs로 비효율적 운영

단위:광고비(백만원),CPP(천원)   주 소구대상층:남녀 10세 이상 전체

	방송사	광고비	%	GRPs	%	CPP
보건복지부	KBS2	2,240	37%	775	37%	2,891
	MBC	2,047	34%	654	31%	3,130
	SBS	1,785	29%	657	31%	2,718
		6,073	100%	2,086	100%	2,911
주공	KBS2	1,236	35%	359	29%	3,445
	MBC	1,742	49%	662	53%	2,632
	SBS	554	16%	238	19%	2,330
		3,533	100%	1,259	100%	2,807
한전	KBS2	674	39%	264	40%	2,556
	MBC	503	29%	182	28%	2,767
	SBS	530	31%	215	33%	2,466
		1,708	100%	661	100%	2,585
농협	KBS2	580	36%	289	34%	2,007
	MBC	509	32%	299	36%	1,704
	SBS	507	32%	250	30%	2,032
		1,597	100%	838	100%	1,906
관광공사	KBS2	391	49%	127	42%	3,080
	MBC	183	23%	68	23%	2,695
	SBS	219	28%	106	35%	2,067
		793	100%	301	100%	2,636
합계	KBS2	5,123	37%	1,814	35%	2,824
	MBC	4,985	36%	1,865	36%	2,673
	SBS	3,597	26%	1,466	28%	2,454
		13,706	100%	5,145	100%	2,664

자료원: AGB Nielsen Media Research

NOTE

❖ **5개사 전체 기준 B급 시간대 183만원으로 평균대비 84만원 효율적 집행**

- 효율성 차원에서 C급 대비 우수한 B급 프로그램의 구매비중 확대전략 필요
  - 향후 시간대별 효율성 평가자료 근거한 프로그램 구매전략 적용
- 농협은 KBS2에서 부모님 전상서,해신 등의 인기 드라마 구매로 SA급에서 선전

단위:광고비(백만원),CPP(천원) 주 소구대상층:남녀 10세 이상 전체

방송사별	시급별	보건복지부			주공			한전			농협			관광공사			합계		
		광고비	GRPs	CPP	광고비	GRPs	CPP	광고비	GRPs	CPP	광고비	GRPs	CPP	광고비	GRPs	CPP	광고비	GRPs	CPP
KBS2	SA	1,358	452	3,005	835	211	3,958	385	134	2,874	270	144	1,880	262	78	3,361	3,111	1,019	3,053
	A	529	158	3,354	277	92	3,018	173	63	2,752	186	78	2,395	71	20	3,580	1,239	411	3,015
	B	209	97	2,164	85	43	1,983	100	56	1,795	105	54	1,956	45	24	1,878	546	274	1,994
	C	142	68	2,096	38	12	3,234	15	11	1,433	16	13	1,302	12	5	2,469	226	109	2,077
	소계	2,240	775	2,891	1,236	359	3,445	674	264	2,556	580	289	2,007	391	127	3,080	5,123	1,814	2,824
MBC	SA	1,225	354	3,461	1,241	411	3,020	239	71	3,372	328	191	1,721	105	27	3,907	3,139	1,054	2,979
	A	497	154	3,230	284	134	2,121	213	85	2,517	109	72	1,522	45	16	2,870	1,151	461	2,497
	B	312	139	2,250	208	116	1,794	50	26	1,928	68	35	1,965	31	23	1,383	671	339	1,981
	C	11	7	1,658	9	3	3,015				2	1	2,460				23	11	2,101
	소계	2,047	654	3,130	1,742	662	2,632	503	182	2,767	509	299	1,704	183	68	2,695	4,985	1,865	2,673
SBS	SA	775	246	3,154	350	110	3,187	277	92	3,022	278	117	2,380	56	18	3,150	1,739	583	2,984
	A	812	306	2,657	115	60	1,933	68	42	1,633	174	85	2,057	64	31	2,074	1,236	524	2,360
	B	151	79	1,923	87	69	1,275	65	49	1,342	49	41	1,210	61	45	1,374	417	283	1,474
	C	44	27	1,653				117	31	3,804	5	7	724	36	11	3,296	203	76	2,683
	소계	1,785	657	2,718	554	238	2,330	530	215	2,466	507	250	2,032	219	106	2,067	3,597	1,466	2,454
합계	SA	3,359	1,052	3,193	2,426	732	3,315	902	297	3,039	877	452	1,942	424	123	3,450	7,990	2,656	3,009
	A	1,840	618	2,978	677	286	2,370	455	190	2,400	471	235	2,005	181	67	2,713	3,627	1,396	2,598
	B	674	315	2,141	381	228	1,672	216	131	1,652	224	130	1,723	138	92	1,508	1,634	896	1,825
	C	198	102	1,949	47	15	3,190	133	42	3,183	24	21	1,164	48	16	3,038	453	196	2,313
	소계	6,073	2,086	2,911	3,533	1,259	2,807	1,708	661	2,585	1,597	838	1,906	793	301	2,636	13,706	5,145	2,664

자료원: AGB Nielsen Media Research

NOTE

❖ **5개사 전체 광고비 기준 정규물 대 SB 81% 대 5%, 결과 효율성 281만원 대 154만원으로 1.8배 격차 노출**

- 보건복지부는 정규물,특집에서 5개사 전체대비 CPP 20만원 대 비효율적 집행
- 농협은 정규물에서 전체대비 67만원 효율적 운영결과, 농협의 전체 효율성 향상
  - '05년 6월 세계청소년축구 관련 특집광고 운영으로 효율성 확보

단위:광고비,CPP(천원)　　　　　　　　　　　　　　　주 소구대상층:남녀 10세 이상 전체

		보건복지부	주공	한전	농협	관광공사	합계
정규	광고비	5,002,876	3,042,204	1,144,693	1,293,563	631,389	11,114,725
	GRPs	1,615	1,046	452	604	233	3,950
	CPP	3,098	2,908	2,533	2,142	2,710	2,814
SB	광고비	307,678	102,626	164,424	80,845	38,882	694,455
	GRPs	221	59	96	44	31	451
	CPP	1,392	1,739	1,713	1,837	1,254	1,540
특집, 연간스포츠	광고비	762,450	388,938	399,378	206,076	123,236	1,880,078
	GRPs	252	153	113	112	37	667
	CPP	3,026	2,542	3,534	1,840	3,331	2,819
ID	광고비				17,029		17,029
	GRPs				79		79
	CPP				216		216
합계	광고비	6,073,004	3,533,768	1,708,495	1,597,513	793,507	13,706,287
	GRPs	2,086	1,259	661	838	301	5,147
	CPP	2,911	2,807	2,585	1,906	2,636	2,664

자료원: AGB Nielsen Media Research

NOTE

❖ **5개사 전체 기준 15초 광고 CPP 281만원 대비 30초 광고 94만원 효율적**

- 프로그램 광고대비 SB광고의 효율성 입증 결과
- 보건복지부는 15초 광고, 주공은 30초 광고에서 각 사별 전체 효율성 삭감

단위:광고비,CPP(천원)　　　　　　　　　　　　주 소구대상층:남녀 10세 이상 전체

		보건복지부	주공	한전	농협	관광공사	합계
10"	광고비				17,029		17,029
	GRPs				79		79
	CPP				216		216
15"	광고비	5,765,326	3,406,002	1,544,071	1,499,639	719,825	12,934,863
	GRPs	1,865	1,192	565	716	265	4,603
	CPP	3,091	2,857	2,733	2,094	2,716	2,810
20"	광고비	246,598	102,626		35,860	38,882	423,966
	GRPs	170	59		25	31	285
	CPP	1,451	1,739		1,434	1,254	1,488
30"	광고비	61,080	25,140	164,424	44,985	34,800	330,429
	GRPs	50	7	96	19	5	177
	CPP	1,222	3,591	1,713	2,368	6,960	1,867
합계	광고비	6,073,004	3,533,768	1,708,495	1,597,513	793,507	13,706,287
	GRPs	2,086	1,259	661	838	301	5,145
	CPP	2,911	2,807	2,585	1,906	2,636	2,664

자료원: AGB Nielsen Media Research

NOTE

소재별 TV매체 효과 및 효율성 분석

분석 기간: '05년 1월~'06년 7월
주요 분석 기관: 보건복지부,주공

❖ **2년간 금연 캠페인 전체로 보면 1,571 GRPs 투입결과 소구대상 93%가 평균 16.8회 광고를 본 것으로 평가됨**
- 금연 캠페인 전개시 동시에 3개 소재의 multi-spot 운영
- 동일한 컨셉 하의 메시지 전달이지만 소재별 노출량은 일반적으로 부족한 편

주 소구대상층:남녀 10세 이상 전체

	사무실편	공사편	커피숍편	여보 미안해편	연인편	모녀편	연극제편	빨간원피스편	아빠와 아기편
기간	05.4~8	05.4~8	05.4~8	05.8~06.1	05.8~12	05.8~12	06.4~7	06.4~7	06.4~7
광고비 (천원)	706,216	414,579	753,550	382,900	602,343	265,332	372,875	1,034,309	374,731
GRPs	233	161	292	130	201	86	92	268	108
Reach (%)	66	57	69	54	67	44	45	71	47
ER(3+) (%)	32	23	40	18	30	10	11	37	14
Avg.Freq. (외)	3.5	2.9	4.2	2.4	3.0	2.0	2.1	3.8	2.3
CPP (천원)	3,034	2,574	2,581	2,945	3,000	3,070	4,035	3,852	3,484
합계			18.7억 686 GRPs, R 86% ER(3+) 65%, AF 8.0 CPP 2,733			12.5억 417 GRPs, R 81% ER(3+) 53%, AF 5.1 CPP 2,996			17.8억 468 GRPs, R 81% ER(3+) 55%, AF 5.8 CPP 3,804

자료원: AGB Nielsen Media Research

NOTE

❖ **생명존중,암 무료 조기검진 캠페인 대비 입양 캠페인 경우, 50% 미만의 도달률 절대 부족**

- 향후 소재별 노출량 측정통한 소재 교체시점 결정방법과 설정 광고비대비 적정 소재 갯수 판단과정 필요

주 소구대상층:남녀 10세 이상 전체

	생명 존중 캠페인		암 무료 조기검진	입양 캠페인
	당신은 소중한 사람편	늘 바쁘신 아빠편	병원편	입양은 가슴으로 낳은 사랑편
기간	05.1	05.1	05.9~10	06.5
광고비 (천원)	172,311	43,217	623,151	319,945
GRPs	121	38	264	89
Reach (%)	41	19	66	39
ER(3+) (%)	17	4	36	11
Avg.Freq. (외)	3.0	2.0	4.0	2.3
CPP (천원)	1,419	1,133	2,364	3,613
합계		2.1억 159 GRPs, R 53% ER(3+) 21%, AF 3.0 CPP 1,424	6.2억 264 GRPs, R 66% ER(3+) 36%, AF 4.0 CPP 2,364	3.2억 89 GRPs, R 39% ER(3+) 11%, AF 2.3 CPP 3,613

자료원: AGB Nielsen Media Research

NOTE

❖ **바람자리편 월 평균 누적 시청률 167 GRPs 대비 36.5도시편 141 GRPs로 미흡**

- 36.5도시편의 낮은 GRPs는 비효율적인 CPP 원인
  - 월 평균 광고 투입량 경우, 36.5도시편 월 5.2억 대비 바람자리편 4.0억 수준

주 소구대상층:남녀 10세 이상 전체

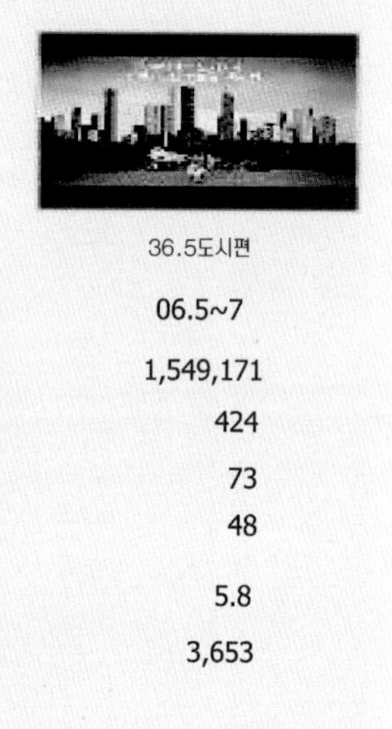

	바람이 지나가는 자리편	36.5도시편
기간	05.6~10	06.5~7
광고비 (천원)	1,984,597	1,549,171
GRPs	835	424
Reach (%)	89	73
ER(3+) (%)	70	48
Avg.Freq. (회)	9.4	5.8
CPP (천원)	2,378	3,653

자료원: AGB Nielsen Media Research

NOTE

향후 **TV**매체 운영 접근법 제안

효과 예측모델통한 적정 소재교체 시점 결정

❖ 각 브랜드별 소재별 투입 광고비 대비 획득가능 GRPs,도달률,유효도달률,평균노출 빈도 수준 예측 가능

- 사례 : 주공 36.5도시편 경우 현재 424 GRPs에서 600 GRPs로 확대될 때 도달률 82%, 유효도달률 60%, 평균노출빈도 7.5회 달성 예측

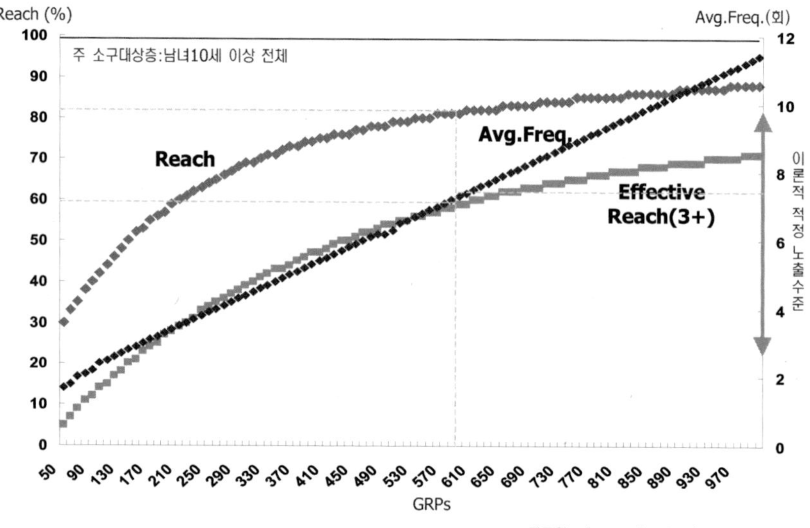

❖ 각 노출횟수별 Net Reach와 유효빈도 분석결과 토대로 각 시점별 최적 GRPs
수준 결정과 반영

- 사례 : 유지기 때 월 2회의 노출 유지할 경우 2회 Net Reach의 정점인 300 GRPs
투입 최적

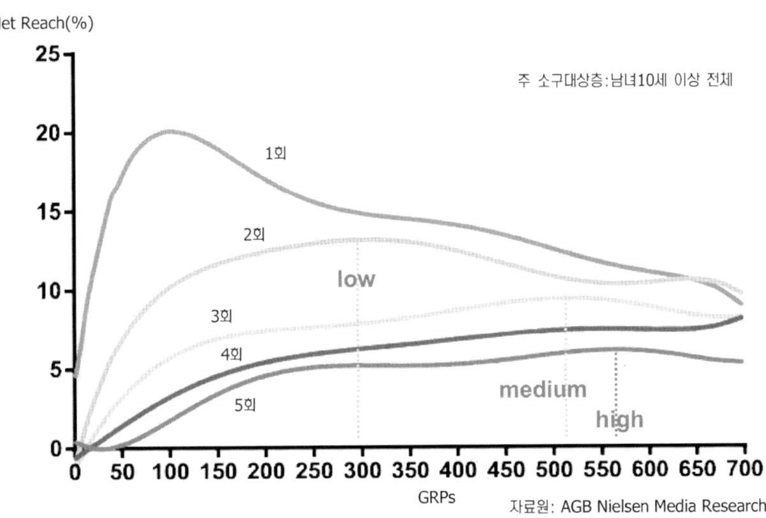

NOTE

❖ **주 소구대상층 대상 적정 구매 시간대 신속 파악 가능과 효과적인 매체구매작업**

　▪ 최근 3~6개월간 전체 정규물과 SB광고대상 시청률과 효율성 분석 자료활용
　- 최근 3개월 방송3사 광고 평균 시청률 1.9%, CPP 수준 242만원 대

주 소구대상층:남녀10세 이상 전체

	MON		TUE		WED		THU		FRI		SAT		SUN		AVG.	
	Rating	CPP	Rating	CPP	Rating	CPP	Rating	CPP	Rating	CPP	Rating	CPP	Rating	CPP	Rating	CPP
5:00	0.8	971			0.8	964	0.8	1,089	0.7	1,157	0.6	2,236			0.8	1,084
6:00	1.1	1,272	1.0	1,353	1.1	1,236	1.0	1,404	1.0	1,320	1.0	1,374	1.0	1,232	1.0	1,316
7:00	2.0	841	2.0	837	2.0	864	1.9	882	1.9	880	1.8	959	1.6	1,010	1.9	886
8:00	2.0	1,620	1.9	1,578	2.0	1,677	2.0	1,653	1.8	1,725	2.0	1,708	2.0	1,872	2.0	1,706
9:00	1.7	1,644	1.6	1,627	1.6	1,728	1.5	1,677	1.6	1,677	1.8	1,647	1.8	2,224	1.6	1,743
10:00	1.2	1,797	0.9	1,611	1.3	2,039	0.9	1,537	1.1	1,841	1.5	2,000	1.9	2,554	1.3	2,052
11:00	1.1	1,671	0.8	1,266	1.0	1,536	0.8	1,286	1.0	1,551	1.5	1,913	1.4	2,229	1.1	1,726
12:00	1.0	2,048	0.7	1,576	1.2	1,917	0.8	1,415	0.9	1,602	1.3	2,098	1.5	2,625	1.1	2,065
13:00											1.3	2,423	1.5	2,393	1.4	2,408
14:00											1.1	2,601	1.2	2,979	1.2	2,791
15:00											1.4	3,000	1.4	3,160	1.4	3,078
16:00	1.1	2,837	0.5	1,905	1.1	3,153	0.3	2,820	1.0	2,862	1.4	3,548	1.6	3,160	1.2	3,180
17:00	1.6	2,683	1.0	1,610	1.5	2,966	1.0	1,621	1.3	2,382	1.8	3,687	2.4	3,284	1.7	2,961
18:00	1.6	2,819	1.1	2,922	1.3	2,893	1.2	2,556	1.7	2,528	2.7	2,922	1.1	3,097	1.6	2,805
19:00	2.3	2,891	1.9	3,283	2.2	3,063	1.9	2,997	2.3	2,847	3.0	2,983	3.1	2,826	2.4	2,970
20:00	2.9	2,867	2.3	3,648	2.6	3,262	2.3	3,658	2.5	3,386	3.6	2,520	3.7	2,451	2.9	3,027
21:00	3.1	3,156	3.1	3,134	3.3	3,086	3.2	3,204	3.6	2,680	3.2	3,177	3.6	2,846	3.3	3,031
22:00	2.9	3,169	3.6	2,545	3.7	2,634	4.8	2,308	3.2	2,571	2.4	3,602	3.2	2,839	3.3	2,790
23:00	2.4	3,120	3.0	2,601	2.6	2,792	2.7	3,003	2.8	2,566	2.3	2,934	2.4	2,688	2.6	2,818
24:00	1.2	2,055	1.5	1,892	1.1	1,930	1.2	1,640	1.8	2,252	1.3	2,694	1.3	2,357	1.3	2,115
25:00	0.7	2,208	0.8	1,710	0.6	2,292	0.8	1,763	0.6	2,155	0.9	2,211	0.7	1,955	0.7	1,994
AVG.	1.9	2,369	1.8	2,298	1.9	2,398	1.8	2,344	1.9	2,289	1.9	2,560	2.1	2,590	1.9	2,425

자료원 : planmedia pattern MAP

NOTE

❖ **KBS2는 방송3사 평균 CPP 243만원 대비 273만원으로 30만원 비싼 편**

- 농협 경우, 인기 드라마 구매로 전반적으로 효율성이 저조한 KBS2의 효율성 극복
- 평균 시청률과 효율성 대비 시간대별로 오전 8시와 오후 6시,요일별로는 금요일 우수

주 소구대상층:남녀10세 이상 전체

	MON Rating	CPP	TUE Rating	CPP	WED Rating	CPP	THU Rating	CPP	FRI Rating	CPP	SAT Rating	CPP	SUN Rating	CPP	AVG. Rating	CPP
5:00	1.2	1,025									0.6	2,236			0.8	1,484
6:00	1.3	1,318	1.2	1,535	1.4	1,251	1.2	1,511	1.3	1,355	1.3	1,382	1.2	1,428	1.3	1,393
7:00	1.8	1,263	1.5	1,391	1.9	1,215	1.6	1,345	1.7	1,273	1.8	1,550	1.5	1,791	1.7	1,373
8:00	2.4	1,691	2.2	1,426	2.1	1,922	2.4	1,651	1.9	1,777	2.3	1,880	1.7	2,796	2.1	1,906
9:00	1.9	1,709	2.0	1,540	1.7	1,916	1.7	1,733	1.9	1,700	1.6	2,173	1.2	3,447	1.8	1,892
10:00	1.1	2,536	1.1	1,751	1.0	2,930	0.9	2,002	0.9	2,576	1.2	2,699	1.1	4,671	1.0	2,910
11:00	1.1	1,820	0.9	1,380	1.0	2,153	0.7	1,849	1.0	1,962	1.5	2,237	1.2	3,339	1.1	2,208
12:00	1.1	2,737	0.6	2,499	1.2	2,893	0.6	3,444	1.0	2,185	1.4	2,398	1.1	4,705	1.1	2,906
13:00											1.1	3,395	1.4	3,151	1.2	3,275
14:00											1.1	3,392	1.3	3,639	1.2	3,518
15:00											1.5	2,615	1.6	3,022	1.5	2,814
16:00	1.5	3,499	0.5	1,816	1.2	3,952	0.2	7,590	1.3	2,805	1.5	3,897	1.6	3,756	1.4	3,703
17:00	2.1	3,142	0.6	2,677	1.9	3,147	0.4	4,589	1.5	3,712	1.8	4,327	2.9	2,835	2.2	3,261
18:00	1.8	2,671	0.4	4,640	1.4	2,689	0.7	3,183	2.2	2,479	3.6	2,502	0.6	3,806	2.0	2,636
19:00	2.6	2,709	1.7	3,329	2.5	2,688	2.1	2,695	2.2	3,066	3.6	2,753	3.8	2,496	2.7	2,756
20:00	1.9	3,792	1.5	4,306	1.9	3,855	1.5	4,433	1.7	4,206	2.9	3,265	3.3	2,891	2.1	3,627
21:00	2.2	4,396	2.5	3,905	2.3	4,350	2.0	4,884	3.3	2,989	2.2	4,639	3.0	3,418	2.5	3,963
22:00	2.7	4,074	2.5	4,231	2.9	3,686	2.2	5,036	5.0	2,170	2.8	3,271	4.1	2,444	3.5	2,868
23:00	2.2	3,263	3.3	2,737	2.3	3,386	2.6	3,409	3.5	2,538	2.0	3,436	2.9	2,603	2.8	2,949
24:00	1.1	2,412	1.7	1,647	1.0	2,117	1.3	1,651	2.1	2,303	1.0	3,473	1.2	2,757	1.4	2,224
25:00	0.7	2,352	1.0	1,477	0.7	2,322	0.7	1,941			0.6	2,509	0.7	2,362	0.7	2,036
AVG.	1.8	2,644	1.8	2,515	1.7	2,719	1.6	2,776	2.1	2,475	1.9	2,892	2.1	2,933	1.9	2,727

자료원 : planmedia pattern MAP

NOTE

❖ **MBC 경우 260만원으로 방송3사 평균 CPP 수준대비 17만원 비싼 편**

▪ 1차적으로 핑크 컬러의 시간대 위주 구매가 효율적인 동시에 효과적인 비클 선택전략
  - 차선책으로 효율성 또는 효과 위주의 구매전략에 따라 황색 또는 옥색 선택

주 소구대상층:남녀10세 이상 전체

	MON		TUE		WED		THU		FRI		SAT		SUN		AVG.	
	Rating	CPP	Rating	CPP	Rating	CPP	Rating	CPP	Rating	CPP	Rating	CPP	Rating	CPP	Rating	CPP
5:00					0.9	988	0.8	1,057	0.7	1,322					0.8	1,098
6:00	0.9	1,390	0.9	1,404	0.9	1,387	0.9	1,481	0.9	1,479	0.8	1,551	0.8	1,382	0.9	1,440
7:00	2.2	851	2.3	855	2.3	856	2.2	923	2.0	923	2.0	877	1.9	880	2.1	880
8:00	1.6	1,937	1.5	1,969	1.7	1,823	1.5	2,079	1.4	2,212	1.6	1,907	2.0	1,644	1.7	1,879
9:00	1.2	2,068	1.1	1,892	1.2	2,044	1.2	1,787	1.1	2,059	1.1	2,433	1.5	2,616	1.2	2,138
10:00	1.5	2,083	0.9	1,466	1.8	2,134	1.0	1,112	1.4	1,584	1.8	1,839	2.2	2,669	1.7	2,101
11:00	0.8	1,672	0.8	1,512	1.0	1,270	0.8	1,173	0.9	1,248	1.2	1,293	1.7	1,547	1.0	1,417
12:00	0.9	1,900	0.6	1,737	1.1	2,123	0.6	1,812	0.8	1,668	1.2	1,950	1.9	2,144	1.1	1,995
13:00											1.3	2,047	1.7	2,231	1.5	2,148
14:00											1.5	960	1.3	2,022	1.4	1,396
15:00											1.3	3,745	1.8	1,232	1.4	3,159
16:00	0.9	2,635	0.3	2,613	0.7	3,895	0.4	2,092	1.1	2,585	1.4	3,466	1.6	2,777	1.2	3,083
17:00	1.4	2,349	1.0	1,255	1.3	2,840	1.1	1,177	1.2	1,343	1.6	3,143	2.2	3,748	1.5	2,687
18:00	1.5	3,156	1.3	3,079	1.3	2,929	1.4	2,745	1.5	2,761	1.6	4,190	1.2	3,294	1.4	3,146
19:00	2.2	3,451	2.0	3,551	2.4	3,273	1.6	3,651	2.6	2,962	2.9	3,467	3.1	3,251	2.5	3,339
20:00	2.7	3,532	2.6	3,846	2.4	4,022	2.3	4,371	2.6	3,760	2.2	4,389	2.3	4,226	2.5	3,976
21:00	3.3	3,079	3.4	3,124	3.7	2,798	3.8	2,845	4.0	2,413	2.4	3,950	2.5	3,818	3.3	3,083
22:00	2.9	3,372	3.5	3,013	3.8	2,681	4.8	2,308	3.6	2,555	2.0	4,424	2.7	3,278	3.3	2,924
23:00	1.8	4,026	2.6	2,238	2.7	2,776	2.4	2,632	1.7	2,899	1.5	3,638	1.5	3,321	2.0	3,123
24:00	0.9	2,221	1.1	2,821	1.2	2,127	1.0	2,595	1.2	2,167	1.1	2,790	1.0	2,955	1.1	2,540
25:00	0.7	3,195	0.7	2,364	0.7	2,405	0.5	3,726	0.9	2,092	0.9	2,494	0.6	2,228	0.7	2,450
AVG.	1.7	2,667	1.7	2,479	1.9	2,484	1.8	2,364	1.8	2,346	1.6	2,959	2.0	2,829	1.8	2,604

자료원 : planmedia pattern MAP

NOTE

객관적 자료통한 효율적 프로그램 시간대 구매

❖ SBS 경우 방송3사 평균 CPP 수준대비 204만원으로 39만원 저렴한 편

  ▪ SBS의 상대적으로 양호한 효율성은 방송 커버리지와 연동한 단가와도 연관
   - 효율성을 높이기 위해서는 전략적으로 SBS 물량 확대 필요

주 소구대상층:남녀10세 이상 전체

	MON		TUE		WED		THU		FRI		SAT		SUN		AVG.	
	Rating	CPP	Rating	CPP	Rating	CPP	Rating	CPP	Rating	CPP	Rating	CPP	Rating	CPP	Rating	CPP
5:00	0.7	951			0.7	934	0.8	1,181	0.7	1,009					0.7	975
6:00	0.8	872	0.9	810	0.8	876	0.8	941	0.8	900	0.7	1,059	0.9	648	0.8	869
7:00	1.9	628	2.0	632	1.8	679	1.9	646	1.8	679	1.7	696	1.4	836	1.8	672
8:00	2.4	1,324	2.2	1,356	2.3	1,390	2.3	1,323	2.2	1,368	2.3	1,374	2.3	1,719	2.3	1,429
9:00	1.8	1,400	1.4	1,598	1.9	1,425	1.5	1,548	1.6	1,458	2.3	1,202	2.4	1,628	1.9	1,446
10:00	1.2	1,099	0.9	1,561	1.3	1,547	0.9	1,472	1.0	1,596	1.5	1,552	2.2	1,728	1.3	1,556
11:00	1.4	1,472	0.8	810	1.2	852	1.0	766	1.0	1,183	1.6	1,698	1.6	1,358	1.3	1,267
12:00	0.9	1,576	0.8	1,210	1.4	1,324	1.0	947	0.9	1,085	1.1	1,756	1.5	2,177	1.1	1,542
13:00											1.5	1,748	1.5	1,831	1.5	1,790
14:00											0.9	463	1.0	824	1.0	665
15:00											1.2	2,003	1.2	4,010	1.2	3,570
16:00	1.1	2,536	0.5	1,783	1.3	2,441	0.2	3,037	0.8	3,241	1.3	3,366	1.6	2,857	1.1	2,869
17:00	1.5	2,754	1.1	1,933	1.6	3,001	1.1	1,912	1.4	2,713	1.8	3,614	2.3	3,292	1.7	3,016
18:00	1.4	1,369	1.4	1,350	1.3	3,383	1.5	1,116	1.4	1,166	1.4	1,378	1.3	1,477	1.4	1,627
19:00	2.1	2,697	1.9	3,017	1.7	3,591	1.8	3,089	2.2	2,581	2.3	2,702	2.1	2,932	2.0	2,898
20:00	3.4	2,299	2.5	3,233	3.1	2,706	2.8	2,998	2.9	2,905	4.6	1,881	4.7	1,875	3.5	2,408
21:00	4.1	2,306	3.9	2,258	4.0	2,538	4.1	2,436	3.9	2,514	4.6	2,300	4.8	2,204	4.2	2,360
22:00	4.1	2,569	5.3	1,804	3.8	2,823	4.3	2,664	3.1	2,705	4.8	2,443	4.7	2,391	4.2	2,459
23:00	3.1	2,563	2.8	2,528	2.8	2,336	2.9	2,797	2.5	2,376	3.2	2,402	2.7	2,522	2.9	2,523
24:00	1.4	1,699	1.4	1,683	1.2	1,592	1.4	1,258	1.7	2,030	1.7	2,202	1.5	1,738	1.4	1,739
25:00	0.8	1,414	0.8	1,501	0.5	2,135	0.9	1,433	0.4	2,287	0.8	1,239	0.9	1,431	0.7	1,581
AVG.	2.1	1,953	1.8	1,952	2.0	2,072	1.8	2,029	1.9	2,056	2.3	2,024	2.4	2,153	2.1	2,041

자료원 : planmedia pattern MAP

NOTE

HYUNDAI MOTOR MEDIA REPORT

MARCH,2003

EXECUTIVE SUMMARY

광고량

- 월간 광고비 **52.7억**, **SOV 30%**로 1위 점유
  - 현대 **52.7억(30%)** > 기아 **48.6억(28%)** > GM대우 **29.7억(17%)** > 쌍용 **22.7억(13%)**
    > 르노삼성 **21.2억(12%)**
- **TV** 월간 광고비 **30억**, **5개사 TV** 집행 전체물량의 **33%**로 1위
- **5개사 TV** 광고 평균비중 **52%** 대비 현대 **57%**로 높은 수준

광고효과

- 효과적 광고접촉횟수를 의미하는 **3회 이상 TV** 광고를 본 사람들의 비율이 현대, 기아가 공동 선두
  - 현대,기아 **86%** > GM대우 **75%** > 르노삼성 **71%** > 쌍용 **67%**
- 뉴그랜저**XG**의 본격적인 **TV** 광고집행결과 소구대상층이 3월 한 달 평균 **11.5회** 광고접촉

광고 효율성

- 쌍용과 르노삼성은 전월대비 **TV**매체 효율성이 **14~16만원** 개선된 반면 현대와 **GM**대우는 전월에 비해 **6~7만원** 효율성 저하

NOTE

MEDIA EXPENDITURE ANALYSIS

회사별 광고량

- 현대는 외환위기 이후 '99년부터 광고물량 증대와 연간 **600억원** 규모 유지
- **1/4**분기 광고비 **SOV** 차원에서 현대가 기업**PR**,테라칸,뉴그랜저**XG** 물량 증가로 **1**위 점유
- 기아 오피러스 출시와 **GM**대우의 **Big-Zero** 등 판촉으로 올 **1/4**분기는 전년 동기대비 **100억** 증가한 **23%** 성장

MEDIA MIX

- 현대 경우 **GM**대우의 **TV** 광고비 소폭 감소와 현대의 소폭 증가에 따른 **3**월 **TV** 점유율 **33%**로 **1**위 고수
- 신문은 기아가 기업**PR**,오피러스 광고로 **1/4**분기 **31%**의 최고 점유율

월간 광고량

- 현대는 '**02**년 월드컵 공식 스폰서로서 **6**월중 기업**PR** 활동과 **5**월부터 런칭한 클릭으로 월 **76억원** 규모 집행
- **TV** 경우 현대의 월드컵 시즌 기업**PR**과 클릭,**GM**대우의 라세티로 전형적인 **Pulsing Pattern** 경향

브랜드별 광고집행 패턴

- 뉴그랜저**XG**,오피러스 등 **3**월 대형 승용 중심의 광고활동
- 경기 침체에 따른 **GM**대우의 **Big-Zero**, 기아의 기업**PR** 등 판촉,기업**PR** 광고 활발

NOTE

회사별 최근 5년간 광고량 추세 분석

- 현대자동차는 외환위기 이후 '99년부터 광고물량 증대와 연간 **600억원** 규모 유지 경향
- 기아는 '99년 현대에 인수 이후 연 **550~600억** 원대 수준 지속
  - 대우('02년),삼성('00년)은 **GM**,르노 합병 이후 광고량 증대
- 쌍용은 '00년 대우에서 분리된 이후 체어맨,렉스턴으로 지속적 광고노력

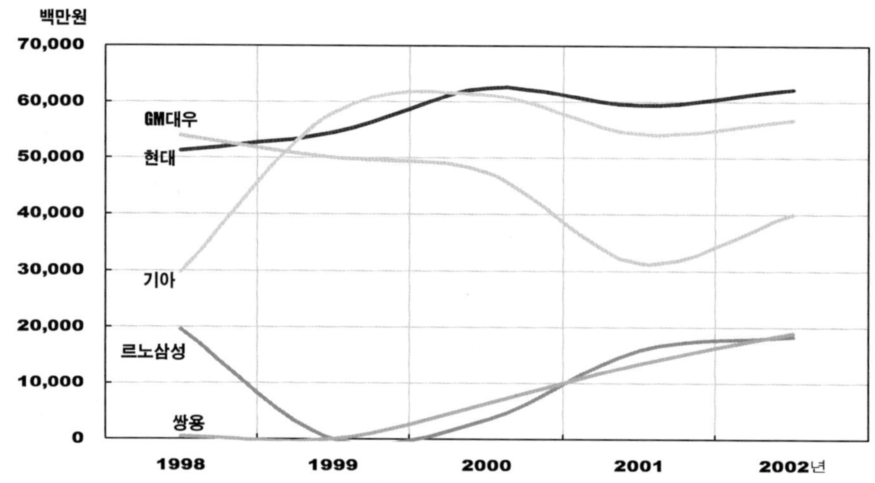

- **GM**대우 경우 건설사업부문 광고물량 제외 : 이후 동일한 기준 적용

자료원 : **KADD**

NOTE

회사별 최근 3개월 광고량 분석

- **3월 총 광고비 규모에서 르노삼성의 SM5 물량 증대로 전월대비 5.8% 증가**
  - 전월대비 증가율 르노삼성 37.2%, 쌍용 11.6%, 현대 10.5% 순
- **1/4분기 광고비 SOV 차원에서 현대가 기업PR, 테라칸, 뉴그랜저XG 물량 증가로 1위 점유**
  - 현대 29.6%, 기아 29.1%, GM대우 20.2% 순
- **기아 오피러스 출시와 GM대우의 Big-Zero 등 판촉으로 전년 동기대비 100억 증가한 23.4% 성장**

	'03년 1월		'03년 2월		'03년 3월		'03년 1-3월 합계		전년 동기	
	광고비 (백만원)	전월대비 (%)	광고비 (백만원)	전월대비 (%)	광고비 (백만원)	전월대비 (%)	광고비 (백만원)	점유율 (%)	광고비 (백만원)	증감율 (%)
현대	5,497	15.9	4,770 -	13.2	5,271	10.5	15,539	29.6	13,491	15.2
GM대우	4,244	-40.4	3,377 -	20.4	2,967 -	12.1	10,588	20.2	5,780	83.2
기아	5,619	9.8	4,808 -	14.4	4,859	1.1	15,286	29.1	13,990	9.3
쌍용	1,780	-11.8	2,037	14.5	2,273	11.6	6,091	11.6	4,445	37.0
르노삼성	1,342	-3.4	1,544	15.1	2,119	37.2	5,006	9.5	4,853	3.1
합계	18,482	-9.6	16,537 -	10.5	17,490	5.8	52,510	100.0	42,559	23.4

자료원 : KADD

NOTE

회사별 당월,누적 MEDIA MIX 패턴

- 현대 경우 GM대우의 TV 광고비 소폭 감소와 현대의 소폭 증가에 따른 3월 TV 점유율 33%로 1위 고수
  - TV 광고비 누계에서도 현대가 32%로 1위 점유
  - 1/4분기와 3월 Media Mix 추이에서 동일한 구도 유지
- 신문은 기아가 기업PR,오피러스 광고로 1/4분기 31%의 높은 점유율

광고비 단위(백만원)

	'03년 3월						'03년 누계(1-3월)					
	현대	GM대우	기아	쌍용	르노삼성	합계	현대	GM대우	기아	쌍용	르노삼성	합계
TV	2,992 33%	1,493 16%	2,588 28%	890 10%	1,216 13%	9,179 52%	8,850 32%	5,194 19%	7,548 28%	2,712 10%	3,100 11%	27,404 52%
라디오	304 35%	135 16%	250 29%	83 10%	90 10%	862 5%	885 34%	456 18%	730 28%	248 10%	272 10%	2,591 5%
신문	1,942 26%	1,339 18%	2,006 27%	1,293 18%	776 11%	7,356 42%	5,668 26%	4,926 22%	6,951 31%	3,110 14%	1,540 7%	22,195 42%
잡지	34 36%	- 0%	15 16%	8 8%	37 40%	93 1%	137 43%	13 4%	57 18%	20 6%	94 29%	321 1%
합계	5,271 30%	2,967 17%	4,859 28%	2,273 13%	2,119 12%	17,490 100%	15,539 30%	10,589 20%	15,286 29%	6,091 12%	5,006 10%	52,511 100%

자료원 : KADD

NOTE

회사별 월간 4대 매체 광고량 집행 패턴

- 현대자동차는 '02년 월드컵 공식 스폰서로서 **6월**중 기업**PR** 활동과 **5월**부터 런칭한 클릭으로 월 **76억원** 규모 집행
- **GM**대우는 **GM**과 합병한 **10월** 이후 마티즈**2**와 신차 라세티 출시로 **12월**에 월간 최대 **71억원** 투입
- 기아는 **5월** 옵티마 리갈 출시와 **1월** 스펙트라, 기업**PR**로 월 **56~57억원** 투입
- 르노삼성은 **9월 SM3** 출시로 월 **27억원**까지 증대

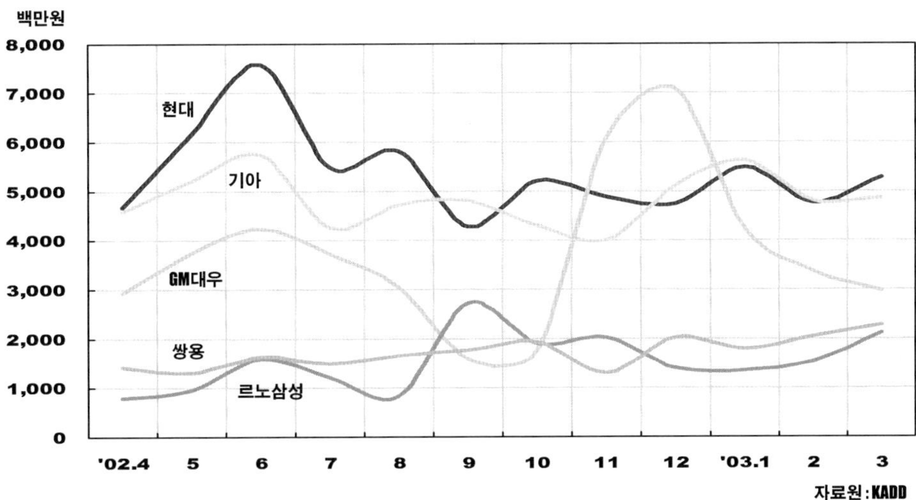

NOTE

회사별 월간 TV,신문매체 광고량 집행 패턴

- **TV** 경우 현대의 월드컵 시즌 기업PR과 클릭,**GM**대우의 라세티로 전형적인 **Pulsing Pattern** 경향
  - 기아,르노삼성,쌍용은 비교적 **Continuous Pattern** 성향
- 신문 경우 **GM**대우의 라세티,매그너스,마티즈2 집중으로 심한 월간 편차 현상

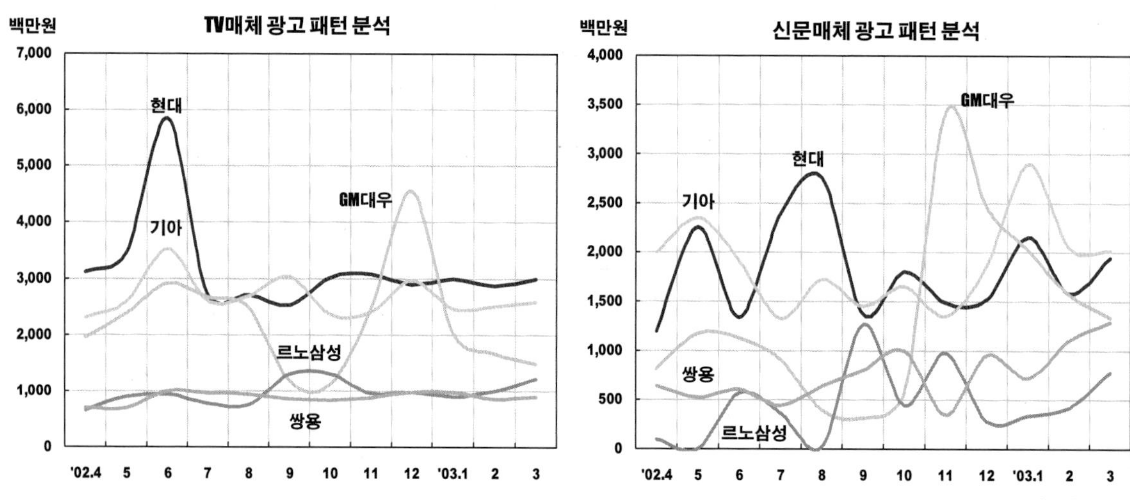

NOTE

제품 카테고리별,브랜드별 광고집행 분석

- 뉴그랜저**XG**,오피러스 등 **3월** 대형 승용 중심의 광고활동
  - 뉴그랜저**XG**의 **TV**중심, 오피러스의 **TV**,신문 병행
- 경기 침체에 따른 **GM대우**의 **Big-Zero**, 기아의 기업**PR** 등 판촉,기업**PR** 광고 활발

광고비 단위(백만원)

		2003년 3월					2003년 1-3월 누계				
		TV	라디오	신문	잡지	합계	TV	라디오	신문	잡지	합계
경차	마티즈					-	159	9			168
	비스토					-					-
소형	베르나										
	클릭			123		123			131		131
	칼로스	795	61	249		1,105	1,820	123	1,299		3,242
	리오		55	2		57	381	55	9		445
준중형	아반떼**XD**					-	120				120
	누비라					-					-
	라세티					-	1,867	251	748	12	2,878
	스펙트라					-	1,066				1,066
	SM3		90	776	37	903	1,102	272	1,534	93	3,001
중형	EF쏘나타			680	6	686	2	8	1,092	6	1,108
	L6매그너스					-				1	1
	리갈			16		16			76	14	90
	옵티마			4		4			14		14
	SM5	1,216				1,216	1,998			2	2,000
대형	그랜저	1,997		51	8	2,056	2,100		617	8	2,725
	다이너스티			292	2	294			292	2	294
	에쿠스				8	8				12	12
	오피러스	1,985		1,232	9	3,226	2,663		1,232	20	3,915
	체어맨	339				339	969		404	3	1,376
MPV	트라제**XG**	908				908	908		440	18	1,366
	라비타				2	2				11	11
	레조					-	650				650
	카렌스					-			361	5	366
	카니발					-	1,092		4		1,096
	카스타					-					-
SUV	싼타페			690		690			729	32	761
	테라칸	27				27	3,426		303		3,729
	쏘렌토		45	14		59		45	41		86
	레토나					-					-
	렉스턴	550		480		1,030	1,743	96	621	10	2,470
	무쏘					-					-
PR,사은	현대	60	122		5	187	2,413	325	1,745	38	4,521
	GM대우		698	74	867	1,639		698	74	2,492	3,264
	기아	602	46	735	6	1,389	1,858	330	4,853	19	7,060
	르노삼성					-					-
	쌍용		83	204		287		152	920		1,072

자료원 : **KADD**

MEDIA EFFECTS & COST EFFICIENCY ANALYSIS

T V

- **5개사 전체 평균 효율성은 160만원**으로 전월과 동등한 수준
- 쌍용과 르노삼성은 전월대비 효율성이 **14~16만원** 개선된 반면 현대와 **GM**대우는 전월에 비해 **6~7만원** 효율성 저하
- 현대는 경쟁사대비 **MBC**와 **KBS2**의 지속적인 가격효율성 개선 필요성
- **GRPs** 차원에서 토요일과 일요일이 평일의 **2배**에 해당하는 자동차 관련 광고가 집중된 경향
- 현대는 **2월**에 이어 본격적으로 뉴그랜저**XG**를 집중한 결과 **11.5회**의 노출빈도 달성
- **3월**에 트라제**XG** 신소재가 운영되면서 소구대상의 **82%**가 평균 **6.9회** 광고 접촉

신문

- 전반적으로 현대와 기아가 기타 종합지의 집행횟수와 점유율이 경쟁사 대비 높은 경향
- 현대 경우 뉴그랜저**XG**와 클릭을 제외하고 뉴**EF**쏘나타 등 **3개** 브랜드가 도달률 **40%** 이상 달성

NOTE

TV ANALYSIS

전반적인 회사별 효과 및 효율성 분석

- **5개사 전체 평균 효율성은 160만원**으로 전월과 동등한 수준
- 쌍용과 르노삼성은 전월대비 효율성이 **14~16만원** 개선된 반면 현대와 **GM**대우는 전월에 비해 **6~7만원** 효율성 저하
  - 효율성 면에서 쌍용이 **138만원**으로 가장 우수한 것으로 평가됨
- 효과적 도달률 3+는 현대와 기아가 **86%**로 공동 우위를 점유

소구대상층 남녀 **25-59**세 기준

	광고비(천원)		광고비 점유율	집행 횟수	평균 시청률	GRPs		GRPs 점유율	CPP(천원)		Avg. Freq.	Effective Reach		
	'03년 2월	'03년 3월				'03년 2월	'03년 3월		'03년 2월	'03년 3월		3+	5+	7+
현대	2,713,351	2,842,185	33%	729	2.3	1,646	1,654	31%	1,648	1,719	17.7	86	79	71
GM대우	1,590,421	1,403,900	16%	342	2.5	988	841	16%	1,610	1,670	9.4	75	62	49
기아	2,354,181	2,444,485	28%	807	2.0	1,576	1,630	30%	1,494	1,499	17.4	86	79	72
쌍용	768,856	810,648	9%	235	2.5	502	586	11%	1,531	1,383	6.8	67	47	34
르노삼성	925,507	1,142,455	13%	283	2.4	505	686	13%	1,832	1,665	7.6	71	56	42
합계	8,352,316	8,643,673	100%	2,396	2.3	5,218	5,397	100%	1,601	1,602				

- 상용,트럭,특장차,공고는 분석대상에서 제외 : 이후 동일한 기준 적용

자료원 : **Nielsen Media Research**

NOTE

방송사별 효율성 분석

- 현대는 전월대비 MBC에 **3.6천만원**을 더 투입하고도 약 **20만원**의 효율성 저하로 전월보다 **59 GRPs**가 낮은 **629 GRPs** 획득

- 현대는 경쟁사대비 **MBC**와 **KBS2**의 지속적인 가격효율성 개선 필요성
  - 기아의 **140만원** 대 가격효율성 수준 **benchmarking** 필요

소구대상층 남녀 **25-59세** 기준   광고비,CPP 단위 : 천원

		현대		GM대우		기아		쌍용		르노삼성	
		'03년 2월	'03년 3월	'03년 2월	'03년 3월	'03년 2월	'03년 3월	'03년 2월	'03년 3월	'03년 2월	'03년 3월
KBS2	광고비	852,695	908,855	546,206	484,239	742,064	762,496	215,263	249,665	252,981	304,237
	GRPs	351	385	312	261	361	391	94	98	92	113
	CPP	2,431	2,363	1,752	1,856	2,053	1,951	2,283	2,555	2,747	2,685
MBC	광고비	1,083,012	1,118,657	609,475	495,179	920,069	921,820	284,111	243,114	354,166	476,217
	GRPs	688	629	390	312	628	577	168	162	189	279
	CPP	1,574	1,778	1,564	1,586	1,465	1,598	1,692	1,498	1,877	1,705
SBS	광고비	777,644	814,673	434,740	424,482	692,048	760,169	269,482	317,869	318,360	362,001
	GRPs	608	640	287	268	586	663	240	326	224	294
	CPP	1,279	1,273	1,517	1,587	1,180	1,147	1,122	975	1,419	1,233
합계	광고비	2,713,351	2,842,185	1,590,421	1,403,900	2,354,181	2,444,485	768,856	810,648	925,507	1,142,455
	GRPs	1,646	1,654	988	841	1,576	1,630	502	586	505	686
	CPP	1,648	1,719	1,610	1,670	1,494	1,499	1,531	1,383	1,832	1,665

- 방송사별 연계 방송사 포함 분석(KBS+iTV,MBC+EBS) : 이후 동일한 기준 적용   자료원 : Nielsen Media Research

NOTE

방송사별 시급별 효율성 분석

- **현대는 경쟁사대비 대부분의 시급에서 효율성이 열세인 것으로 평가됨**
  - **SA급 프로그램은 대부분 Upfront Package로 취사선택이 어렵다고 볼 때 상대적으로 선별 가능한 B,C급 프로그램을 대상으로 효율성 개선전략 필요**
- **Upfront Package가 간판 프로그램 확보 우선이라면 정기물은 가격효율성 개선에 초점을 맞춘 구매전략 구사 필요**

소구대상층 남녀 25-59세 기준   단위 : 광고비(백만원),CPP(천원)

		현대			GM대우			기아			쌍용			르노삼성		
		광고비	GRPs	CPP	광고비	GRPs	CPP	광고비	GRPs	CPP	광고비	GRPs	CPP	광고비	GRPs	CPP
KBS2	SA	458	174	2,630	195	62	3,143	452	214	2,114	226	80	2,819	205	70	2,931
	A	218	102	2,132	155	79	1,959	120	70	1,716				66	22	2,991
	B	129	75	1,725	91	101	899	125	85	1,472	24	18	1,341	26	17	1,559
	C	104	34	3,071	44	19	2,307	65	21	3,094				7	5	1,349
	소계	909	385	2,361	484	261	1,855	762	390	1,955	250	98	2,548	304	114	2,669
MBC	SA	618	323	1,913	293	172	1,703	455	241	1,887	112	55	2,029	208	128	1,623
	A	262	157	1,665	148	87	1,699	239	158	1,511	93	55	1,693	140	81	1,726
	B	110	99	1,105	43	47	920	97	124	785	11	11	955	62	50	1,245
	C	129	49	2,622	11	7	1,603	131	54	2,423	28	42	664	66	20	3,316
	소계	1,119	629	1,779	495	313	1,582	922	577	1,598	243	163	1,491	476	279	1,707
SBS	SA	372	286	1,301	249	146	1,706	329	280	1,175	152	187	815	221	200	1,107
	A	255	174	1,467	115	52	2,203	216	141	1,534	72	51	1,406	80	44	1,829
	B	93	122	764	54	62	875	114	156	729	33	63	526	36	32	1,134
	C	94	58	1,623	7	8	825	101	86	1,177	61	26	2,332	24	18	1,322
	소계	815	640	1,273	424	268	1,584	760	663	1,147	318	327	972	362	294	1,231
합계	SA	1,448	783	1,849	737	380	1,939	1,236	735	1,682	490	322	1,520	634	398	1,594
	A	735	433	1,696	417	218	1,914	575	369	1,559	165	106	1,555	286	147	1,946
	B	332	296	1,122	188	210	897	336	365	921	68	92	737	125	99	1,263
	C	328	141	2,320	62	34	1,813	297	161	1,845	89	68	1,302	97	43	2,252
	소계	2,842	1,654	1,719	1,404	842	1,667	2,444	1,630	1,500	811	588	1,379	1,142	687	1,663

자료원 : Nielsen Media Research

NOTE

프로그램 유형별 효율성 분석

- 전월대비 효율성 면에서 우위를 보인 현대의 정규물이 다시 하락세를 나타냄
- 연간 스포츠 경우 다른 프로그램대비 효율성 면에서 열세를 인정하지만 경쟁사 대비 동등한 수준의 가격효율성 유지 방안 마련 필요
- 전국 **Spot** 광고 활용여부와 **30" Spot** 광고 구매여부는 마케팅전략 차원에서 결정 필요

소구대상층 남녀 **25-59세** 기준   광고비,CPP 단위 : 천원

		현대		GM대우		기아		쌍용		르노삼성	
		'03년 2월	'03년 3월	'03년 2월	'03년 3월	'03년 2월	'03년 3월	'03년 2월	'03년 3월	'03년 2월	'03년 3월
정규	광고비	2,146,081	2,493,004	1,221,507	1,354,028	1,709,722	2,037,106	622,461	599,970	732,309	985,569
	GRPs	1,418	1,476	791	777	1,167	1,315	379	402	407	588
	CPP	1,514	1,689	1,545	1,743	1,465	1,549	1,641	1,492	1,801	1,677
SB	광고비	90,773	79,580	26,515		107,707	91,384	86,156	99,380	23,397	42,149
	GRPs	63	53	40		209	178	95	97	47	56
	CPP	1,432	1,516	671		516	512	908	1,023	495	755
특집	광고비	234,617	35,497	136,443	8,748	267,850	53,893	60,239	45,304	144,787	54,735
	GRPs	126	28	55	9	128	47	28	34	46	31
	CPP	1,864	1,254	2,472	994	2,097	1,142	2,144	1,317	3,127	1,771
연간 스포츠	광고비	241,880	234,104	170,376	2,106	268,902	262,102		65,994	25,014	60,002
	GRPs	39	97	49	1	72	89		52	5	12
	CPP	6,186	2,416	3,463	1,915	3,730	2,935		1,259	5,003	5,042
15"	광고비	2,493,188	2,729,005	1,479,225	1,345,802	2,244,674	2,351,301	668,400	697,678	891,686	1,077,895
	GRPs	1,539	1,578	885	786	1,367	1,452	406	488	449	627
	CPP	1,620	1,730	1,672	1,712	1,642	1,620	1,648	1,430	1,985	1,720
20"	광고비	64,145	63,510	8,842		108,443	90,320	86,156	99,380	11,325	27,059
	GRPs	39	38	9		203	175	95	97	30	34
	CPP	1,653	1,676	1,016		533	517	908	1,023	381	801
30"	광고비	156,018	49,670	66,774	19,080	1,064	2,864	14,300	13,590	22,496	37,501
	GRPs	69	38	41	1	6	4	2	1	26	26
	CPP	2,261	1,307	1,617	27,257	183	754	7,944	13,590	859	1,459

자료원 : **Nielsen Media Research**

NOTE

요일별 시간대별 GRPs 점유율 분석

- **GRPs** 차원에서 토요일과 일요일이 평일의 **2**배에 해당하는 자동차 관련 광고가 집중된 경향
  - 현대 역시 일요일,토요일 순으로 높게 나타남
- 방송사별 소구대상 층이 많이 접하는 시간대와 요일을 중심으로 광고노출 필요
  - **TV Viewing Pattern MAP**을 활용한 효율적,적합한 요일과 시간대 선정

소구대상층 남녀 **25-59**세 기준

		6~8	8~10	10~12	12~14	14~16	16~18	18~19	19~20	20~21	21~22	22~23	23~24	24~6	합계
월	전체	63	26	39	10	16	11	17	13	65	100	61	106	87	615
	현대	14	6	16	2	7	8	8	4	23	27	16	50	17	199
	점유율	23%	22%	41%	24%	45%	74%	48%	28%	34%	27%	27%	47%	19%	32%
화	전체	86	45	33	8	12	16	25	20	69	85	36	102	64	602
	현대	25	20	2	3	4	6	15	12	53	38	-	35	27	240
	점유율	29%	44%	7%	36%	29%	39%	58%	58%	76%	45%	0%	34%	42%	40%
수	전체	55	21	18	5	13	15	14	34	71	65	68	110	64	552
	현대	12	4	9	1	6	8	6	7	2	30	58	15	27	184
	점유율	21%	19%	49%	29%	46%	51%	45%	21%	3%	46%	85%	13%	41%	33%
목	전체	83	52	20	8	14	15	23	26	14	67	36	50	50	458
	현대	19	25	6	2	3	5	13	12	6	10	14	2	22	137
	점유율	22%	48%	31%	23%	24%	32%	56%	46%	41%	14%	39%	4%	44%	30%
금	전체	64	21	26	7	8	10	23	17	93	43	23	78	106	518
	현대	14	5	10	4	3	4	2	-	45	10	16	30	17	158
	점유율	21%	23%	38%	59%	35%	42%	7%	0%	48%	23%	69%	39%	16%	31%
토	전체	85	83	52	93	57	20	55	108	160	150	112	179	71	1,225
	현대	18	29	-	24	21	10	4	49	77	38	23	6	15	313
	점유율	21%	35%	0%	26%	37%	47%	6%	45%	48%	26%	21%	4%	21%	26%
일	전체	22	112	106	107	90	141	77	106	307	141	65	79	77	1,429
	현대	13	70	77	38	21	22	19	5	72	22	32	14	19	424
	점유율	57%	63%	73%	36%	23%	15%	25%	4%	23%	16%	50%	18%	25%	30%

- 전체에는 승용차종 전 브랜드와 기업PR,판촉 포함

자료원 : **Nielsen Media Research**

브랜드별 광고효과 분석

- 현대는 2월에 이어 본격적으로 뉴그랜저**XG**를 집중한 결과 **11.5**회의 노출빈도 달성
- **3월**에 트라제**XG** 신소재가 운영되면서 소구대상의 **82%**가 평균 **6.9**회 광고 접촉
- 기아 오피러스, 삼성 **SM5**의 적극적인 광고활동과 **GM**대우의 **Big-Zero** 판촉 캠페인 개시

소구대상층 남녀 **25-59**세 기준

광고비 단위 : 백만원

		당월			Effective Reach						캠페인		
		광고비	GRPs	기간	Avg.Freq.	Reach	3+	5+	7+	9+	광고비	GRPs	기간
현대	뉴그랜저XG	1,863	1,050	1~31	11.5	91	81	70	58	47	1,962	1,108	'03.2~3
	트라제XG	906	569	17~31	6.9	82	60	45	34	25	906	569	'03.3
	테라칸	13	4	1~3	1.1	4	-	-	-	-	3,947	2,524	'02.12~'03.3
	기업PR	60	31	1~31	2.2	14	4	1	1	-	11,956	6,735	'02.4~'03.3
GM대우	칼로스다이아몬드	758	448	1~31	5.4	83	58	37	24	16	1,735	1,060	'03.2~3
	Big-zero	646	393	12~31	5.0	79	53	34	20	12	646	393	'03.3
기아	오피러스	1,895	1,341	1~31	14.5	93	84	75	66	56	2,536	1,743	'03.1~3
	카니발2										1,082	854	'03.1~3
	기업PR	549	289	1~31	3.8	76	41	21	11	6	1,714	1,001	'03.2~3
쌍용	체어맨	305	165	1~31	2.6	63	24	8	3	2	2,262	1,459	'02.7~'03.3
	렉스턴	505	421	1~31	5.1	82	57	35	21	13	2,802	1,904	'02.11~'03.3
르노삼성	SM5	1,142	686	1~31	7.6	90	71	56	42	31	1,873	1,102	'03.2~3

자료원 : **Nielsen Media Research**

NEWSPAPER ANALYSIS

회사별 신문 카테고리별 집행추이 분석

- **전반적으로 현대와 기아가 기타 종합지의 집행횟수와 점유율이 경쟁사 대비 높은 경향**
  - 기아 **45%**, 현대 **42%**, 쌍용 **39%**, 르노삼성 **30%**, GM대우 **17%** 순
- **현대의 상대적 낮은 3대 종합지 점유율과 GM대우의 높은 스포츠지 점유율**

	현대			GM대우			기아			쌍용			르노삼성			합계
	집행횟수	%	점유율	집행횟수	%	점유율	집행횟수	%	점유율	집행횟수	%	점유율	집행횟수	%	점유율	
조선	3	5%	17%	7	15%	39%	3	5%	17%	2	4%	11%	3	11%	17%	18
동아	3	5%	17%	6	13%	33%	4	7%	22%	3	6%	17%	2	7%	11%	18
중앙	3	5%	17%	5	10%	28%	4	7%	22%	3	6%	17%	3	11%	17%	18
기타	23	42%	27%	8	17%	9%	27	45%	31%	20	39%	23%	8	30%	9%	86
매경	3	5%	33%	1	2%	11%	3	5%	33%	2	4%	22%		0%	0%	9
한경	3	5%	38%	1	2%	13%	2	3%	25%	2	4%	25%		0%	0%	8
기타	6	11%	23%	2	4%	8%	10	17%	38%	6	12%	23%	2	7%	8%	26
스포츠지	6	11%	13%	17	35%	37%	7	12%	15%	11	22%	24%	5	19%	11%	46
지방지	4	7%	44%	1	2%	11%		0%	0%	2	4%	22%	2	7%	22%	9
영자지	1	2%	33%		0%	0%		0%	0%		0%	0%	2	7%	67%	3
합계	55	100%	23%	48	100%	20%	60	100%	25%	51	100%	21%	27	100%	11%	241

- 기아자동차의 문화일보, 대한매일 돌출광고분 분석대상에서 제외[이후 동일한 기준 적용]
- 상용, 트럭, 특장차, 공고는 분석대상에서 제외

자료원 : KADD

NOTE

브랜드별 집행추이 분석

- 현대 뉴**EF**쏘나타와 싼타페 경우 기타 종합지의 비중 축소와 **3**대지 비중 확대 필요
- 현대가 뉴**EF**쏘나타와 싼타페의 고른 집행을 한 반면 **GM**대우는 **Big-Zero** 세일 캠페인에 집중
- 기아 오피러스 경우 주요 경제지 확대와 기타 종합지 횟수 축소 필요

회사명	상품명	조선	동아	중앙	기타	매경	한경	기타	스포츠지	지방지	영자지	합계
현대	다이너스티	1	1	1	2	1	1					7
	뉴그랜저 **XG**				3							3
	뉴**EF**쏘나타	1	1	1	8	1	1	3		4		20
	클릭								6			6
	싼타페	1	1	1	10	1	1	3			1	19
	합계	3	3	3	23	3	3	6	6	4	1	55
GM대우	캐딜락	1	1									2
	SAAB	3	3	2								8
	칼로스	1		1	1				6			9
	Big-Zero	2	2	2	7	1	1	2	11	1		29
	합계	7	6	5	8	1	1	2	17	1	-	48
기아	오피러스	2	3	3	16	3	2	8				37
	옵티마											-
	리갈											-
	리오**SF**											-
	카니발											-
	쏘렌토											-
	기업**PR**	1	1	1	11			2	7			23
	합계	3	4	4	27	3	2	10	7	-	-	60
쌍용	렉스턴	1	1	1	9	1	1	3	5	1		23
	코란도	1	1	1	9	1	1	3	6	1		24
	리멤버서비스		1	1	2							4
	합계	2	3	3	20	2	2	6	11	2	-	51
르노삼성	SM3	3	2	3	8			2	5	2	2	27
	합계	3	2	3	8	-	-	2	5	2	2	27
총 계		18	18	18	86	9	8	26	46	9	3	241

자료원 : **KADD**

NOTE

브랜드별 광고효과 분석

- 현대 경우 뉴그랜저**XG**와 클릭을 제외하고 **3개** 브랜드가 도달률 **40%** 이상 달성
- **GM**대우는 판촉 캠페인 **Big-Zero**와 수입차 **SAAB**에 집중 결과 각각 **50%** 이상의 높은 도달률 달성

회사명	상품명	소구대상층	광고비 (천원)	집행 횟수	GRPs	Avg. Freq.	Reach	Effective Reach			
								2+	3+	4+	5+
현대	다이너스티	50대	344,379	7	52	1.3	40	11	1	-	-
	뉴그랜저XG	45-59세	44,539	3	5	1.3	4	1	-	-	-
	뉴EF쏘나타	30-44세	712,816	20	82	1.5	54	22	5	1	-
	클릭	25-34세	122,654	6	29	1.5	19	9	2	-	-
	싼타페	30-44세	752,009	19	86	1.6	55	23	6	1	-
GM대우	캐딜락	50대	23,588	2	31	1.1	29	3	-	-	-
	SAAB	45-59세	189,908	8	138	2.6	53	40	28	14	6
	칼로스	25-34세	273,614	9	64	1.5	42	18	4	1	-
	Big-Zero	20-59세	978,881	29	160	2.7	60	49	30	13	5
기아	오피러스	50대	1,396,709	37	159	3.0	53	44	32	19	9
	옵티마	30-44세									
	리갈	30-44세									
	리오SF	25-34세									
	카니발	30-49세									
	쏘렌토	30-44세									
	기업PR	20-59세	787,824	23	91	1.8	51	27	9	2	-
쌍용	렉스턴	35-49세	496,730	23	105	1.8	58	32	11	3	-
	코란도	30-44세	500,615	24	105	1.8	58	32	11	3	-
	리멤버서비스	20-59세	231,159	4	37	1.2	32	5	-	-	-
르노삼성	SM3	30-44세	845,193	27	189	2.7	69	54	38	21	9

- 인쇄매체는 광고 사이즈와 관계없이 적용 구독률이 동일하기 때문에 **CPP** 평가 무의미

자료원 : 한국리서치 **Media Index '02-3R**

NOTE

Chapter 17

매체기획안 사례

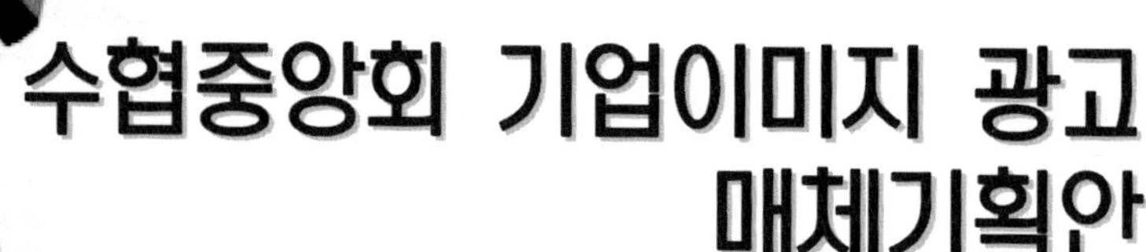

Sep.,2006

4대매체 광고비 집행결과 평가

분석 기간: '05년 9월-'06년 8월

주요 분석대상: 기업,국민,신한,외환,우리,SC제일

❖ **12개월간 은행 업종의 기업PR 광고비 분석 결과, 총 363억 규모 집행**

- 기업은행을 포함한 6개사가 334억으로 92% 수준 광고량 점유
- 국민은행이 37%로 업계 광고비 1위 차지
  - 기업 경우 21억인 6%로 5위 수준

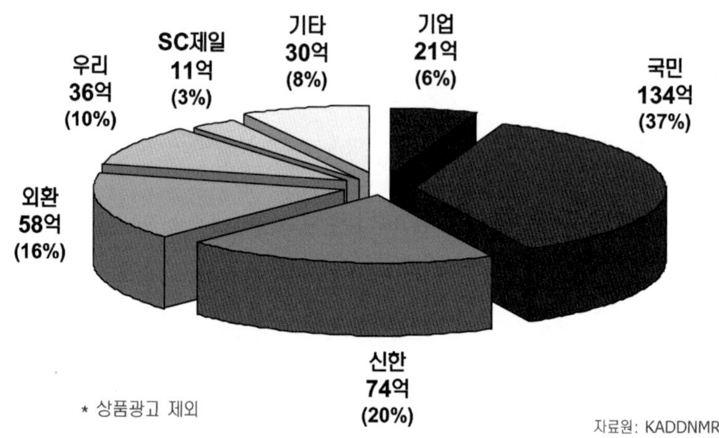

NOTE

❖ **12개월간 미디어믹스 분석결과, TV중심의 기업PR광고 전개**

- 6개사 평균 TV매체 96% 집중
  - 우리,외환을 제외한 업체 경우, 연계물 수준으로의 라디오 병행
- 은행업종 경우, 상품광고는 신문 위주로 전개

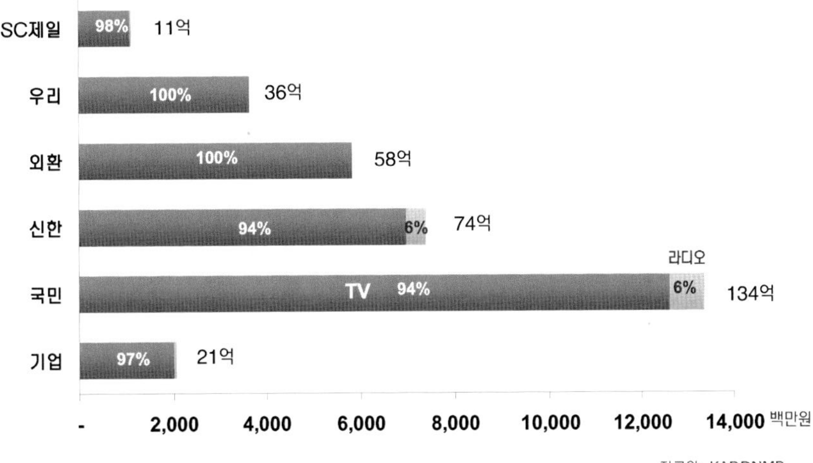

NOTE

❖ **월별 광고량 흐름 분석 결과, TV중심으로 전개되면서 각 사별 캠페인 스케줄에 따른 전략적 시점 위주의 운영 양상**

- 국민은 '05년 12월 '새로운 사랑법' 캠페인 전개, '06년 5~6월 월드컵관련 응원체조 캠페인 집중적 운영
- 외환은 1월 이영표, 7월 하인스워드를 모델로 한 기업PR 캠페인 전개

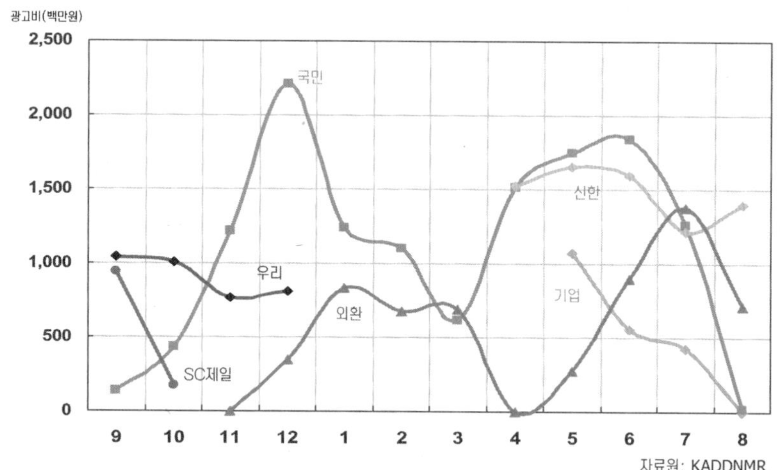

NOTE

TV매체 효과 및 효율성 평가

분석 기간: '05년 9월-'06년 8월
주요 분석대상: 기업,국민,신한,외환,우리,SC제일

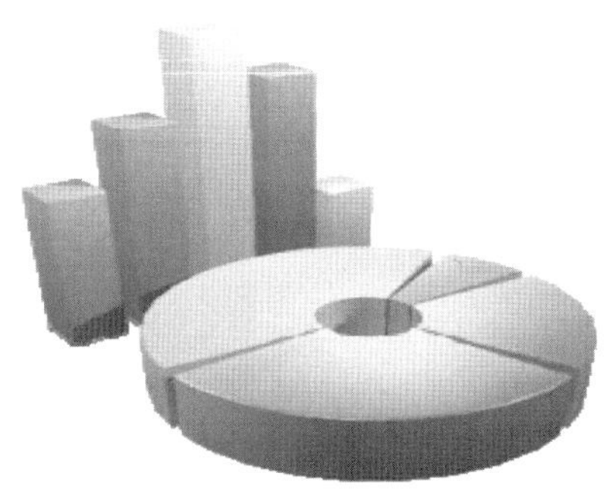

❖ **효과적 차원에서 12개월간 국민,신한이 각 50회,36회 평균노출빈도로 우세**

❖ **효율성 면에서 2개 년에 걸쳐 평균 220만원대의 동일한 수준의 효율성 기록**

- 외환은 '06년 경우 전년대비 47만원 효율성 개선
- '05년 하반기에 제한적으로 운영한 SC제일이 6개사 평균대비 36만원 효율적 운영

주 소구대상층 남녀 20-64세 기준

		광고비 (천원)	횟수	GRPs	Reach (%)	ER(3+) (%)	A.F. (회)	Avg. Rating	CPP (천원)
기업	'05년								
	'06년	1,776,593	321	726	76	63	9.5	2.3	2,448
	소계	1,776,593	321	726	76	63	9.5	2.3	2,448
국민	'05년	3,593,564	589	1,393	69	62	20.3	2.4	2,580
	'06년	8,152,613	1,502	3,421	96	92	35.8	2.3	2,383
	소계	11,746,177	2,091	4,814	97	93	49.7	2.3	2,440
신한	'05년								
	'06년	6,528,656	1,313	3,199	89	82	35.9	2.4	2,041
	소계	6,528,656	1,313	3,199	89	82	35.9	2.4	2,041
외환	'05년	332,442	45	127	45	19	2.8	2.8	2,626
	'06년	4,853,946	811	2,254	95	89	23.7	2.8	2,153
	소계	5,186,388	856	2,381	95	89	25.1	2.8	2,178
우리	'05년	3,556,661	706	1,787	70	65	25.5	2.5	1,990
	'06년								
	소계	3,556,661	706	1,787	70	65	25.5	2.5	1,990
SC제일	'05년	995,580	201	537	59	45	9.1	2.7	1,853
	'06년								
	소계	995,580	201	537	59	45	9.1	2.7	1,853
합계	'05년	8,478,247	1,541	3,844				2.5	2,206
	'06년	21,311,808	3,947	9,600				2.4	2,220
	소계	29,790,055	5,488	13,444				2.4	2,216

자료원: AGB Nielsen Media Research

NOTE

❖ **평균노출빈도 분석결과, 12개월간 6개 업체 노출빈도 월평균 6.2회 수준**

  ▪ 전형적인 pulsing 운영형태의 국민 경우, 2개월에 한해 이론적 적정 노출범위 이탈
  ▪ 6개 업체 월간 평균치 추이결과, 모든 달에 걸쳐 이론적 적정범위 내 노출빈도 형성

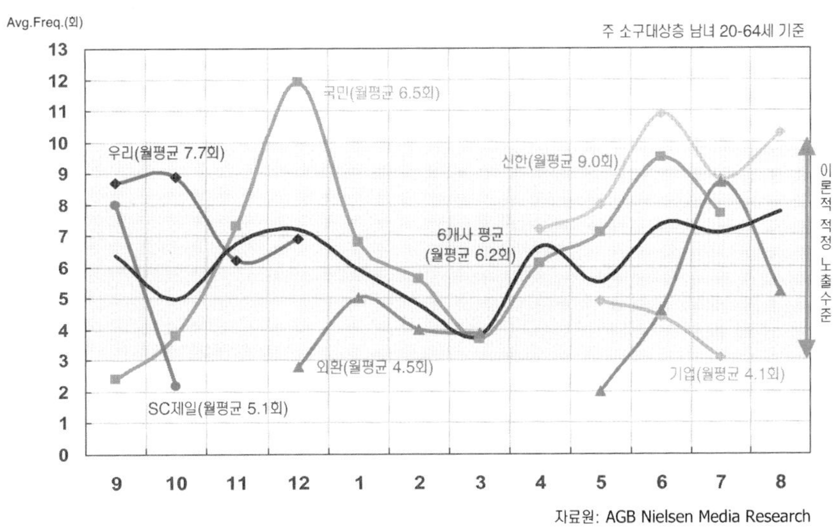

NOTE

❖ **방송사별 효율성 분석결과, 6개 업체 전체기준 SBS 201만원으로 가장 효율적**

- 6개 업체 전체기준, SBS 경우 광고 투입량 29% 대비 GRPs 32%로 우수
- 우리,SC제일 제외하고 전반적으로 KBS2에서 투입량 대비 낮은 효과 발생

단위:광고비(백만원),CPP(천원)　　　　　　　　　　　　　　주 소구대상층 남녀 20-64세 기준

	방송사	광고비		GRPs		CPP
기업	KBS2	195	11%	64	9%	3,052
	MBC	1,037	58%	427	59%	2,431
	SBS	543	31%	235	32%	2,312
	소계	1,773	100%	726	100%	2,447
국민	KBS2	4,081	35%	1,506	31%	2,710
	MBC	4,279	36%	1,826	38%	2,344
	SBS	3,384	29%	1,482	31%	2,284
	소계	11,746	100%	4,814	100%	2,440
신한	KBS2	2,460	38%	1,117	35%	2,203
	MBC	2,320	36%	1,036	32%	2,240
	SBS	1,747	27%	1,046	33%	1,671
	소계	6,528	100%	3,199	100%	2,041
외환	KBS2	1,734	33%	711	30%	2,440
	MBC	1,883	36%	840	35%	2,242
	SBS	1,568	30%	829	35%	1,892
	소계	5,186	100%	2,381	100%	2,179
우리	KBS2	1,245	35%	701	39%	1,777
	MBC	1,180	33%	528	30%	2,236
	SBS	1,130	32%	558	31%	2,026
	소계	3,556	100%	1,787	100%	1,990
SC제일	KBS2	319	32%	177	33%	1,818
	MBC	363	36%	192	36%	1,881
	SBS	312	31%	168	31%	1,861
	소계	995	100%	537	100%	1,854
합계	KBS2	10,034	34%	4,276	32%	2,348
	MBC	11,062	37%	4,849	36%	2,282
	SBS	8,684	29%	4,318	32%	2,012
	소계	29,780	100%	13,444	100%	2,216

자료원: AGB Nielsen Media Research

NOTE

❖ **시급별 분석결과, B급 효율성 135만원으로 전체 평균대비 86만원 효율적 집행**

- 효율성 차원에서 연계물 선택시 양질의 B급 프로그램 확보 필요
  - 향후 수협 캠페인 전개시 시간대별 효율성 평가자료 근거한 구매전략 적용
- 타 업체 대비 효율성이 우수한 SC제일 경우, SA,A급에서 상대적 우위

단위:광고비(백만원),CPP(천원)

주 소구대상층 남녀 20-64세 기준

방송사별	시급별	기업			국민			신한			외환			우리			SC제일			합계		
		광고비	GRPs	CPP	광고비	GRPs	CPP	광고비	GRPs	CPP	광고비	GRPs	CPP	광고비	GRPs	CPP	광고비	GRPs	CPP	광고비	GRPs	CPP
KBS2	SA	135	32	4,246	2,541	884	2,875	1,200	437	2,747	1,010	402	2,513	622	313	1,988	168	98	1,722	5,679	2,166	2,622
	A	57	31	1,869	901	319	2,827	849	415	2,048	488	220	2,220	280	130	2,157	92	49	1,890	2,671	1,164	2,295
	B	1	1	1,560	367	202	1,820	383	259	1,479	119	56	2,142	305	229	1,336	38	18	2,116	1,216	765	1,590
	C				270	100	2,703	26	6	4,450	115	35	3,312	36	29	1,269	20	12	1,706	470	182	2,583
	소계	195	64	3,052	4,081	1,505	2,712	2,460	1,117	2,203	1,734	711	2,433	1,245	701	1,777	319	177	1,807	10,037	4,275	2,347
MBC	SA	501	180	2,784	2,787	996	2,799	1,638	602	2,722	1,264	503	2,515	782	280	2,794	267	122	2,190	7,241	2,683	2,699
	A	150	67	2,242	813	391	2,082	442	206	2,149	276	159	1,741	254	124	2,052	45	22	2,062	1,983	969	2,047
	B	60	46	1,325	304	235	1,297	178	166	1,075	137	98	1,402	68	55	1,249	43	41	1,060	793	641	1,238
	C	325	133	2,448	373	203	1,839	61	63	970	204	80	2,554	74	70	1,069	7	7	1,006	1,046	556	1,882
	소계	1,037	426	2,436	4,279	1,825	2,345	2,320	1,036	2,238	1,883	840	2,242	1,180	529	2,231	363	192	1,891	11,065	4,848	2,282
SBS	SA	417	172	2,425	2,284	906	2,522	1,178	601	1,961	970	493	1,968	764	328	2,332	201	82	2,455	5,817	2,582	2,253
	A	62	20	3,126	670	358	1,874	310	152	2,044	406	237	1,715	284	136	2,088	72	47	1,535	1,806	950	1,902
	B	53	39	1,373	221	117	1,893	229	270	851	107	72	1,493	77	83	935	33	31	1,085	723	612	1,182
	C	10	4	2,567	207	101	2,055	28	23	1,232	84	27	3,115	4	10	414	5	8	695	339	173	1,965
	소계	543	235	2,312	3,384	1,482	2,284	1,747	1,046	1,671	1,568	829	1,892	1,130	557	2,030	312	168	1,861	8,687	4,317	2,012
합계	SA	1,054	384	2,745	7,614	2,786	2,733	4,017	1,640	2,450	3,245	1,398	2,321	2,169	921	2,356	637	302	2,110	18,738	7,431	2,522
	A	270	118	2,294	2,386	1,068	2,235	1,603	773	2,074	1,171	616	1,902	818	390	2,100	210	118	1,780	6,461	3,083	2,096
	B	116	86	1,349	894	554	1,614	791	695	1,138	364	226	1,615	452	367	1,232	115	90	1,280	2,733	2,018	1,355
	C	335	137	2,451	851	404	2,107	116	92	1,263	404	142	2,848	115	109	1,062	33	27	1,225	1,856	911	2,038
	소계	1,776	726	2,448	11,746	4,814	2,440	6,528	3,199	2,041	5,186	2,381	2,178	3,556	1,787	1,990	995	537	1,853	29,790	13,444	2,216

자료원: AGB Nielsen Media Research

NOTE

❖ **광고 유형별 분석결과, 정규물 대비 SB의 효율성 100만원 수준 저렴**

- 6개 업체 전체 정규물 광고비 대비 SB 광고비 18% 수준 투입결과, 정규물 대비 SB 획득 GRPs 31% 수준 기록
  - 향후 수협 프로그램 구매시 SB의 비중 확대 필요

단위:광고비,CPP(천원) 주 소구대상층 남녀 20-64세 기준

		기업	국민	신한	외환	우리	SC제일	합계
정규	광고비	1,064,400	7,033,301	5,192,683	2,763,599	2,447,309	621,331	19,122,623
	GRPs	366	2,588	2,375	1,147	1,233	308	8,017
	CPP	2,908	2,718	2,186	2,409	1,985	2,017	2,385
SB	광고비	59,543	1,542,822	520,580	721,677	438,338	149,313	3,432,273
	GRPs	60	1,015	427	554	291	140	2,487
	CPP	992	1,520	1,219	1,303	1,506	1,067	1,380
특집	광고비	652,650	2,777,279	815,393	1,701,112	671,014	224,936	6,842,384
	GRPs	299	942	397	679	263	89	2,669
	CPP	2,183	2,948	2,054	2,505	2,551	2,527	2,564
시보	광고비		392,775					392,775
	GRPs		269					269
	CPP		1,460					1,460
합계	광고비	1,776,593	11,746,177	6,528,656	5,186,388	3,556,661	995,580	29,790,055
	GRPs	726	4,814	3,199	2,381	1,787	537	13,444
	CPP	2,448	2,440	2,041	2,178	1,990	1,853	2,216

자료원: AGB Nielsen Media Research

NOTE

❖ **6개 업체 전체 기준, 15초 광고 CPP 242만원 대비 30초 경우 80만원 효율적**

- 정규물,특집의 15초 대 20,30초의 SB 효율성 격차의 현주소
  - 분석결과, 20초 광고경우 15초 광고대비 104만원 저렴

단위:광고비,CPP(천원)　　　　　　　　　　　　　　　　　　　　　주 소구대상층 남녀 20-64세 기준

		기업	국민	신한	외환	우리	SC제일	합계
10"	광고비		392,775					392,775
	GRPs		269					269
	CPP		1,460					1,460
15"	광고비	1,717,050	9,612,891	6,008,076	4,460,933	3,118,323	846,267	25,763,540
	GRPs	665	3,478	2,772	1,824	1,496	397	10,632
	CPP	2,582	2,764	2,167	2,446	2,084	2,132	2,423
20"	광고비	59,543	1,286,157	488,274	464,140	340,008	149,313	2,787,435
	GRPs	60	835	384	392	210	140	2,021
	CPP	992	1,540	1,272	1,184	1,619	1,067	1,379
30"	광고비		454,354	32,306	261,315	98,330		846,305
	GRPs		232	43	164	81		520
	CPP		1,958	751	1,593	1,214		1,628
합계	광고비	1,776,593	11,746,177	6,528,656	5,186,388	3,556,661	995,580	29,790,055
	GRPs	726	4,814	3,199	2,381	1,787	537	13,444
	CPP	2,448	2,440	2,041	2,178	1,990	1,854	2,216

자료원: AGB Nielsen Media Research

NOTE

4/4분기 매체기획 안

❖ 캠페인 기간 '06년 10월 중순-12월말 3개월간

❖ 주 소구대상층 20-64세 경제활동 남녀
  - 핵심 소구대상층 40-59세 경제활동 남녀

❖ 공중파 TV중심의 CATV,라디오,신문매체 운영

❖ 캠페인 매체 가용 예산(부가세 포함) 20억원
  - 신문매체 활용시 7.8천만원 추가

NOTE

❖ 주 소구대상층 20-64세에게 월간 8회 정도의 광고를 보도록 하여 수협의 인지도 증대와 동시에 호의도 확대에 기여하는 것

- 목표 월평균노출빈도 수준 8회 중 TV매체로 5-6회 달성
  - 6개 주요 은행의 12개월 TV매체 월 평균노출빈도 6.2회 수준
- 전략 매체 활용통한 추가 2-3회 보완 목표
- 핵심 소구대상층인 40-59세 경우, 높은 매체 접촉도에 따른 월간 8-9회 달성 목표

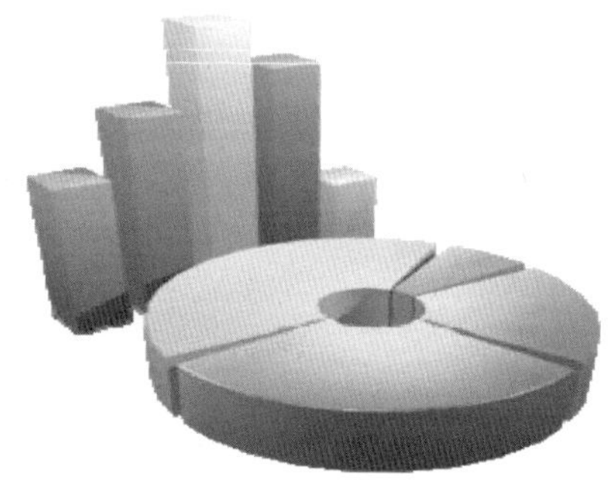

NOTE

❖ **매체효과 예측모델 적용결과, 주 소구대상층인 20-64세 대상 모든 매체 접촉을 통해 월평균 8회 수준의 광고노출 적합**

- 월 평균 8회의 광고를 볼 때 주 소구대상층의 80%가 수협광고를 1회 이상 보게 되는 셈
- 예측모델 적용결과 핵심 소구대상층 40-59세 경우, 동일한 예산투입시 정보추구적 성향 으로 월평균 노출빈도 8-9회,도달률 90% 달성 가능

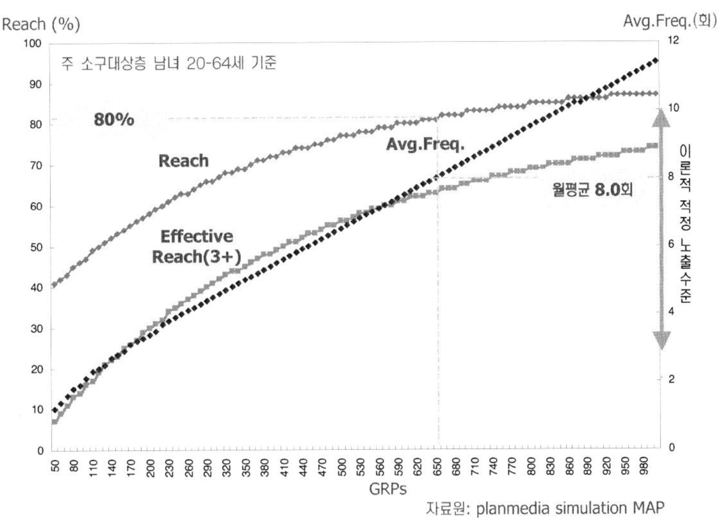

NOTE

❖ **주 소구대상층과 핵심층의 매체 접촉도 분석결과, TV 90%대의 높은 접촉 경향**

- 주 소구대상층 접촉률 경우, TV>CATV>인터넷>일간신문 순
  - 인터넷 경우, 주 소구대상층 대비 핵심층의 접촉률 격차와 이미지 중심의 캠페인 성향상 배제

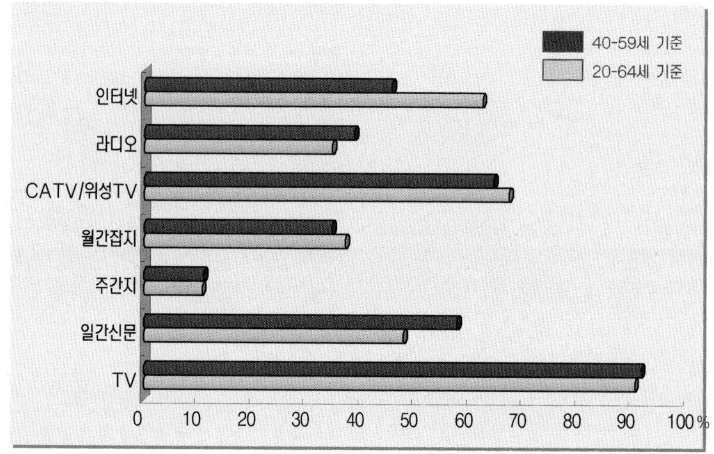

자료원: 한국리서치 Telmar '06-2R

NOTE

- ❖ **미디어 특성별 5점 척도분석 결과, 3-4개 부문에서 4점 이상 점수 획득한 TV, CATV 위주의 활용 바람직**
  - 수협의 단기적 캠페인 고려한 도달률,빈도 우위의 매체 운영 필요
    - 신문 경우, 높은 도달률 감안 캠페인 초기 제한적 운영
  - 동영상 매체인 TV,CATV 경우 이미지 부문에서 4점으로 타 매체 대비 높은 점수획득
  - 효율성과 노출빈도 강화 차원에서 라디오 매체 운영 추천

	도달률	빈도	타겟 선별성	효율성	이미지
TV	5	3	2	4	4
신문	4	1	3	1	1
라디오	2	5	3	4	1
잡지	2	5	3	1	2
CATV	3	4	5	4	4
인터넷	4	2	5	3	1

단위: 5점 척도

자료원: KOBACO MCR 2005

NOTE

❖ **미디어 광고효과 분석결과, TV매체가 기업 상기도와 긍정적 이미지 형성에 우수**

- 인지도 증대와 호의도 확대 목적의 수협 캠페인 전개시 TV매체 위주 활용 필수

	TV	라디오	신문	잡지	인터넷	CATV 위성TV
신제품 정보인지	4.6	3.2	3.7	3.4	4.2	3.3
제품특성 파악	4.2	3.0	3.5	3.3	4.1	3.2
기업,제품 상기도 유지	4.6	3.1	3.4	3.2	3.8	3.2
기업,제품 긍정적 이미지	4.5	3.1	3.5	3.2	3.7	3.2

자료원: KOBACO MCR 2005

NOTE

미디어믹스 전략 - Media Mix & Role

❖ **TV매체 중심의 전략매체 활용과 매체별 명확한 역할 설정**

  ▪ 주요 6개 은행의 미디어믹스 패턴 등 4가지 매체자료 평가결과, 주 소구대상층과 핵심층 기준 수협의 인지도 증대와 호의도 확대 위한 TV매체 중심의 전략매체 병행

TV

높은 도달률과 빈도 확보 가능,
가장 영향력 높은 매체,
수협의 기업PR광고 전개시
신속한 메시지 전달 효과,
기업 인지도와 호의도 증대 목적

CATV 공중파 TV의 노출량 보완통한 노출빈도 확대,

폭넓은 소구대상층 고려한 그룹별 차별적 선호채널 운영

라디오 메시지 반복노출통한 인지도와 호의도 증대,

연계매체에서 탈피, 전략 매체로 양질의 프로그램 확보

신문 TV광고 방영 이전의 유일한 대안 매체 :TV광고 제작기간과 심의,청약기간 감안

노출횟수 확대로 TV광고 이전의 부족한 노출력 극복

NOTE

❖ **3개월의 단기 캠페인 기간 고려한 집중 형태의 광고 전개**

- 현재 진행 스케줄상 TV광고 제작기간과 심의,청약기간 고려할 때 11월부터 On-air 가능
- 10월 중순부터의 캠페인 전개와 TV광고 운영제약 등으로 캠페인 초기시점 물량 축소 불가피
  - 캠페인 초기에 한해 신문매체통한 노출력 극복
- 상기도와 인지도 강화 차원에서 기업 이미지광고 경우, 이후 지속적 노출 필요

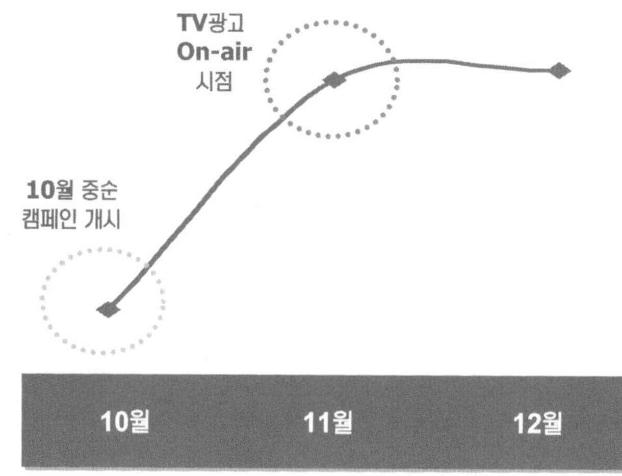

NOTE

❖ **목표 총 월평균 노출빈도 8회 중 TV매체에서 5-6회 달성목표 설정**

- 월평균 노출빈도 5.5회 수준 달성시 월간 405 GRPs, 도달률 73% 획득 예상
  - 주요 6개 업체 12개월간 월 평균노출빈도 수준 6.2회
- 주 소구대상층 20-64세 대상 목표 CPP 수준 190만원 설정
  - 주요 6개 업체 12개월 평균 220만원 수준대비 30만원 개선 목표

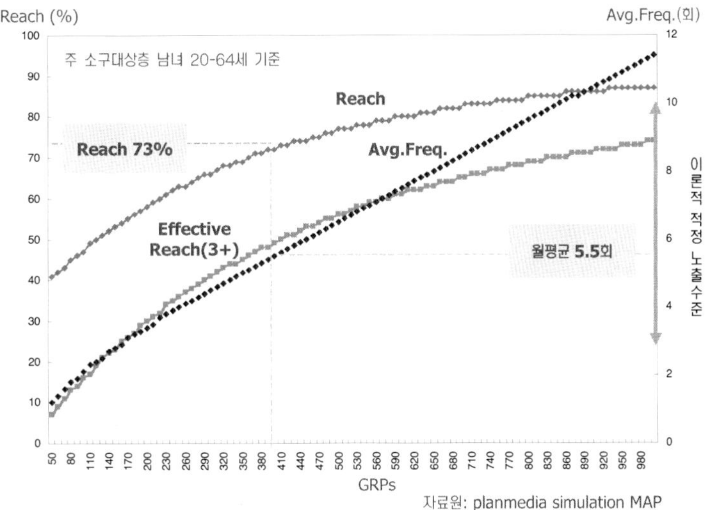

❖ **월 7.7억원 투입시 월간 노출빈도 5.6회 수준 달성 가능**

- TV광고 제작기간과 심의,청약기간 고려한 11월부터 동일한 예산규모의 광고 전개
- 2개월 총 9.7회 노출빈도, 85% 도달률, 814 GRPs 획득 가능
- 단기간 운영에 따른 수시물 중심의 구매
- 캠페인 기간 총 15.5억원 예산 할당, 부가세 포함 총 17.0억원 소요

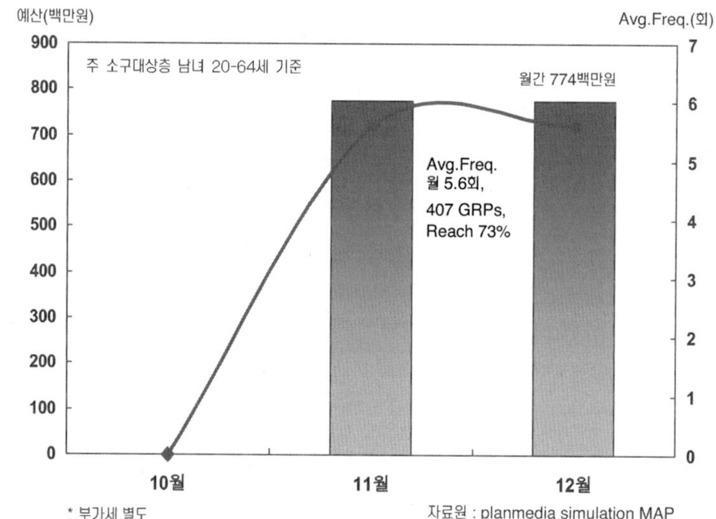

NOTE

❖ 최근 2개월간 방송3사 전체 정규물,SB 광고 시청률과 효율성 분석결과, 광고 평균 시청률 2.3%,효율성 179만원 수준

- 평균치대비 높은 시청률의 노란색 주요 시간대 프로그램 우선적 구매
- 시청률과 효율성 우수한 분홍색 시간대 프로그램을 가능한 연계물로 소화

단위:Rating(%),CPP(천원)　　　　　　　　주 소구대상층 남녀 20-64세 기준

방송 3사 평균

	MON		TUE		WED		THU		FRI		SAT		SUN		AVG.	
	Rating	CPP	Rating	CPP	Rating	CPP	Rating	CPP	Rating	CPP	Rating	CPP	Rating	CPP	Rating	CPP
5:00	1.7	461	0.7	1,608	1.2	681	1.5	669	1.3	555	1.0	940	1.1	825	1.2	815
6:00	1.2	1,109	1.1	1,124	1.3	1,047	1.3	952	1.2	1,123	0.9	1,324	0.9	1,002	1.1	1,094
7:00	2.4	683	2.4	726	2.4	689	2.4	697	2.3	702	1.9	901	1.6	837	2.3	726
8:00	2.2	1,192	2.3	1,142	2.3	1,208	2.2	1,208	2.2	1,258	2.2	1,254	2.4	1,483	2.3	1,282
9:00	2.0	1,251	2.1	1,200	2.2	1,113	1.9	1,324	1.8	1,371	2.3	1,205	2.7	1,759	2.1	1,297
10:00	1.3	1,059	1.4	1,008	1.4	1,125	1.2	1,175	1.3	1,061	1.8	1,760	2.7	1,981	1.8	1,587
11:00	1.0	1,008	1.0	1,065	1.1	1,072	1.0	1,133	0.9	998	1.9	1,577	2.2	1,785	1.3	1,350
12:00	1.2	890	1.0	981	1.0	1,173	0.9	1,295	0.8	1,187	1.7	1,531	2.5	1,834	1.5	1,507
13:00	1.0	944	0.8	1,162	0.8	1,671	0.8	1,543	0.8	974	1.5	1,985	2.3	1,913	1.5	1,773
14:00	0.8	1,015	0.7	1,095	0.7	1,222	0.7	1,281	0.6	1,355	1.9	1,432	2.3	1,813	1.4	1,523
15:00	0.8	955	0.6	1,834	0.5	1,475	0.6	1,386	0.6	1,440	2.0	1,907	2.4	1,993	1.7	1,873
16:00	0.6	1,640	0.6	1,518	0.4	2,716	0.3	2,029	0.5	1,888	1.7	2,034	2.2	2,367	1.3	2,202
17:00	1.3	1,165	1.4	1,083	1.3	1,006	1.3	1,144	1.0	1,164	2.1	3,040	3.0	2,861	1.8	2,140
18:00	1.5	1,806	1.6	1,561	1.5	1,565	1.4	1,883	1.4	2,005	3.5	2,579	1.3	5,198	2.0	2,137
19:00	2.0	2,440	2.3	2,345	2.2	2,256	2.2	2,266	2.2	2,501	5.4	1,933	5.8	1,796	3.1	2,109
20:00	2.9	2,796	2.7	2,975	2.9	2,703	3.1	2,604	2.7	2,895	4.0	2,439	4.6	2,180	3.4	2,564
21:00	3.9	2,298	3.8	2,422	4.6	2,057	4.9	1,946	3.8	2,356	4.0	2,280	4.1	2,379	4.2	2,201
22:00	3.6	2,308	2.9	2,889	4.4	2,412	4.4	2,384	3.4	2,229	3.5	2,584	4.0	2,230	3.8	2,386
23:00	3.4	2,156	4.2	1,830	3.5	2,011	4.4	1,759	3.6	1,995	2.7	1,829	3.0	1,658	3.7	1,895
24:00	1.5	1,249	1.7	1,229	1.4	1,376	1.7	1,168	2.4	1,586	1.8	1,415	1.7	1,518	1.7	1,355
25:00	1.4	916	1.1	1,443	1.1	1,445	1.0	1,234	0.8	1,571	1.0	1,304	0.9	1,216	0.9	1,347
AVG.	2.0	1,652	2.1	1,654	2.1	1,648	2.3	1,661	2.1	1,788	2.5	1,928	2.9	2,038	2.3	1,797

자료원 : planmedia pattern MAP

NOTE

❖ **아침 8시대와 일요일 저녁 시간대, 프로그램 시청률과 효율성 면에서 우수**

- 상대적 높은 시청률의 해피선데이,부부클리닉,아침드라마 등 구매
- 시청률과 효율성 우수한 시사투나잇,아침뉴스타임,아침과 저녁시간대 SB 구매 추천

단위:Rating(%),CPP(천원)　　　　　　　　　주 소구대상층 남녀 20-64세 기준

	MON Rating	MON CPP	TUE Rating	TUE CPP	WED Rating	WED CPP	THU Rating	THU CPP	FRI Rating	FRI CPP	SAT Rating	SAT CPP	SUN Rating	SUN CPP	AVG. Rating	AVG. CPP
5:00			0.7	1,929	1.2	900	1.0	1,185	0.8	1,350	0.8	1,620			0.8	1,573
6:00	1.4	1,305	1.3	1,431	1.7	1,093	1.6	1,098	1.5	1,247	1.2	1,422	1.4	1,196	1.5	1,239
7:00	1.9	938	1.9	989	2.2	864	1.7	1,057	1.7	1,126	1.7	1,990	1.5	2,209	1.8	1,166
8:00	2.5	936	2.7	881	3.0	1,045	2.6	1,158	2.5	1,291	2.7	1,593	1.5	3,625	2.5	1,440
9:00	2.3	1,377	2.6	1,182	2.4	1,242	2.1	1,427	2.1	1,473	1.8	2,089	1.0	4,863	2.2	1,470
10:00	1.0	1,849	1.8	1,097	1.0	1,948	0.9	2,225	1.0	1,804	1.6	2,317	1.2	3,910	1.3	2,255
11:00	1.2	939	1.4	800	0.6	2,268	0.7	1,949	1.0	1,142	1.9	1,910	1.7	2,750	1.3	1,913
12:00	0.8	1,948	1.1	1,108	0.5	3,788	0.6	3,311	0.5	2,374	1.9	1,713	1.6	3,124	1.4	2,031
13:00	0.9	1,221	1.0	1,209	0.8	2,900	0.8	2,439	0.7	2,355	1.5	2,525	2.0	2,454	1.4	2,384
14:00	0.7	2,140	0.7	2,105	0.7	2,068	0.6	2,382	0.5	1,962	2.0	1,754	2.4	2,086	1.7	1,970
15:00	0.8	1,322	0.6	1,982	0.7	1,401	0.8	1,313	0.7	1,366	2.4	1,531	2.8	1,787	2.3	1,662
16:00	0.5	3,094	0.3	4,590	0.5	3,291	0.5	3,121	0.3	3,209	1.8	2,799	1.7	3,543	1.4	3,313
17:00	0.5	4,255	0.7	2,281	0.6	2,376	0.6	3,114	0.7	2,990	2.3	3,250	3.3	2,610	2.6	2,724
18:00	0.8	2,566	0.8	2,119	0.7	1,947	0.7	2,138	0.8	2,214	4.4	2,169			2.6	2,179
19:00	2.0	2,524	2.4	2,032	2.2	2,281	2.5	2,012	1.9	2,276	8.3	1,401	8.6	1,350	4.5	1,640
20:00	2.1	2,833	1.9	3,074	1.9	3,007	2.0	3,163	1.9	3,164	4.5	2,205	5.4	1,917	3.3	2,366
21:00	2.7	3,190	2.4	3,923	3.2	2,885	3.4	2,786	3.6	2,556	3.8	2,684	6.0	1,763	3.1	2,923
22:00	2.8	3,717	2.1	2,421	3.7	2,842	4.0	2,644	4.7	2,267	3.0	2,752	3.9	2,320	3.6	2,462
23:00	2.0	3,420	4.8	1,780	2.8	2,509	4.1	2,061	4.3	2,030	2.4	2,015	3.6	1,059	3.9	1,998
24:00	1.3	1,582	2.3	931	1.1	1,842	1.7	1,239	2.8	1,666	1.6	1,822	1.5	1,319	1.8	1,470
25:00	0.9	1,533	1.4	1,378	1.2	1,316	0.9	1,585					0.8	1,856	1.0	1,555
AVG.	1.7	1,942	2.3	1,704	1.8	1,947	2.0	1,982	2.3	1,974	2.8	1,966	3.2	2,149	2.4	1,975

자료원 : planmedia pattern MAP

NOTE

❖ **아침 7시대와 월.화요일 밤 시간대,일요일 낮 시간대, 시청률과 효율성 면에서 우수**

- 상대적 높은 시청률의 2149SB,뉴스데스크,일요일일요일밤에,PD수첩 등 구매
- 시청률과 효율성 우수한 아침드라마,공감특별한세상 등 추천

단위:Rating(%),CPP(천원)　　　　　　　　주 소구대상층 남녀 20-64세 기준

	MON		TUE		WED		THU		FRI		SAT		SUN		AVG.	
	Rating	CPP	Rating	CPP	Rating	CPP	Rating	CPP	Rating	CPP	Rating	CPP	Rating	CPP	Rating	CPP
5:00	1.8	443	1.2	613			1.8	453	1.5	490	1.1	720	1.1	825	1.4	563
6:00	1.0	1,096	1.0	1,062	1.0	1,129	1.1	946	0.9	1,155	0.7	1,412	0.6	985	0.9	1,105
7:00	2.8	751	2.8	734	3.1	666	3.0	694	2.8	732	2.1	726	1.7	488	2.7	707
8:00	1.5	1,551	1.6	1,467	1.7	1,375	1.5	1,557	1.3	1,788	1.9	1,221	2.5	1,250	1.9	1,365
9:00	1.4	1,465	1.4	1,471	1.7	1,169	1.3	1,549	1.2	1,727	1.6	1,594	2.1	2,230	1.5	1,580
10:00	1.2	845	1.1	992	1.5	1,013	1.3	940	1.4	722	1.9	1,577	2.6	2,325	2.0	1,771
11:00	0.9	1,312	0.8	1,604	1.4	905	1.1	1,021	0.8	1,304	2.2	619	2.8	1,173	1.2	1,120
12:00	0.9	916	0.8	1,224	0.9	1,191	0.7	1,406	0.6	1,575	1.7	1,429	3.0	1,635	1.5	1,482
13:00	1.0	1,070	0.8	1,159	0.7	1,366	0.7	752	0.5	902	1.4	721	2.8	1,612	1.8	1,448
14:00	1.4	398	1.0	495	0.8	1,123	0.4	1,539	0.6	1,000	1.8	944	2.5	1,135	1.4	1,025
15:00	0.8	600	0.7	722	0.5	994	0.3	1,313	0.6	940	1.5	3,080	3.4	1,466	1.4	2,201
16:00	0.5	1,706	0.4	1,859	0.3	2,796	0.4	2,249	0.7	1,320	1.6	1,951	2.9	1,668	1.3	1,786
17:00	1.3	823	1.4	779	1.4	849	1.4	829	1.0	1,001	1.6	3,319	2.9	3,178	1.6	1,784
18:00	1.6	1,798	1.8	1,630	1.6	1,732	1.5	2,160	1.5	2,196	2.0	3,939			1.7	2,333
19:00	1.8	2,663	2.5	2,381	2.1	2,358	1.7	2,742	2.0	2,985	2.9	3,889	3.1	3,522	2.4	3,079
20:00	3.1	3,023	2.9	3,274	2.7	3,202	2.7	3,594	2.5	3,763	2.5	3,746	2.7	3,557	2.8	3,387
21:00	6.5	1,568	7.6	1,270	4.5	2,242	3.2	3,087	2.9	3,072	2.7	3,021	2.6	3,361	4.0	2,318
22:00	7.5	1,108	11.9	647	4.1	2,560	3.3	3,210	2.9	3,029	2.1	3,719	2.3	2,754	3.0	2,972
23:00	4.5	1,384	4.4	1,009	3.6	2,216	1.6	2,386	2.5	2,222	1.9	2,269	2.3	2,139	3.0	1,934
24:00	1.7	1,285	1.2	2,120	1.8	1,233	0.9	2,403	1.7	1,344	1.5	1,667	1.6	1,847	1.5	1,609
25:00	1.1	777	0.7	1,024	0.6	2,255			1.0	1,420	1.2	1,792	1.0	916	1.0	1,348
AVG.	2.1	1,583	2.1	1,558	2.2	1,743	1.8	1,995	1.8	2,108	1.9	2,296	2.5	2,164	2.1	1,929

자료원 : planmedia pattern MAP

NOTE

❖ **아침 8시대와 일요일 오전 시간대, 목.금요일 저녁 시간대, 시청률과 효율성 면에서 우수**

- 상대적 높은 시청률의 아침연속극,2304SB,TV동물농장 등 구매
- 시청률과 효율성 우수한 잘먹고잘사는법,좋은아침,생방송모닝와이드 등 추천

단위:Rating(%),CPP(천원)　　　　　　　　　　　주 소구대상층 남녀 20-64세 기준

	MON		TUE		WED		THU		FRI		SAT		SUN		AVG.	
	Rating	CPP	Rating	CPP	Rating	CPP	Rating	CPP	Rating	CPP	Rating	CPP	Rating	CPP	Rating	CPP
5:00	0.5	1,110			1.2	463	1.9	292	1.1	529					1.1	487
6:00	1.0	623	1.0	714	0.9	754	1.0	655	0.9	738	0.7	981	0.6	465	0.9	715
7:00	2.2	505	2.1	530	1.8	629	2.1	505	2.2	514	1.7	546	1.4	456	2.0	535
8:00	2.8	1,059	2.7	1,047	2.6	1,145	2.8	1,030	2.8	1,023	2.6	1,109	2.6	1,564	2.7	1,161
9:00	2.0	1,059	1.9	1,127	2.2	975	1.9	1,139	2.0	1,103	2.9	924	3.7	1,340	2.4	1,088
10:00	1.5	704	1.2	871	1.6	887	1.3	824	1.4	709	1.8	1,055	3.8	1,305	2.0	1,055
11:00	1.1	585	1.0	520	1.3	430	1.3	314	0.9	621	1.7	1,427	3.0	913	1.5	883
12:00	1.6	555	1.2	726	1.2	819	1.2	798	1.1	692	1.4	1,029	2.4	1,693	1.6	1,158
13:00	0.9	677	0.7	1,120	0.8	916	0.8	923	1.1	379	1.6	1,491	2.0	1,738	1.3	1,365
14:00	0.8	597	0.7	823	0.6	812	0.9	885	0.6	1,219	1.7	254	1.7	860	0.9	766
15:00	0.9	1,036	0.5	2,877	0.4	2,146	0.7	1,438	0.3	2,820	1.7	952	1.3	3,536	1.0	2,164
16:00	0.7	1,245	0.7	1,101	0.4	1,536	0.3	1,528	0.4	1,624	1.6	1,491	2.2	1,980	1.3	1,732
17:00	1.4	1,363	1.5	1,295	1.3	1,107	1.4	1,276	1.0	1,327	2.2	2,831	2.7	2,989	1.8	2,082
18:00	2.2	1,395	1.8	888	1.9	839	1.9	879	1.8	1,485			1.3	5,198	1.9	1,277
19:00	2.2	2,285	2.0	2,592	2.1	2,183	2.0	2,379	2.3	2,348	2.7	2,464	2.8	2,450	2.2	2,373
20:00	2.9	2,437	2.8	2,669	3.4	2,285	4.3	1,785	3.5	1,767	4.3	2,333	4.6	2,163	3.8	2,212
21:00	2.7	3,121	2.6	3,365	6.0	1,559	7.4	1,283	5.5	1,493	5.9	1,733	5.9	1,847	5.4	1,722
22:00	2.5	3,342	2.9	2,912	6.3	1,686	7.4	1,351	4.0	1,442	6.0	1,932	6.6	1,766	5.7	1,754
23:00	3.4	2,363	3.5	2,195	3.7	972	5.2	1,543	2.9	1,566	4.0	1,489	3.6	1,461	3.9	1,785
24:00	1.7	926	1.7	933	1.5	1,074	2.0	824	1.8	870	2.6	912	2.0	1,093	1.8	951
25:00	1.4	884	0.9	1,661	0.9	1,219	1.1	1,059	0.5	1,833	0.8	531	0.9	953	0.8	1,219
AVG.	2.1	1,550	2.0	1,698	2.3	1,365	2.8	1,307	2.1	1,319	2.8	1,631	3.2	1,830	2.5	1,545

자료원 : planmedia pattern MAP

NOTE

TV매체 세부 운영전략 – 구매 패키지 제안

❖ 뉴스데스크 등 방송 3사 30개 프로그램 확보통한 월간 목표노출빈도 5.6회 달성가능

  ▪ 2개월 총 9.9회 평균노출빈도와 85% 도달률, 844 GRPs 획득 전망
    - 월 평균 422 GRPs, 노출빈도 5.7회, 도달률 73% 예상
    - 미확정적인 예비비,미디어믹스분 예산 집행시 CPP 수준 190만원 대 유지 전제
    - 현재 구매 확정분 CPP 수준 182만원으로 SC제일 185만원보다 저렴

단위:광고비,CPP(천원) * 부가세 별도

채널	프로그램명	광고비	GRPs	CPP
MBC	뉴스데스크(화),일밤(일),PD수첩(화),2149SB(월) 등 8개 프로그램	426,535	205.4	2,077
	예비비,미디어믹스	97,000	51.1	1,900
SBS	8시뉴스(수),잘먹고잘사는법1부(토),아침연속극(월),2254SB(금) 등 14개 프로그램	443,805	295.0	1,504
	예비비,미디어믹스	100,000	52.6	1,900
KBS2	해피선데이(일),인간극장(월),아침드라마(화),2204SB(토) 등 8개 프로그램	390,012	192.7	2,024
	예비비,미디어믹스	89,920	47.3	1,900
합계	총계	1,547,272	844.1	1,833
	Reach		85%	
	Avg.Freq.		9.9회	
	E.R.(3+)		70%	
	프로그램 구매 확정분	1,260,352	693.1	1,818
	예비비,미디어믹스분	286,920	151.0	1,900

자료원 : planmedia simulation MAP

NOTE

단위:단가,광고비(원) * 부가세 별도

채널	프로그램명	지역	요일	시급	초수	시작일자	종료일자	횟수	단 가	광고비	시청률	GRPs
MBC-TV	뉴스데스크(2055-2150)	전국	화	SA	15	20061101	20061231	8	12,270,000	98,160,000	3.8	30.4
	일밤(1730-1950)	전국	일	SA	15	20061101	20061231	9	11,220,000	100,980,000	3.2	28.8
	PD수첩(2305-2400)	전국	화	B	15	20061101	20061231	8	7,500,000	60,000,000	3.9	31.2
	아침드라마(0750-0830)	전국	수	B	15	20061101	20061231	9	4,065,000	36,585,000	3.5	31.5
	지구촌리포트(0735-0810)	전국	토	B	15	20061101	20061231	9	2,550,000	22,950,000	2.1	18.9
	요리보고세계보고(1720-1735)	전국	목	B	15	20061101	20061231	9	1,950,000	17,550,000	1.8	16.2
	2149(스포츠뉴스전)	전국	월	SA	20	20061101	20061231	8	7,673,000	61,384,000	4.7	37.6
	1919(현장기록형사전)	수도권	수	SA	20	20061101	20061231	9	3,214,000	28,926,000	1.2	10.8
	예비비(특집및전용)									20,000,000		
	미디어믹스(지역MBC)									77,000,000		
	소계									523,535,000		205.4
SBS-TV	8시뉴스(2000-2045)	전국	수	SA	15	20061101	20061231	9	8,490,000	76,410,000	2.1	18.9
	TV동물농장(0940-1050)	전국	일	A	15	20061101	20061231	9	5,940,000	53,460,000	3.9	35.1
	잘먹고잘사는법1부(0900-1000)	전국	토	A	15	20061101	20061231	9	3,525,000	31,725,000	2.6	23.4
	아침연속극(0830-0900)	전국	월	A	15	20061101	20061231	8	4,125,000	33,000,000	3.5	28.0
	영화특급(2405-0145)	전국	토	B	15	20061101	20061231	9	4,950,000	44,550,000	2.8	25.2
	날씨와생활건강(1900-1905)	전국	화	A	15	20061101	20061231	8	3,030,000	24,240,000	1.7	13.6
	좋은아침(0930-1040)	전국	수목	B	15	20061101	20061231	18	2,535,000	45,630,000	2.1	36.9
	김미화의U(1300-1400)	전국	수	C	15	20061101	20061231	9	1,065,000	9,585,000	0.8	7.2
	생방송모닝와이드2부(0630-0730)	전국	화목토	B	15	20061101	20061231	26	1,020,000	26,520,000	1.3	33.8
	2254(세븐데이즈전)	전국	금	SA	20	20061101	20061231	9	6,617,000	59,553,000	3.6	32.4
	2304(뉴스추적전)	전국	수	A	20	20061101	20061231	9	4,348,000	39,132,000	4.5	40.5
	예비비(특집및전용)									20,000,000		
	미디어믹스(지역민방)									80,000,000		
	소계									543,805,000		295.0
KBS-2TV	해피선데이(1745-1955)	전국	일	SA	15	20061101	20061231	9	10,065,000	90,585,000	3.7	33.3
	윤도현의러브레터(2415-0145)	전국	금	B	15	20061101	20061231	9	5,610,000	50,490,000	2.5	22.5
	인간극장(2055-2125)	전국	월	SA	15	20061101	20061231	8	8,625,000	69,000,000	2.8	22.4
	시사투나잇(2425-2455)	전국	목	B	15	20061101	20061231	9	3,270,000	29,430,000	2.3	20.7
	아침드라마(0900-0930)	전국	화	A	15	20061101	20061231	8	4,770,000	38,160,000	3.4	27.2
	아침뉴스타임(0800-0900)	전국	목	A	15	20061101	20061231	9	2,355,000	21,195,000	1.6	14.4
	2204(위기탈출넘버원전)	전국	토	SA	20	20061101	20061231	9	7,673,000	69,057,000	3.0	27.0
	0929(여유만만전)	수도권	수	A	20	20061101	20061231	9	2,455,000	22,095,000	2.8	25.2
	예비비(특집및전용)									19,920,000		
	미디어믹스(EBS)									70,000,000		
	소계									479,932,000		192.7
합계								262		1,547,272,000	693.1 GRPs Reach 82% A.F. 8.4회 ER(3+) 65%	

자료원 : planmedia simulation MAP

NOTE

CATV 매체 세부 운영전략 – 활용 채널 선정

❖ 주 소구대상층과 핵심층의 CATV 선호 채널 분석결과, 드라마,영화,뉴스 채널 강세

- 여성 취향의 드라마 채널,남성 취향의 뉴스,영화 채널 중심 운영
- 농.어촌 지역 수협 주요 고객층 대상 난시청지역 도달률 해소차원의 SKYLife 추가운영

	남성 20대 이상		여성 20대 이상		남성 40대 이상		여성 40대 이상	
	채널명	시청률	채널명	시청률	채널명	시청률	채널명	시청률
1	YTN	1.28	MBC드라마넷	2.70	YTN	1.05	MBC드라마넷	1.22
2	MBC드라마넷	1.27	SBS드라마플러스	2.22	OCN	0.62	KBSSKY드라마	1.16
3	OCN	1.26	KBSSKY드라마	2.05	Xports	0.60	SBS드라마플러스	1.12
4	SBS드라마플러스	1.04	OCN	1.47	MBC드라마넷	0.59	YTN	0.85
5	KBSSKY드라마	1.04	Tooniverse	1.14	MBC ESPN	0.57	OCN	0.68
6	MBC ESPN	1.01	YTN	1.10	KBSSKY드라마	0.53	채널CGV	0.49
7	Xports	0.93	채널CGV	0.92	SBS드라마플러스	0.50	Tooniverse	0.47
8	채널CGV	0.91	SUPER ACTION	0.71	채널CGV	0.46	SUPER ACTION	0.37
9	XTM	0.85	MBC ESPN	0.58	XTM	0.46	MBC ESPN	0.32
10	SUPER ACTION	0.78	XTM	0.54	SUPER ACTION	0.40	Xports	0.28

자료원: AGB Nielsen Media Research 8월 월간 CATV 보고서

NOTE

❖ **그룹별 공통적으로 높은 채널 시청률의 MBC드라마넷,SBS드라마플러스와 OCN에 상대적 높은 예산할당**

- 시청률 상위그룹 3개 채널 대상 2개월간 3-4천만원 투입
  - YTN 등 그룹별 선호채널 4개 대상 월간 1천만원 수준 할당
- 월간 0.8-1.0억원 수준 규모
- 캠페인 기간 총 1.8억원 예산 할당, 부가세 포함 총 2.0억원 소요

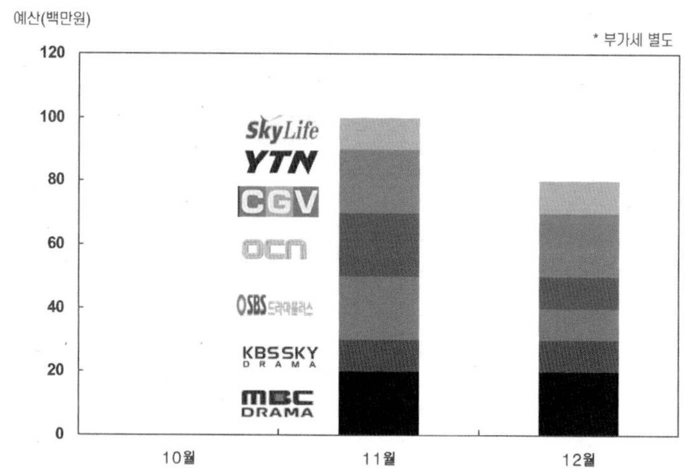

NOTE

CATV 매체 세부 운영전략 – 집행 횟수

❖ **2개월간 MBC드라마넷 160회 포함 7개 채널 대상 총 2,410회 수준 노출가능**

- SKYLife 경우 소규모 예산으로 1,600회 노출 전망
- 공중파TV 계열 드라마채널과 온미디어 등 MPP 중심으로 정액제 확산

단위:광고비(원)　　　　　　　　　　　　　　　　　　　　　　　* 부가세 별도

채널	지역	초수	시작일자	종료일자	횟수	광고비
MBC드라마넷	전국	15	20061101	20061231	160	40,000,000
KBS드라마	전국	15	20061101	20061231	200	20,000,000
SBS드라마플러스	전국	15	20061101	20061130	80	20,000,000
SBS드라마플러스	전국	15	20061201	20061231	40	10,000,000
OCN	전국	15	20061101	20061130	100	20,000,000
OCN	전국	15	20061201	20061231	50	10,000,000
채널CGV	전국	15	20061101	20061231	100	20,000,000
YTN	전국	15	20061101	20061231	80	20,000,000
SKYLife	전국	15	20061101	20061231	1,600	20,000,000
합계					2,410	180,000,000

NOTE

❖ **주 소구대상층 대상 높은 청취율 경향의 MBC-AM,FM 중심 프로그램 구매**

- 전반적으로 출근 시간대와 점심,늦은 오후 시간대의 청취율 높은 편
- MBC-AM 여성시대, MBC-FM 정오의 희망곡 중심의 패키지 구매 제안

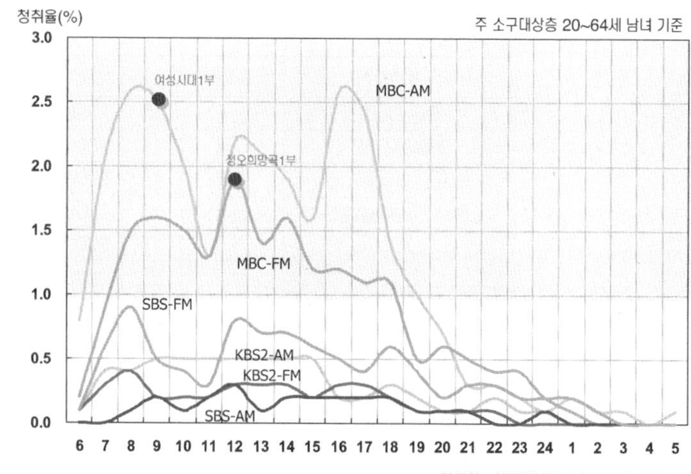

NOTE

❖ **MBC-AM '여성시대 1부',MBC-FM '정오의 희망곡 1부' 위주 패키지 구성과 구매**

- SBS-FM 이숙영의 파워FM 3부,아름다운 이아침 1부, KBS-2R 싱싱한12시 1부 중심의 대안 경우 최소 360여 회의 노출로 노출력 면에선 추천안 대비 우위
- 월간 4.5천만원 수준 규모
- 캠페인 기간 총 9천만원 예산 할당, 부가세 포함 총 1억원 소요

추천 안

단위:광고비,CPP(원)

채널	프로그램명	지역	요일	시급	초수	시작일자	종료일자	횟수	단 가	청취율	CPP	광고비
MBC-AM	여성시대1부(0905-0930)	전국	매일	A	20	20061101	20061231	61	683,000	2.5	273,200	41,663,000
MBC-FM	정오의희망곡1부(1200-1230)	전국	매일	A	20	20061101	20061231	61	374,000	1.9	196,842	22,814,000
	박명수의편편1부(2200-2230)	전국	매일	B	20	20061101	20061231	61	374,000	0.4	935,000	22,814,000
	예비비(특집 및 전용)											2,709,000
합계								183		293	298,125	90,000,000

* 부가세 별도

대안

단위:광고비,CPP(원)

채널	프로그램명	지역	요일	시급	초수	시작일자	종료일자	횟수	단 가	청취율	CPP	광고비
SBS-FM	이숙영의파워FM3부(0800-0830)	전국	매일	A	20	20061101	20061231	61	265,000	0.9	294,444	16,165,000
	아름다운이아침1부(0900-0930)	전국	매일	A	20	20061101	20061231	61	233,700	0.5	467,400	14,255,700
	최화정의파워타임1부(1200-1230)	전국	매일	A	20	20061101	20061231	61	265,000	0.8	331,250	16,165,000
	허수경의가요풍경1부(1600-1630)	전국	매일	B	20	20061101	20061231	61	110,700	0.5	221,400	6,752,700
KBS-2R	행복한아침2부(0930-0955)	전국	매일	A	20	20061101	20061231	61	319,000	0.1	3,190,000	19,459,000
	싱싱한12시1부(1215-1255)	전국	매일	A	20	20061101	20061231	61	216,200	0.1	2,162,000	13,188,200
	예비비(특집 및 전용)											3,000,000
합계								366		177	486,069	88,985,600

* 부가세 별도

NOTE

❖ **주 소구대상층 대상 열독률과 효율성 기준, 3대지와 2대 경제지,2대 무가지 선정**

- 종합지,경제지,무가지 열독률과 효율성 평가결과, 조선,중앙,동아,매경,메트로 순
  - 수협의 기업 인지도 증대와 신뢰성 확대 차원에서 캠페인 초기시점 권위지 활용
- 무가지 경우 캠페인 초기시점에 TV광고 미운영에 따른 노출력 보강 차원에서 확대

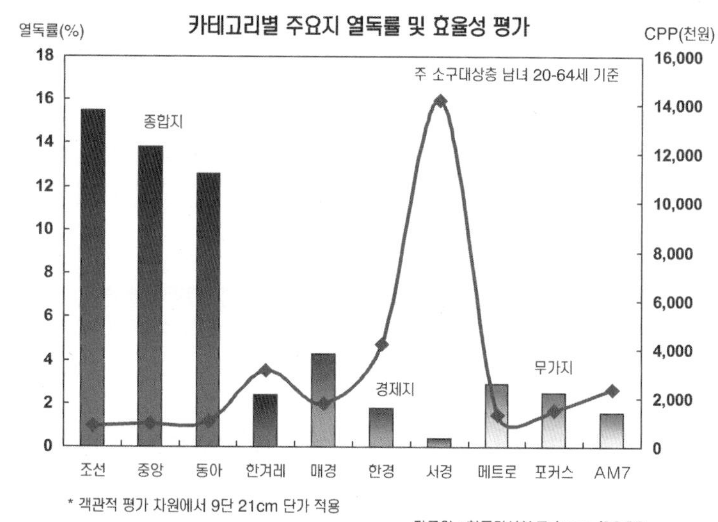

NOTE

❖ **본격적인 TV광고 캠페인 전개 이전 유일한 대안매체로 노출력 확보 차원에서 10월 중순부터 월말까지 집중**

- 종합지,경제지 경우 10월에 제한적 운영
- 무가지 경우 10월 중순부터 11월 둘째 주까지 집행
- 광고 노출빈도 확대 차원에서 높은 효율성의 9단21cm,2단10cm 사이즈 중심
- 캠페인 기간 총 7.1천만원 예산 할당, 부가세 포함 총 7.8천만원 소요
- 누적 평균노출빈도 3.4회, 156 GRPs 획득 예상

단위: 단가,광고비(천원) 주 소구대상층 남녀 20-64세 기준

비클명	열독률	사이즈	단가	광고비	횟수 10월	횟수 11월	예산 10월	예산 11월	합계
조선	15.5		70	13,230	1		13,230		13,230
중앙	13.8		70	13,230	1		13,230		13,230
동아	12.6	기타면 9단21cm	70	13,230	1		13,230		13,230
매경	4.3		40	7,560	1		7,560		7,560
한경	1.8		40	7,560	1		7,560		7,560
메트로	2.9	2단10cm	20	400	12	8	4,800	3,200	8,000
포커스	2.5		20	400	12	8	4,800	3,200	8,000
합계					29	16	64,410	6,400	70,810
기대효과 수준									
GRPs							113	43	156
Reach(%)							45	10	46
Avg.Freq.							2.5	4.4	3.4

* 부가세 별도 자료원 : 한국리서치 Telmar '06-2R

NOTE

❖ **부가세 포함 매체 가용예산 20억원 중 TV매체에 85%인 17억원 할당**

- CATV 경우 10%인 2억, 라디오 경우 5%인 1억원 수준
- 신문매체 활용할 경우 7.8천만원 추가 필요
  - 신문 포함 캠페인 총 소요예산 20.8억원
  - TV 82%, CATV 10%, 라디오 5%, 신문 4%

단위: 광고비(천원)

	10월	11월	12월	합계 광고비	부가세	총광고비	비율	신문제외
TV		773,636	773,636	**1,547,272**	154,727	**1,701,999**	82%	85%
CATV		100,000	80,000	**180,000**	18,000	**198,000**	10%	10%
라디오		45,455	45,455	**90,910**	9,091	**100,001**	5%	5%
신문	64,410	6,400		**70,810**	7,081	**77,891**	4%	
광고비	**64,410**	**925,491**	**899,091**	**1,888,992**	188,899	**2,077,891**	100%	100%
	3%	49%	48%					
광고비(신문제외)		919,091	899,091			1,818,182		
부가세		91,909	89,909			181,818		
총광고비		**1,011,000**	**989,000**			**2,000,000**		

NOTE

- ❖ **주 소구대상층 20-64세 대상 CATV,라디오 효과 포함시 목표 월 평균노출빈도 수준 8회 달성 가능**
  - TV와 신문 효과예측 결과, 10월과 11월에 걸쳐 월 5.6-5.9회 달성 예측
    - 핵심 소구대상층 경우, 월 6.0-6.3회 전망에 따른 타 매체 포함시 목표치 8-9회 가능

			10월	11월	12월	합계
TV	MF20-64	GRPs		407	407	814
		Reach		73	73	85
		ER(3+)		50	50	69
		Avg.Freq.		5.6	5.6	9.7
	MF40-59	GRPs		483	483	966
		Reach		80	80	91
		ER(3+)		56	56	77
		Avg.Freq.		6.0	6.0	10.6
신문	MF20-64	GRPs	113	43		156
		Reach	45	10		46
		Avg.Freq.	2.5	4.4		3.4
	MF40-59	GRPs	103	29		132
		Reach	49	7		50
		Avg.Freq.	2.1	4.4		2.6
합계	MF20-64	GRPs	113	450	407	970
		Reach	45	76	73	92
		Avg.Freq.	2.5	5.9	5.6	10.6
	MF40-59	GRPs	103	512	483	1,098
		Reach	49	81	80	95
		Avg.Freq.	2.1	6.3	6.0	11.5

자료원 : planmedia simulation MAP

한국수력원자력 매체기획안

JAN., 2005

집행결과 분석

포스코의 현재 명성은 하루 아침에 이루어진 것이 아닙니다

SPENDING AFTER LAUNCHING

각 사별 광고 런칭 이후 4대
매체 연도별과 누적 광고량
분석 결과,

- 한수원은 178억으로 포스코
  누적 광고량의 25% 수준
  : KT&G 대비 56%

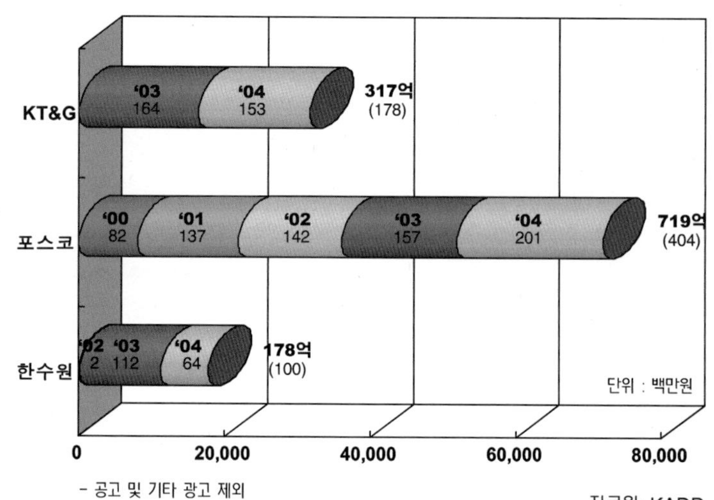

NOTE

상대적으로 월 광고량과 지속성에서 미약했습니다

SCHEDULING

'04년 월별 4대 매체 집행 광고량 분석 결과,

- 한수원은 **5월 이전 광고 활동이 극히 미미한 Flighting Pattern**에 가까운 운영
- 월 최저 수준으로 포스코는 **14억, KT&G**는 **7억으로 Pulsing Pattern** 적용
- 향후 원전 수거물 관리시설의 필요성에 대한 대 국민, 후보지역 주민 설득을 위한 지속적 광고 노출 필요

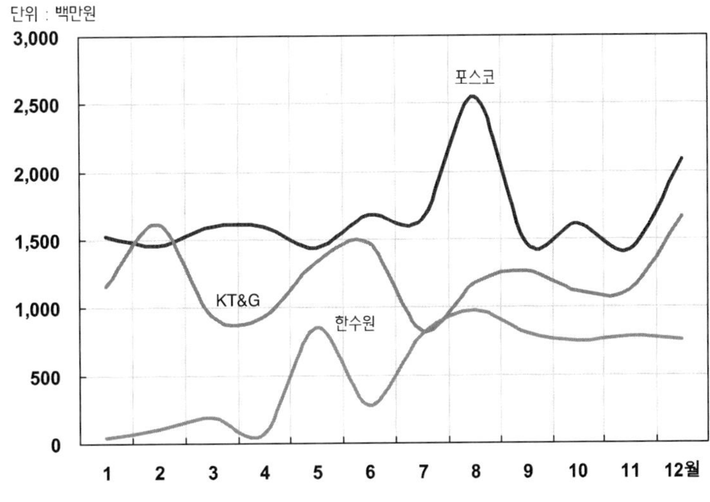

월 평균 **GRPs**가 **300** 이하인 것으로 나타났습니다

MONTHLY TV EFFECTS ANALYSIS - GRPs

GRPs 기준 '04년 월별 TV 매체 효과분석 결과,

- 한수원은 월 **250~350 GRPs** 수준 획득
  : 월 평균 **293 GRPs**

- 포스코 월 **440~700**, 월 평균 **555 GRPs** 수준
  : **KT&G 월 240~430**, 평균 **362** 수준

- 두 업체 사례로 볼 때 향후 월 **400~500 GRPs** 수준 적합

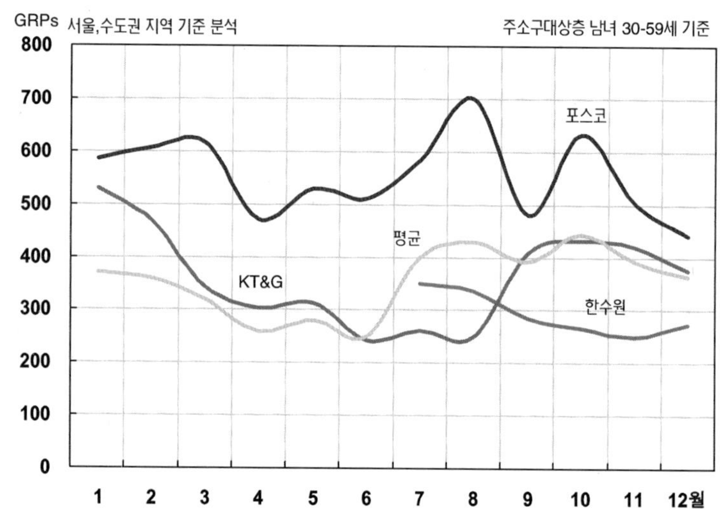

NOTE

광고를 인지시키기에는 노출기간과 수준이 부족했습니다

MONTHLY TV EFFECTS ANALYSIS - AVG.FREQ.

Avg.Freq. 기준 월별 효과 분석 결과,

- 한수원은 월 **3.3~4.4회** 수준 접촉
    : 월 평균 **3.9회**
- 포스코 월 **5.3~7.8회**, 월 평균 **6.5회** 수준
    : **KT&G** 월 **3.4~6.1회**, 평균 **4.6회** 수준
- 두 업체 사례로 볼 때 향후 월 **4~6회** 수준의 지속적 노출 바람직

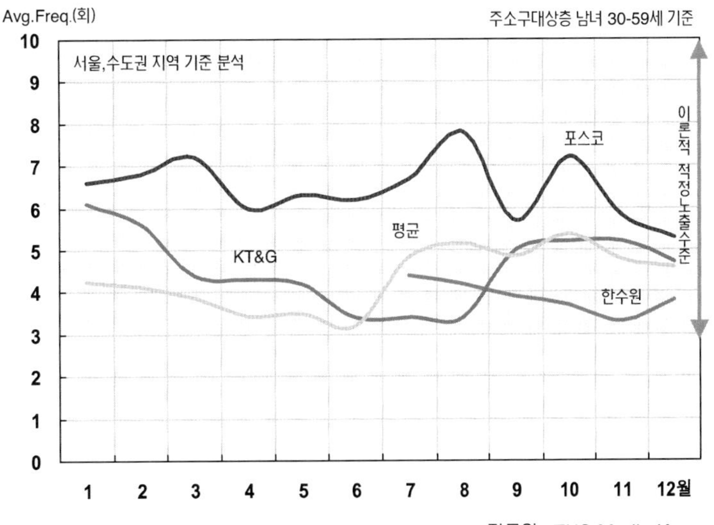

ER(3+) 차원에서 적정 수준에 미흡한 편 입니다

MONTHLY TV EFFECTS ANALYSIS - E.R.(3+)

유효 도달률(3+) 기준 효과 분석 결과,

- 한수원은 월 **36~52%** 수준 도달로 4/4분기에 다소 미흡
  : 월 평균 **43%** 수준

- 포스코 월 **56~75%**, 월 평균 **65%**로 모든 달이 이론적 적정 수준 달성
  : **KT&G** 월 **35~63%**, 평균 **48%** 수준

- 이론적 접근으로 향후 월 40~60% 수준의 유효 도달률 목표 설정 바람직

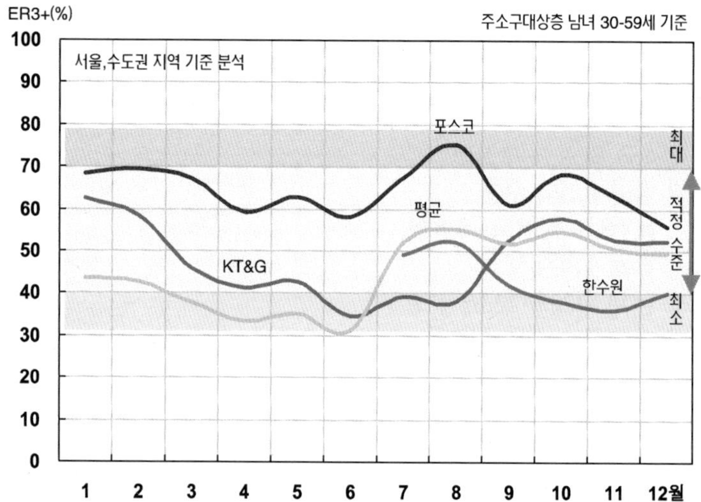

NOTE

적정 노출빈도 수준 범위 안에서
도달되는 것이 보다 중요합니다
THEORETICAL EFFECTIVE REACH STUDY

Alvin Achenbaum의 미국 광고주 협회 미디어 워크숍 발표에서 매체효과 측정의 필요성 차원에서 **ERPs** 개념과 **ER** 범위 제시

- 광고 캠페인 결과 발생한 접촉빈도 분포 중에서 3~10회 부분만이 유효

- 캠페인 전개시 과잉 노출 억제와 **threshold level** 유도가 메시지의 효율적 노출의 관건

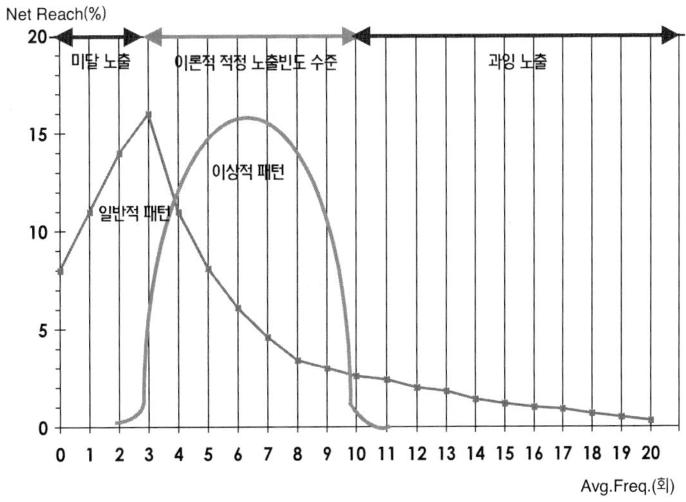

자료원 : A.Achenbaum, ANA Media Workshop Report

NOTE

후보지의 비중에 따라 **ER** 수준을 차등화시킬 필요가 있습니다

REGIONAL EFFECTIVE REACH ANALYSIS

지역별 **Net Reach** 분석을 통해 이론적 적정노출을 한 **ER** 분석 결과,

- 후보지 보령,안면도의 충남 지역 경우 **ER 43%**로 최고 수준

- 울진 등 **5개** 지역 대상의 영남과 영광 등 **7개** 지역의 호남지역의 상대적 낮은 ER 수준

- 후보지 개수와 현 **ER** 수준 고려한 지역별 우선 순위 설정
  : 호남(7) > 영남(5) > 경인,강원(3) > 충청(2) 부산(1)

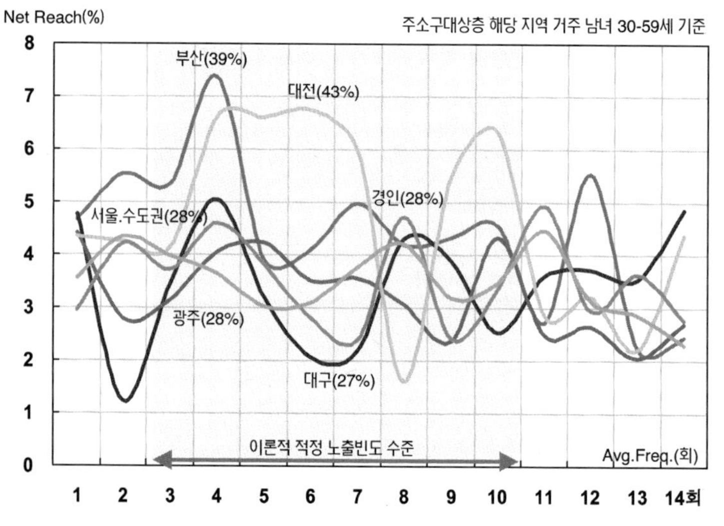

NOTE

광고 노출량에 비해서 소재 수가 많은 편 입니다

TV EFFECTS ANALYSIS BY COMMERCIAL

'04년 연간 TV 집행 캠페인 분석 결과,

- 한수원 경우 동일 컨셉 하의 멀티 스팟이지만 '수산시장 편'의 3.9회 노출빈도와 39%대의 ER(3+)은 낮은 수준
  : 낮은 효율성 원인

- 포스코 경우 소재당 평균 2,185 GRPs, AF 23회, ER(3+) 91% 수준

- 세부 캠페인의 중요도와 운영기간 등에 따라 소재별 노출량 차등화 필요

서울,수도권 지역 기준 분석   주소구대상층 남녀 30-59세 기준

	할머니와 손자 편	시골마을 사람들 편	수산시장 사람들 편	아버지와 아들 편
기간	7/1~8/14	8/7~9/18	9/18~12/31	9/18~12/31
광고비 (천원)	579,257 21%	602,098 21%	566,068 20%	1,066,385 38%
GRPs	423 24%	427 24%	277 16%	632 36%
Reach (%)	81.7	84.0	71.2	86.0
ER(3+)	55.3	58.9	39.7	64.8
AF(회)	5.2	5.1	3.9	7.3
CPP (천원)	1,369	1,409	2,041	1,686

자료원 : TNS Media Korea

NOTE

포스코에 비해 **1 GRPs** 당
27만원 정도 효율적으로 나타납니다

TV EFFICIENCY ANALYSIS - C.P.P.

**'04년 연간 TV 매체 집행
효율성 분석 결과,**

- 한수원은 **1,598천원**으로
  포스코 대비 **27만원** 저렴
  하게 집행하여 연간 **4.8억**
  원의 예산 절감효과
    : 집행기간 기준 월평균
      0.8억 해당
    : 포스코 대비 **Index**
      85.4에 해당

- 프로그램당 평균 시청률
  차원에서도 **3.1%**로
  포스코 대비 **0.7%** 우수

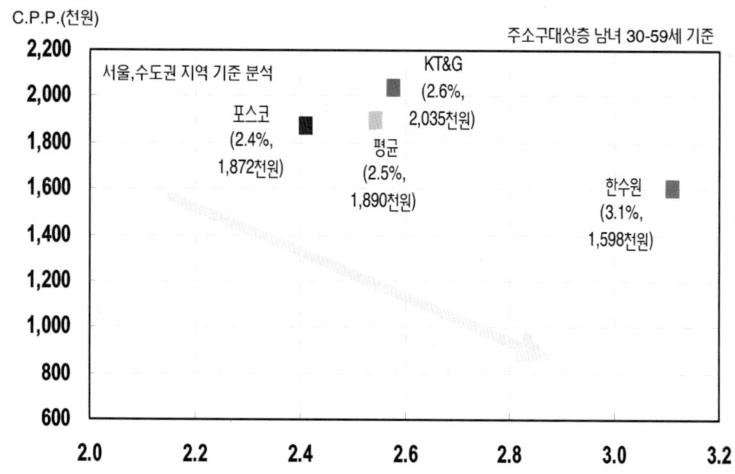

NOTE

서울,수도권 위주의 **SBS**에서
비교적 효율적으로 나타납니다
TV DETAILS BY BROADCASTING

방송사별 '04년 연간 TV 매체 집행 효율성 분석 결과,

- 한수원은 **SBS**에서 포스코 대비 65만원 더 저렴한 집행
- 포스코 대비 **MBC**가 10만원, **KBS**가 26만원 비효율적인 것으로 평가되어 향후 개선 필요성
- 캠페인 특성 상 전 국민,특정 후보지역 주민 대상 설득인 점을 고려할 때 서울,수도권 중심 탈피 필요

주소구대상층 남녀 30-59세 기준

광고비,CPP 단위 : 천원

		한수원	포스코	KT&G
KBS2	광고비	917,505	3,819,983	3,017,298
	GRPs	449	1,656	1,361
	CPP	2,043	2,306	2,216
MBC	광고비	1,231,881	4,433,457	3,139,774
	GRPs	674	2,579	1,603
	CPP	1,827	1,719	1,959
SBS	광고비	608,261	3,843,841	2,400,976
	GRPs	635	2,381	1,364
	CPP	958	1,615	1,760
iTV	광고비	56,161	289,449	284,388
	GRPs	2	39	16
	CPP	23,848	7,428	17,871
EBS	광고비		80,100	
	GRPs		4	
	CPP		19,026	
합계	광고비	2,813,808	12,466,830	8,842,436
	GRPs	1,760	6,659	4,344
	CPP	1,598	1,872	2,035

- 서울,수도권 지역 기준 분석

자료원 : TNS Media Korea

NOTE

전국권으로 집행한 정규물에서 비효율적 입니다

TV DETAILS BY ADVERTISING CATEGORY

프로그램 유형별 집행 효율성
분석 결과,

- 효율성 면에서 한수원은
  포스코 대비 모든 프로그램
  유형에서 열세

- 한수원의 종합적인 효율성
  우위는 최대 광고량 투입한
  SB의 높은 기여도

  : 전국 또는 특정 지방 후보
  지역이 전략적 노출 집중
  지역인 점을 고려할 때
  전국 단위 정규물 비중
  확대와 수도권 중심의 **SB**
  축소 필요

주소구대상층 남녀 30-59세 기준　　　　　　　광고비,CPP 단위 : 천원

		한수원	포스코	KT&G
정규	광고비	1,139,319	9,086,573	6,396,707
	GRPs	568	4,927	3,210
	CPP	2,006	1,844	1,993
SB	광고비	1,529,146	247,089	678,854
	GRPs	1,127	219	451
	CPP	1,357	1,131	1,507
특집	광고비	145,343	1,158,138	908,860
	GRPs	66	555	406
	CPP	2,212	2,088	2,240
연간	광고비		1,975,030	858,015
	GRPs		959	278
	CPP		2,059	3,082
합계	광고비	2,813,808	12,466,830	8,842,436
	GRPs	1,760	6,659	4,344
	CPP	1,598	1,872	2,035

- 서울,수도권 지역 기준 분석

자료원 : TNS Media Korea

NOTE

지방분 포함할 경우 상대적으로 효율성이 더 저하됩니다

TV DETAILS BY ADVERTISING CATEGORY

효율성 면에서 순수 지방분을
분석에 포함할 경우

- **한수원은 서울,수도권 150만
원대 대비 25% 저하**
  - : 두 업체는 서울,수도권
  대비 **11~18%** 저하
  - : 두 업체 대비 효율성
  저하 폭 큰 편
- 서울,수도권 중심인 **SB**의
정규물 대비 과다한 비율
  - : 정규물 **40 대 SB 60%**
  - : 포스코 **96% 대 4%**

주소구대상층 남녀 30-59세 기준   광고비,CPP 단위 : 천원

		한수원	포스코	KT&G
정규	광고비	1,231,214	9,216,274	6,690,958
	GRPs	552	4,650	2,905
	CPP	2,229	1,982	2,303
SB	광고비	1,871,205	393,961	757,766
	GRPs	1,042	213	390
	CPP	1,797	1,852	1,945
특집	광고비	190,791	1,191,994	1,020,456
	GRPs	65	512	384
	CPP	2,945	2,328	2,660
연간	광고비	1,248	1,975,030	858,015
	GRPs	1	908	266
	CPP	2,178	2,175	3,224
합계	광고비	3,294,458	12,777,259	9,327,195
	GRPs	1,659	6,282	3,944
	CPP	1,986	2,034	2,365

- 전국권(지방분 포함) 기준 분석   자료원 : TNS Media Korea

NOTE

기타 종합지의 비율이 높은 편 입니다

NEWSPAPER ANALYSIS BY CATEGORY

각 사별 '04년 연간 신문 유형별
집행분 분석 결과,

- 한수원은 광고량 점유율
  면에서 기타 종합일간지
  46%로 두 업체 대비 또는
  내부적으로도 과다 경향

- 효율성과 미디어 영향력
  감안한 향후 **3대지** 비중
  확대

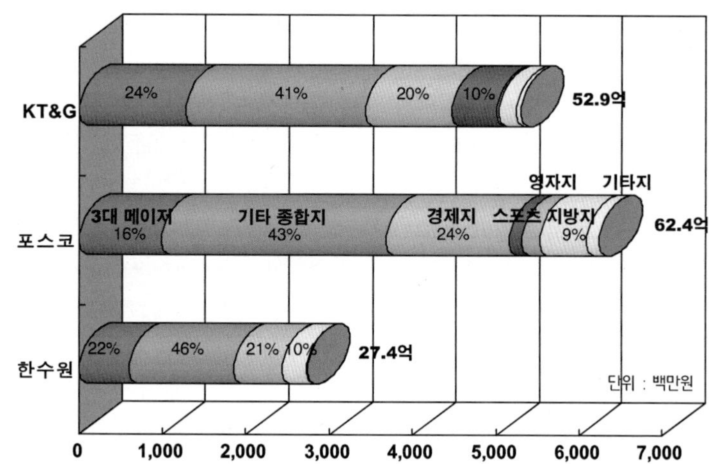

NOTE

상대적으로 5단통 비중이 가장 높았습니다

NEWSPAPER ANALYSIS BY AD SIZE

연간 신문광고 유형별 분석
결과,

- 한수원 집행량의 **96%**가
  주니어와 **5단통** 광고
  - : 두 업체의 전단광고
    50%대 활용비율 대비
    현격한 격차
- **5단통** 대비 주니어 사이즈
  의 주목률 우위
  - : 양전면 **46%** > **15단통**
    38% > **8단통 35%** >
    주니어 **35%** > **7단통**
    30% > **5단통 24%**

  (자료원 : **SMR** 신문광고
    주목도 조사,
    30~40대 기준)

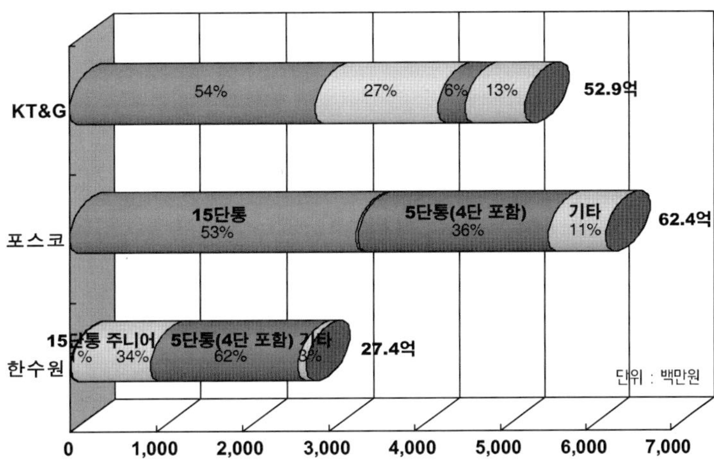

매체 목표

메시지에 적정 노출이 되어야 설득도 가능합니다

효과분석 결과를 토대로 **2단계** 목표치 설정

- **1차 :** 월 목표 노출빈도 수준 4~6회+
- **2차 :** 월 목표 **ER(3+)** 수준 40~60%+ 선

TV매체 기준 목표 CPP 수준 130만원 대

- 기존 수준 대비 **82%** 수준 : 최종 목표 **20%** 개선효과
- 지방분 포함 시 150만원 대 목표 : 기존 **199만원** 대비 **25%** 개선

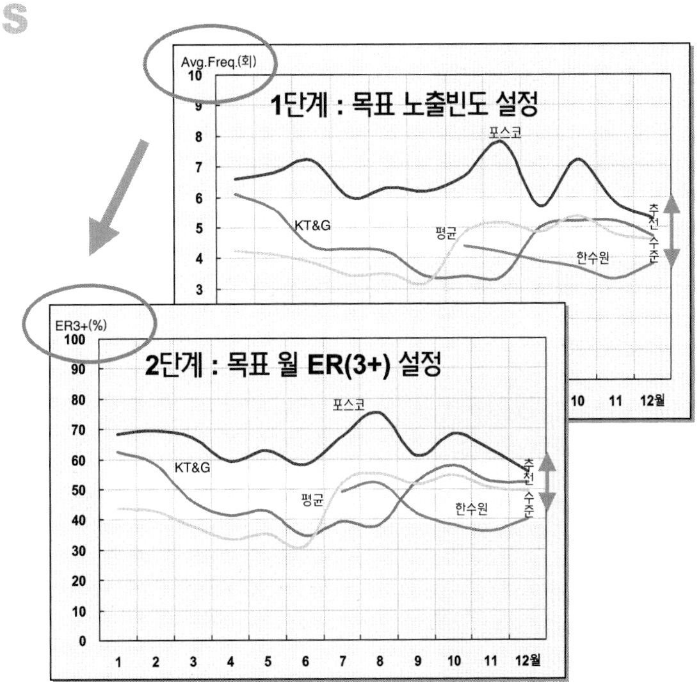

NOTE

매체 전략

매체별 역할을 명확히 해야 합니다

MEDIA MIX & ROLE

캠페인 **6개월간** 할당 예산
60억 원 전제 하에 활용 매체
선정기준 설정

- 효율적으로 매체목표를
  달성 가능한 매체 우선
  선정과 집중
- 캠페인 특성 상 후보지역
  주부층의 높은 반대 여론
  대응 가능 매체

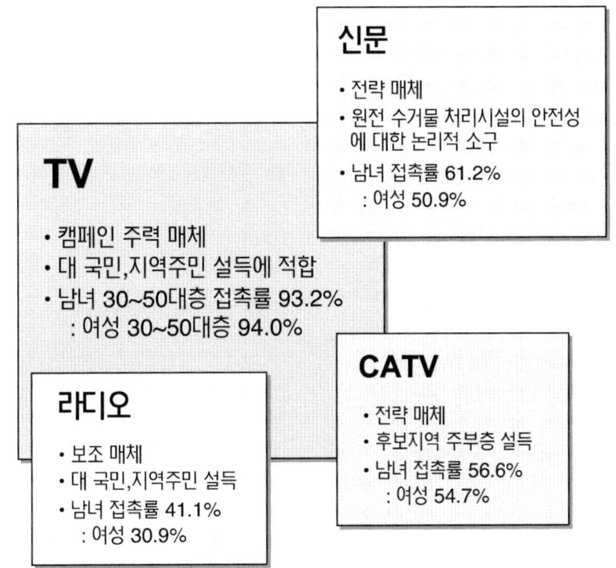

자료원 : HRC Media Index '04-3R

NOTE

사업 추진단계와 이슈에 따라 경중을 두되 지속적 노출이 필요합니다

공모 일정별 주요 추진업무
내용과 중요도,기간,CM
On-air 가능 시점 등을 고려

- 주민투표 실시 단계에
  월간 **20%** 비중 배분
- **2월** 선정절차 공고와 지원
  규모 발표 단계 경우 **TV
  CM**의 중순 **on-air**로 다소
  낮은 물량 규모
- 원전 수거물 관리시설의
  안전성에 대한 대 국민,후보
  지역 주민 설득을 위한
  지속적 광고 노출 필요

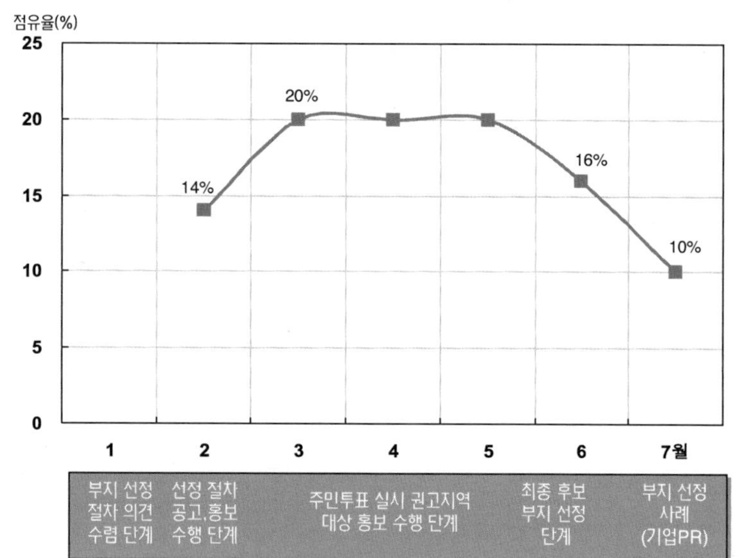

NOTE

이미지성 광고일수록 지속적 노출이 적합합니다
SCHEDULING RATIONALE

브랜드 상기도 연구결과,
비계절적 성향의 기업 이미지
광고 경우 광고를 지속적으로
노출시키는 **B**패턴 적합

- 한수원의 경우 원전수거물
  관리시설 지역 확정 이후
  에도 안전성과 혜택 등에
  대해서 지속적인 대 국민,
  지역주민 홍보활동 필요

- **A**패턴은 계절상품 또는
  단기간 캠페인, 런칭 제품의
  초기 캠페인에 적합

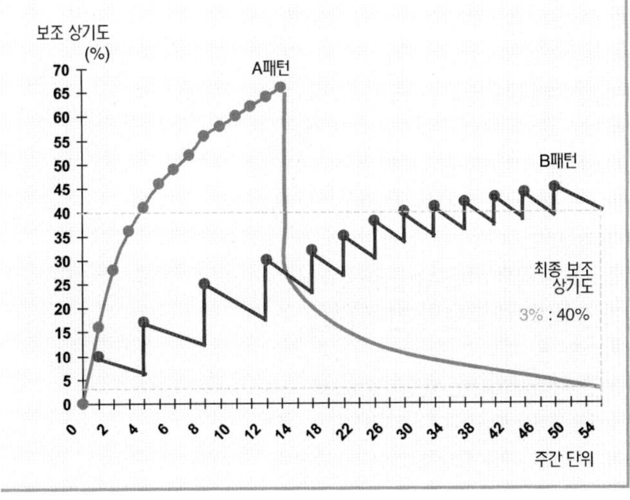

자료원: Hubert Zielske의 상기도 연구

NOTE

후보지역 수와 중요도에 따라
예산배분을 차등화 해야 합니다
REGIONAL WEIGHT

원전 수거물 관리시설의 안전성에
대한 후보 지역 주민 설득과 반대
여론 대응 차원에서 지역별 차등적
광고노출 필요

- 공중파**TV,**라디오 연계물의
  해당 지역 프로그램 **100%** 유도
- 지역 유력지와 해당 지자체
  와의 환경관련 공동 캠페인 전개
- 후보지역 CATV의 S/O 광고
  적극 활용으로 **sunken cost**
  최소화와 주부층의 반대 여론
  차단
- 시점별 후보지역 압축에 따른
  탄력적 예산분배 전략 전개

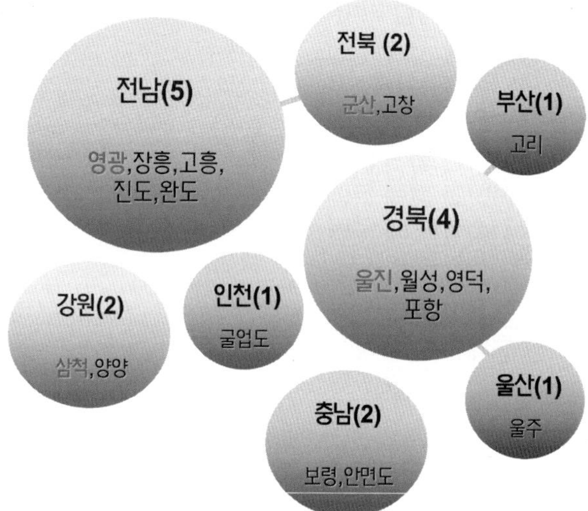

NOTE

작년 주요 후보지에 대한 광고 노출량 배려가 별로 없었습니다
REGIONAL TV SPENDING ANALYSIS

한수원의 '04년 TV광고비를
지역별로 분석한 결과,

- 광주,대구 등 주요 후보지
  거점도시에 대한 집중력
  부족

- 후보지역과 무관한 청주
  등에 대한 노출 억제와
  타 지역으로의 전환 필요

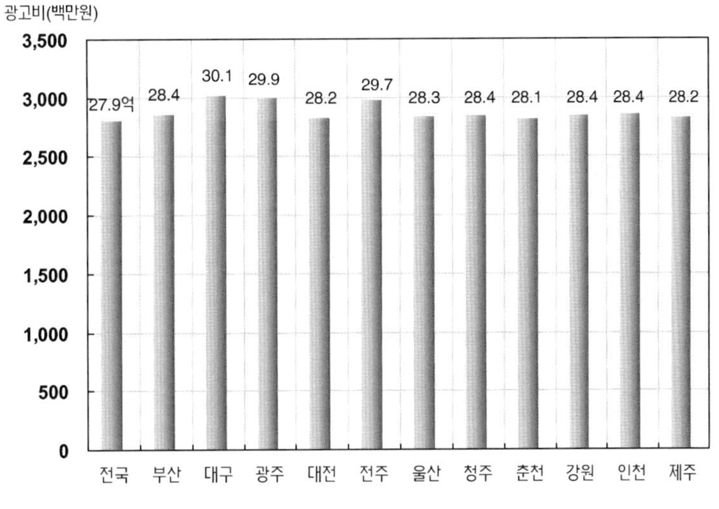

NOTE

서울.수도권 대비 후보지역에 더 높은 비중을 뒀어야 했습니다

REGIONAL TV GRPs ANALYSIS

한수원의 '04년 TV광고를 조사지역별로 누적 분석한 결과,

- 현재 **7개** 후보지 보유한 호남지역의 연간 **GRPs, A.F.** 수준 선두
  : 서울,수도권 대비 **index** 각각 **110** 수준
- **index** 상 주요 지역인 호남,영남지역의 노출비중 강화 필요
- 시점별 후보지역 압축에 따른 탄력적 예산분배 전략 전개

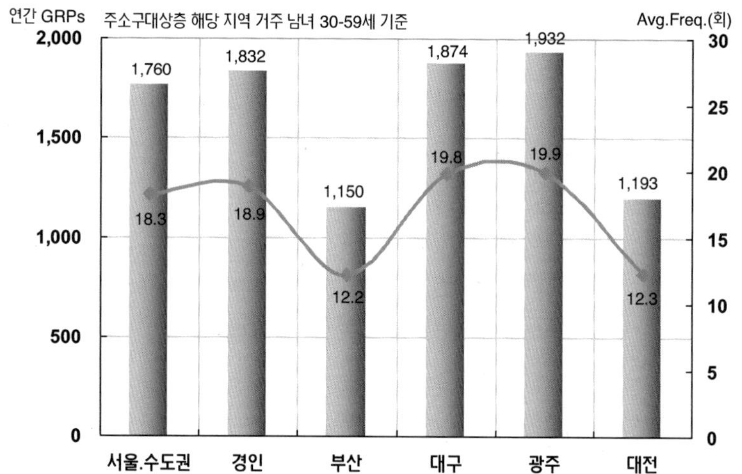

NOTE

전국권 보강과 주요 후보지역의 노출 확대가 필요합니다

REGIONAL TV GRPs ANALYSIS

획득 **GRPs** 수준을 전국분과
지역분, 광고유형별 분석결과

- 전국과 특정 후보지역 주민
  설득 광고로 전국물량의
  빈곤현상
  : 6개월 평균 157 GRPs

- 후보지역 개수와 중요도
  고려할 때 서울, 수도권
  보다 광주, 대구지역 노출
  우선 전략 필요

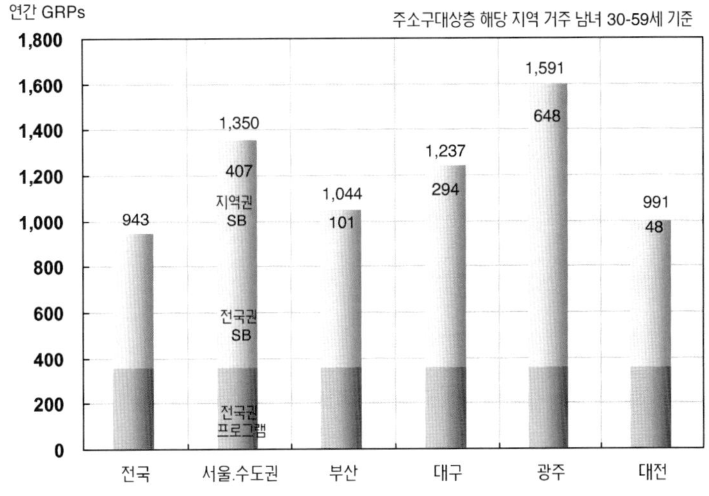

NOTE

TV매체 세부 전략

주요 캠페인 시점에 **AF 6회,**
ER3+ 60%를 목표치로 설정했습니다

MONTHLY A.F. & E.R.(3+) SETTING

효과분석 결과치와 효과예측 모델
TV Master Simulation Tip
을 토대로 시점별 목표치 설정

- 주요기 : AF 6회+,
  ER(3+) 60%+

- 유지기 : AF 4~5회+,
  ER(3+) 40~50%+

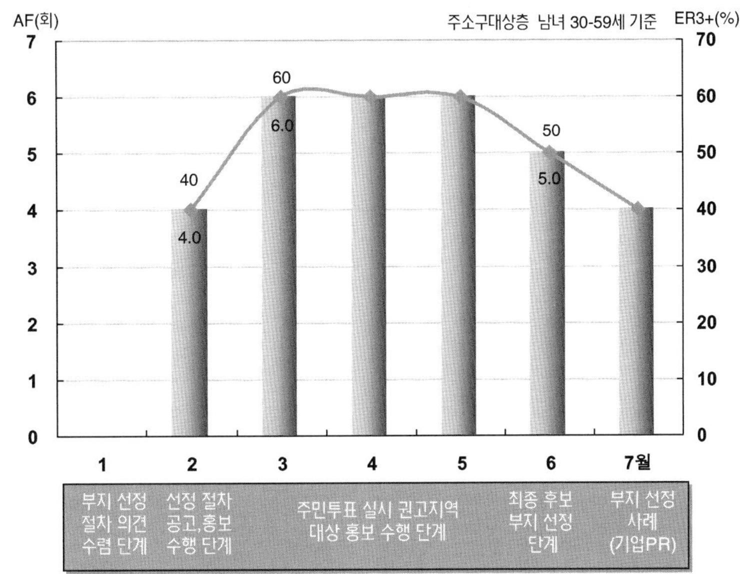

NOTE

주요 시점에 혼잡도를 피하기 위해 ER3+ 60% 투입이 타당합니다

APPROACH BASED ON CLUTTER LEVEL

12월 기준 TV광고 집행 전체 브랜드 500여 개 대상 분석 결과,

- **500 GRPs,ER(3+) 60%** 미만 위치에 집행 브랜드 밀집 현상

- 주요 캠페인 단계에 한해 **Clutter Level 탈피| 차원** 에서 목표치 설정 적합

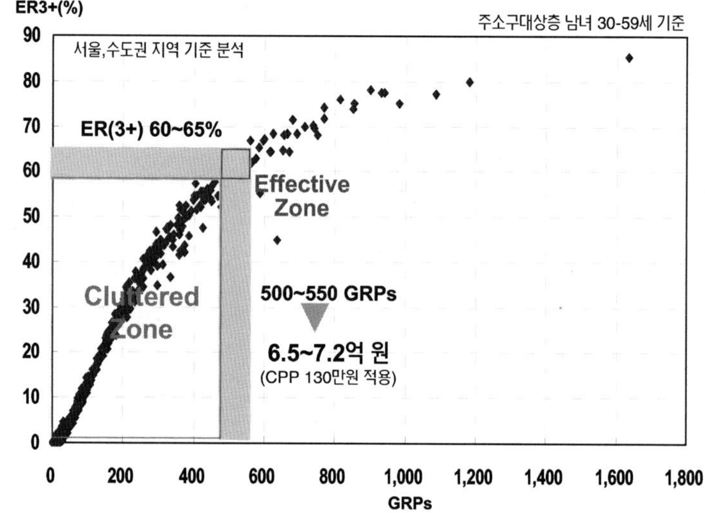

NOTE

전국권 기준 월 4~7억 원 소요 됩니다

TV BUDGET SETTING BASED ON E.R.(3+)

효과예측 모델 **TV Master Simulation Tip** 적용 결과,

- 주요 캠페인 시기 **ER(3+) 60%+**
  - : **510 GRPs**, 전국권 기준 **6.6억 원**
- 목표 CPP 130만원 적용
  - : '04년 집행분 대비 **20%** 개선 수준
  - : 지방분 포함시 150만원
- 유지기 **ER(3+) 40%+**
  - : **310 GRPs, 4.0억 원**

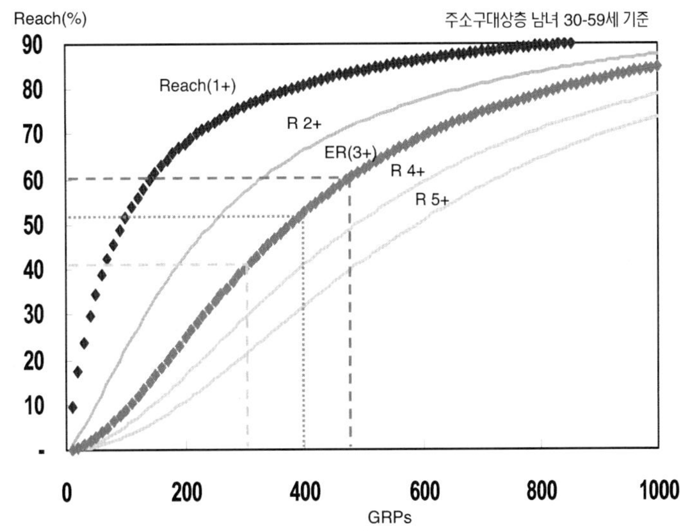

전국권 기준 월 평균 427 GRPs를 얻게 됩니다

MONTHLY EXPECTED GRPs LEVEL

월 310~510 GRPs, 월 평균 427 GRPs 획득 전망

- **6개월 총 2,560 GRPs**
  : 월 평균 Reach 82%, ER(3+) 56%, AF 5.2회 수준

AF 수준 월간 4.0~6.0회 달성 기대

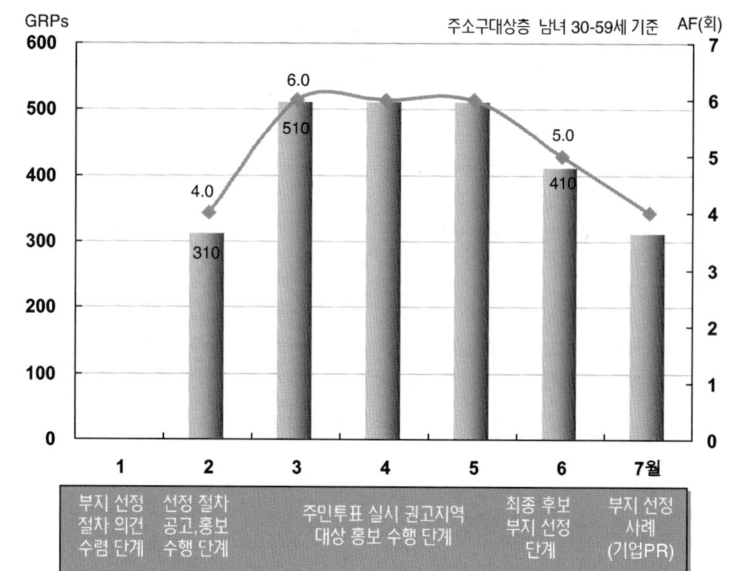

NOTE

TV매체에 월 5~9억 원이 투입 되게 됩니다

MONTHLY TV BUDGET ALLOCATION

전국분 경우 **TV** 매체효과 예측모델 통한 목표치 설정 후 필요예산 산정

전략상 지역주민 설득 차원 에서 공영방송의 지방분, 지역민방의 적극적 활용
- 전국분의 **20%** 수준

연계물량 경우 전국분의 **10%** 수준으로 최소화와 전략 지역 지방분으로 전환

예산 총 **43.3억 원** 수준
- 전국분 **33.3억**, 지방분 **6.7억**, 연계물 **3.3억**
  : 후보지 별도 투입량 전국분 대비 30%

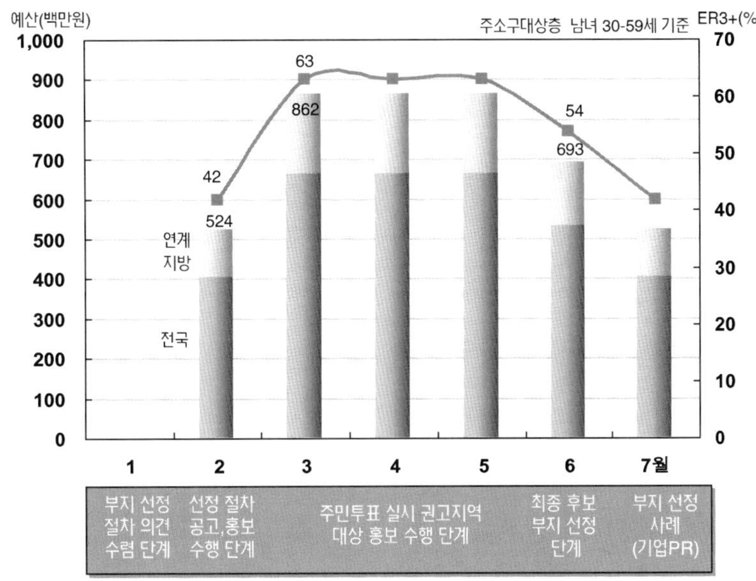

NOTE

철저한 핀 포인트 전략으로
Sunken Cost를 없앱니다
REGIONAL TV COVERAGE STRATEGY

연계물,지방분 물량 10억 원의
4대 유력 후보지 집중 노출 전략

- 주요 시점 월 평균 **2억** 수준
- 지역별 월 **5천만 원** 규모 투입
  : **SA급 SB** 기준 지역별
    월 **120~160회,1일 4~5회**
    노출 가능

기타 잠재 후보지 경우 전국분
으로 도달 가능

- **4대** 유력지 인접지역 경우
  동시 도달 가능
- 시점별 후보지역 변동에 따른
  투입지역과 물량의 탄력적
  조정

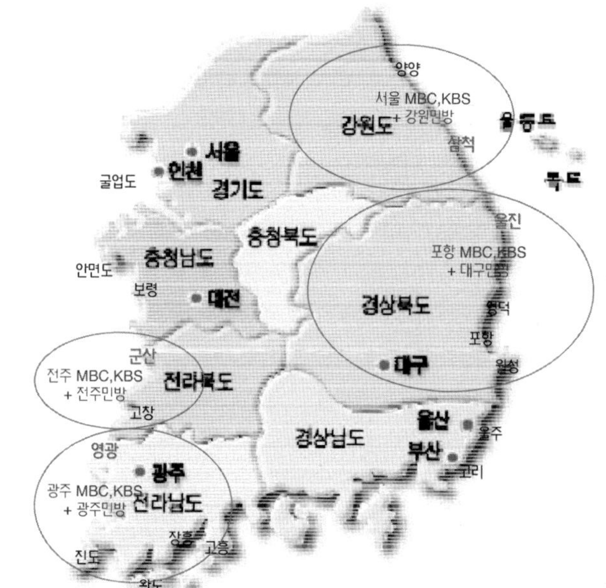

<table>
<tr><td>NOTE</td></tr>
</table>

후보지 기준 월 평균 **200 GRPs를** 추가로 얻게 됩니다

4대 유력 후보지 당 월간 5천만 원 투입 경우, 지역 평균 월 200 GRPs 추가 획득 전망

- 지역 **CPP** 수준 **25~30** 만원 적용
- **AF** 수준 지역당 월간 **6.0~8.0**회 달성 기대

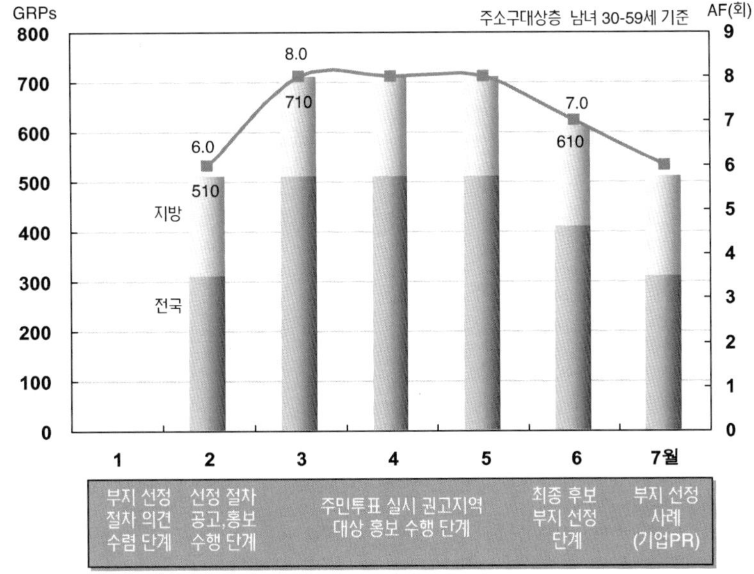

효과예측 모델로 예산의 **20%**를 절감시켜 드립니다

SYSTEMATIC VEHICLE SELECTION TOOL

브랜드의 주소구대상층에
효율적인 시간대 광고 구매
- **TV Master**의 **Viewer's Tip** 중 **Pattern Tip** 활용

주소구대상층 남녀 30-59세 기준

방송3사 평균

	평균		월요일		화요일		수요일		목요일		금요일		토요일		일요일	
	시청률	CPP	시청률	CPP	시청률	CPP	시청률	CPP	시청률	CPP	시청률	CPP	시청률	CPP	시청률	CPP
평균	3.1	1,431	3.0	1,364	2.9	1,440	2.9	1,344	3.0	1,368	3.1					
06:00 - 07:00	1.5	702	1.6	714	1.7	630	1.5	752	1.6	699	1.4					
07:00 - 08:00	3.1	373	3.3	337	3.3	334	3.5	316	3.1	347	3.4					
08:00 - 09:00	3.1	836	3.2	805	3.1	823	3.3	760	3.1	825	3.0	775	2.9	840	3.4	989
09:00 - 10:00	3.1	898	3.1	767	3.2	757	3.3	741	3.2	778	3.2	789	3.0	940	3.0	1,547
10:00 - 11:00	2.0	1,143	1.5	1,131	1.7	990	1.7	959	1.5	1,092	1.5	1,101	2.4	1,013	3.6	1,395
11:00 - 12:00	1.6	1,142	1.0	967	1.1	976	1.1	995	1.1	900	1.1	840	2.2	1,170	3.4	1,425
12:00 - 13:00	2.2	1,305	0.6	1,183	0.5	1,224	0.9	703	0.9	609	0.5	1,339	2.0	1,115	2.7	1,459
13:00 - 14:00	2.2	1,445			0.2	2,252	0.8	370	0.7	607			1.8	1,424	2.6	1,461
14:00 - 15:00															2.0	1,913
15:00 - 16:00															1.8	2,248
16:00 - 17:00															1.9	2,692
17:00 - 18:00															3.6	1,891
18:00 - 19:00															3.9	2,425
19:00 - 20:00															5.2	1,753
20:00 - 21:00															6.0	1,575
21:00 - 22:00															6.0	1,484
22:00 - 23:00															4.1	2,075
23:00 - 24:00															3.6	1,605
24:00 - 01:00															1.8	1,757
01:00 - 02:00															1.3	1,829

MBC

	평균		월요일		화요일		수요일		목요일		금요일		토요일		일요일	
	시청률	CPP	시청률	CPP	시청률	CPP	시청률	CPP	시청률	CPP	시청률	CPP	시청률	CPP	시청률	CPP
평균	3.2	1,439	3.4	1,347	3.5	1,344	3.3	1,327	3.1	1,454	3.1	1,254	2.7	1,636	3.4	1,648
06:00 - 07:00	1.4	986	1.5	965	1.5	924	1.3	1,049	1.4	1,005	1.2	1,148	1.5	868	0.8	678
07:00 - 08:00	3.6	309	4.3	254	4.0	282	4.1	262	4.5	240	4.1	269	3.0	483	1.6	469
08:00 - 09:00	2.9	885	3.0	895	3.1	862	3.3	803	3.2	851	2.9	805	2.4	895	2.4	1,189
09:00 - 10:00	2.8	1,098	2.5	1,105	3.1	926	2.9	953	3.0	921	2.9	927	2.6	1,022	2.5	1,792
10:00 - 11:00	2.0	1,167	1.2	1,329	1.4	1,001	1.6	914	1.2	1,207	1.7	901	2.8	983	3.6	1,419
11:00 - 12:00	2.1	1,068	0.5	1,899	1.0	1,095	0.9	1,380	0.5	1,979	1.5	786	2.7	801	3.9	1,323
12:00 - 13:00	2.2	1,289	0.6	1,183	0.5	1,302	1.1	900	0.7	959		.	1.8	1,183	3.1	1,362
13:00 - 14:00	2.4	1,402		.	0.2	2,252	0.7	614	0.7	607		.	1.9	1,336	2.8	1,441
14:00 - 15:00	1.8	1,989		.		.		.	0.8	580		.	2.1	693	1.7	2,444
15:00 - 16:00	1.6	2,161		.		.		.		.		.	1.7	2,253	1.5	1,885
16:00 - 17:00	0.9	2,549	0.2	6,260	0.2	5,556	0.2	4,278	0.3	2,732	0.5	2,661	1.6	2,671	3.0	1,600
17:00 - 18:00	2.1	1,491	1.4	1,116	1.2	1,272	1.8	862	1.5	962	1.8	838	1.6	3,075	3.9	1,683
18:00 - 19:00	2.6	1,339	2.4	1,091	2.8	964	2.4	1,142	2.5	1,022	2.5	1,053	2.5	2,730	4.5	2,214
19:00 - 20:00	3.9	1,944	3.2	1,995	3.5	1,793	2.7	2,250	2.7	2,317	3.0	2,051	3.8	2,420	6.2	1,593
20:00 - 21:00	6.4	1,435	7.0	1,241	6.9	1,318	6.0	1,428	5.7	1,604	7.2	1,205	5.4	1,990	6.1	1,775
21:00 - 22:00	5.7	1,710	6.6	1,586	6.7	1,539	6.0	1,727	6.2	1,726	6.3	1,671	3.9	2,126	4.8	1,767
22:00 - 23:00	4.3	2,190	6.1	2,040	6.0	2,032	4.6	2,193	4.6	2,234	4.8	1,910	2.8	2,399	2.6	2,667
23:00 - 24:00	[illegible]	...65	5.6	1,650	5.0	1,778	6.1	1,329	4.2	1,809	2.2	2,529	3.8	1,340	2.4	2,092
24:00 - 01:00	[illegible]	...37	2.2	1,210	2.2	1,366	3.6	1,053	0.7	1,501	1.9	1,012	2.3	1,743	1.8	1,597
01:00 - 02:00	[illegible]	...48	0.8	2,276	0.6	2,907	0.8	1,962	0.6	2,462	0.7	3,011	1.3	1,709	1.2	1,367

자료원 : TV Master Viewer's Tip 중 Pattern Tip

NOTE

다양한 접근을 통해서 예산 집행의 효율성을 극대화 합니다

VEHICLE SELECTION

CM 위치 지정제 등을 통한
효과와 효율성 극대화 실현
- 대행 광고주 대우건설
  프르지오 경우 **7개월간**
  효율적 위치 지정제 운영
  : 위치 지정에 따른 추가
  광고비 **9%** 증가 대비
  24%의 GRPs 증대로
  CPP 14% 수준 개선

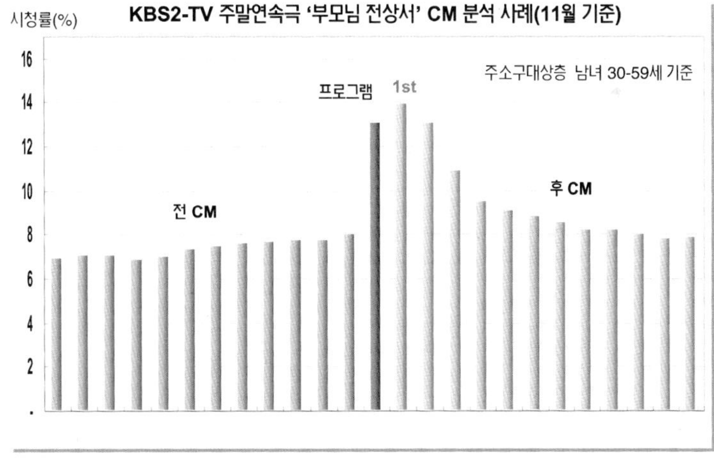

라디오 매체 운영 전략

후보 지역 여론 개선을 위한
별도의 지방분 운영이 필요합니다
RADIO ACTION PLAN

대 국민,지역주민 설득 차원
에서 전국분과 후보지역
지방분 별도 운영

- 후보 지역 경우 해당 지역
  주민 참여 형태의 실증식
  광고 검토
- 지역 유력지,지자체와의
  환경관련 공동 캠페인
  전개 시 병행 고려
- 월간 **TV**물량의 **10%** 수준
  : 전국 대 지방 **60%** 대
  40% 규모

월간 **52~86**백만 원 수준
- 예산 총 **4.3**억 원 규모

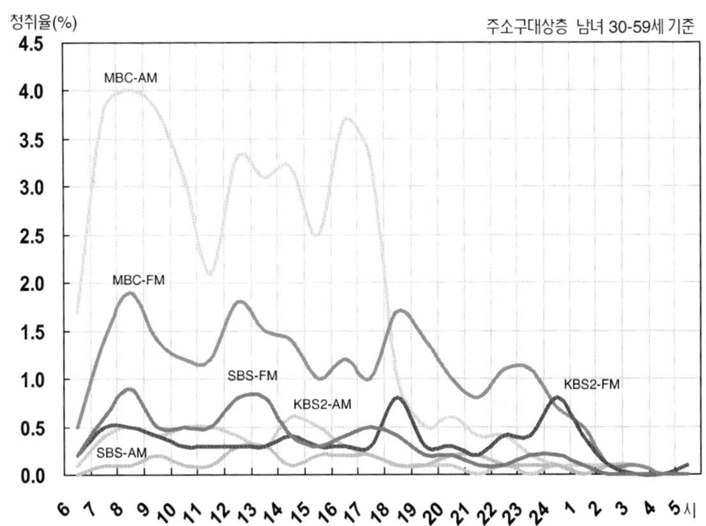

신문 매체 운영 전략

사안에 따라 3대지 전국판과 해당 후보지 지역판을 병행하십시오

VEHICLE SELECTION & SIZE

후보지역 거주 소구대상층 기준으로 조선일보와 해당 지역 유력지의 구독률과 효율성 분석 결과,

- 부산지역을 제외한 여타 지역 경우 지방지의 열세 입증
- 해당 후보지 지역지 대비 3대지 지방판 운영 효율적
- 유력 지방지 경우 언론사 와 환경관련 공동 캠페인 전개 시 별도 활용 고려

광고 주목률 차원에서 주니어 사이즈 광고 운영

- 주니어 : 5단 = 35% : 24%

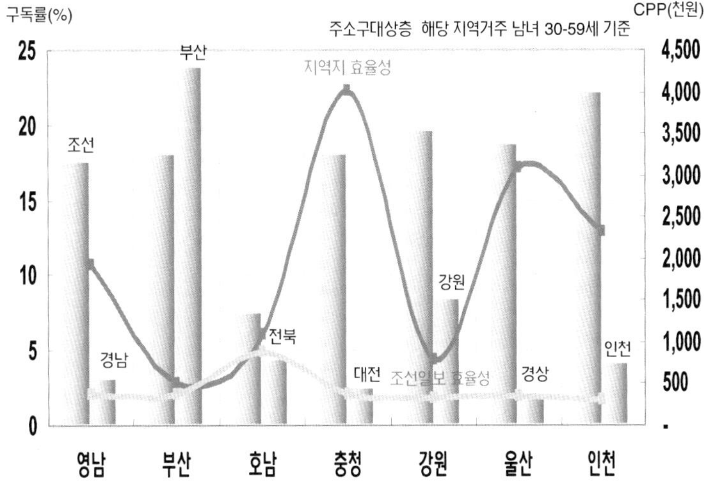

캠페인 주요 기간에 월 2회의 광고를 보게 합니다
BUDGET ALLOCATION & EFFECTS

주요 캠페인 시점에 3대지 전국판 2회씩 노출
- **7월 경우 선정지역 감사 광고 또는 기업PR광고 1회 집행**

유력 후보지 4개 지역 대상 3개 지방판 활용
- **군산,영광 : 호남판**
- **울진 : 영남판, 삼척 : 강원판**

예산 총 10.7억 원 수준
- **전국판 6.4억, 지방판 4.3억**

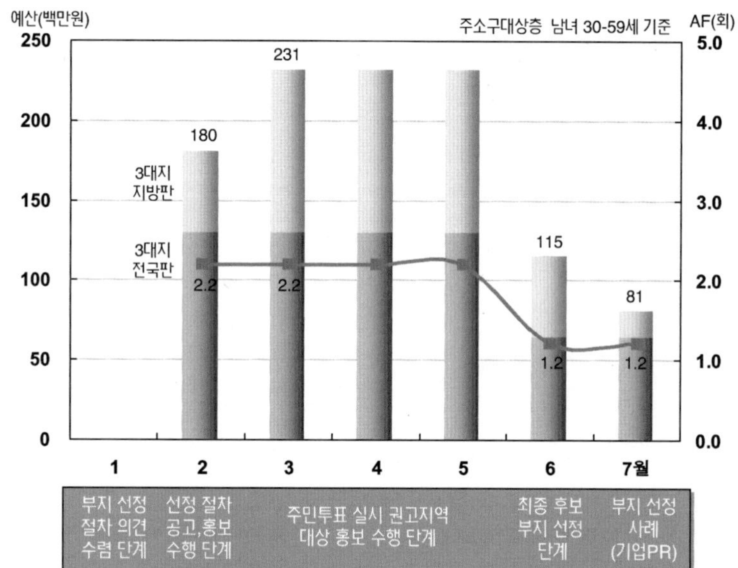

CATV 매체 운영 전략

지역 주부층을 공략하기 위해서 드라마,영화 채널을 활용하십시오

CHANNEL SELECTION

부지 지정의 적극 반대 그룹인 지역 주부층을 설득하기 위한 전략적 매체

- 주부층의 **PMN**과 선호도 고려한 드라마,영화 채널 선정

후보지들의 공중파 난시청 문제 해결 대안 매체

프로그램 구매 시 원칙 설정

- 소구대상층의 선호 채널 확보 우선
- 보너스율,제공 초수 보다 간판 프로그램 **SB** 우선

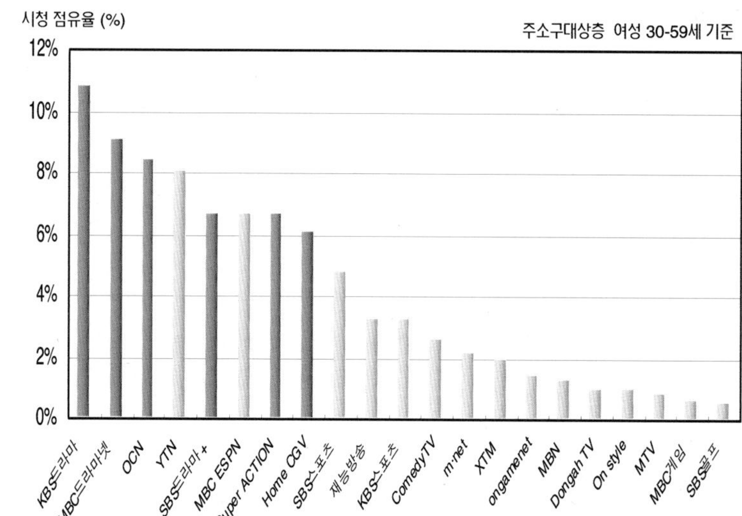

NOTE

유력 후보지와 도달범위 고려한 선택이 필요합니다
S/O SELECTION & BUDGET

4대 유력 후보지역 중심의 각 S/O의 도달범위 고려한 5개 S/O 선정

S/O당 월 4백만 원 수준
- **S/O 당 일일 30회 노출, 월 900회 노출 가능**
- **프로그램당 단가 3~6만원, 보너스율 700~1,000%**

월 광고비 20백만 원 규모
- **2월,7월에 한해 8~10 백만 원 수준**
- **총 예산 98백만 원 규모**

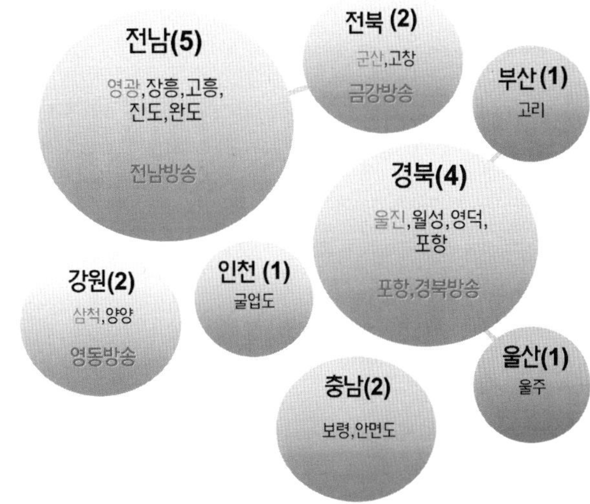

NOTE

매체 예산과 기대효과

6개월간 총 59.2억 원이 투입 되게 됩니다

TV 43.3억, 신문 10.7억, 라디오 4.3억, CATV 1.0억 원 수준

- 월 평균 988백만 원 규모
- 4대매체 기준 58.3억 원 수준

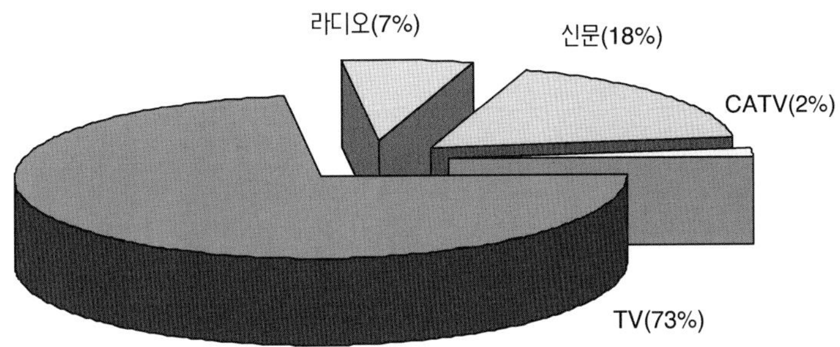

NOTE

광고 접촉은 월 4.2~6.7회 이상 가능합니다

BUDGET BREAKDOWN & EFFECTS

월간 예산 분배비율 11~20% 선
- 예산 규모 월 6.7~12.1억 원

기대 효과 AF 차원에서 최소
4.2회부터 최대 6.7회 달성
- 총 3,095 GRPs+ 획득 기대
  : 월 평균 516 GRPs
- 설정 목표치 추가 달성 확신
  : TV 지방분,신문 지방판,
  라디오,CATV 추가 효과
  고려

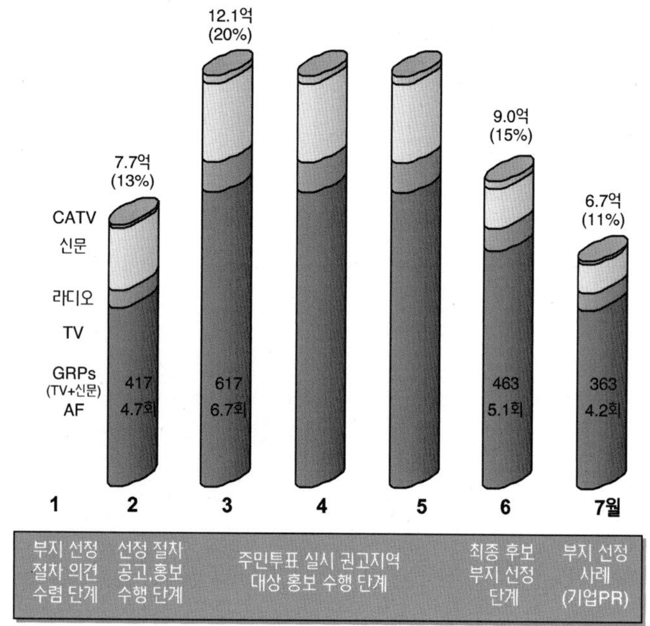

NOTE

매체별 예산 분배 세부 자료
BUDGET BREAKDOWN DETAILS

주소구대상층 남녀 30-59세 기준   광고비 단위 : 천원

	1	2	3	4	5	6	7	합계	
TV		523,900	861,900	861,900	861,900	692,900	523,900	4,326,400	**73%**
전국		403,000	663,000	663,000	663,000	533,000	403,000	3,328,000	77%
GRPs		310	510	510	510	410	310	2,560	
Reach		78	85	85	85	82	78	427	
E.F.		4.0	6.0	6.0	6.0	5.0	4.0	82/5.2/56	
ER(3+)		42	63	63	63	54	42		
지방		80,600	132,600	132,600	132,600	106,600	80,600	665,600	15%
연계		40,300	66,300	66,300	66,300	53,300	40,300	332,800	8%
라디오		52,390	86,190	86,190	86,190	69,290	52,390	432,640	**7%**
전국		31,434	51,714	51,714	51,714	41,574	31,434	259,584	60%
지방		20,956	34,476	34,476	34,476	27,716	20,956	173,056	40%
신문		179,550	230,580	230,580	230,580	115,290	81,270	1,067,850	**18%**
GRPs		107	107	107	107	53	53		
Reach		48.8	48.8	48.8	48.8	43.9	43.9		
A.F.		2.2	2.2	2.2	2.2	1.2	1.2		
조선		45,360	45,360	45,360	45,360	22,680	22,680	226,800	21%
중앙		41,580	41,580	41,580	41,580	20,790	20,790	207,900	19%
동아		41,580	41,580	41,580	41,580	20,790	20,790	207,900	19%
3대지 지방판		51,030	102,060	102,060	102,060	51,030	17,010	425,250	40%
CATV		10,000	20,000	20,000	20,000	20,000	8,000	98,000	**2%**
4대 후보지 5개 S/O		10,000	20,000	20,000	20,000	20,000	8,000	98,000	
합계		765,840	1,198,670	1,198,670	1,198,670	897,480	665,560	5,924,890	**100%**
		13%	**20%**	**20%**	**20%**	**15%**	**11%**		
GRPs		417	617	617	617	463	363	3,095	
Reach		88	92	92	92	90	87	516	
A.F.		4.7	6.7	6.7	6.7	5.1	4.2		

06 삼양라면 매체기획안

미디어플래닝아카데미 제6기
이원희

1. 캠페인 기간 '06년 2~12월
2. 주 소구대상층 26~49세의 주부
3. '06년 확고한 2위 수성과 1위
   탈환의 원년

NOTE

'05년 전체 라면시장 규모 축소, 전년대비1.3%성장
 −소비 양극화 현상

소비자들의 기호가 점차 다양
 −청소년층의 감소, 고령화의 가속화

'05년 여름시장을 겨냥한 하절면류의 성장
2000년대 프리미엄 면류 1000억원대 시장형성
NPB 제품의 성장 −틈새라면

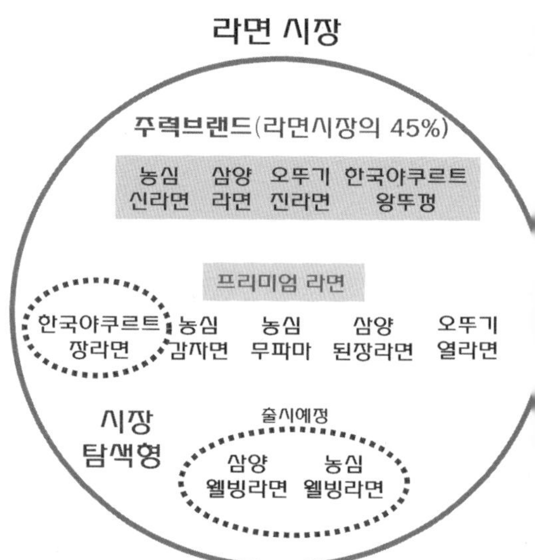

NOTE

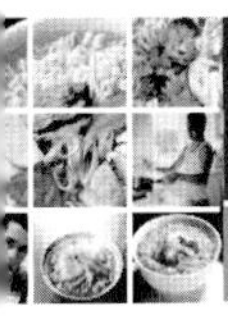

성공한 프리미엄 브랜드는?

무파마

무파마의 출시 원년인 '01년 고려할 필요
- '05년 대한민국 일류브랜드 대상
  월 30억의 매출로 프리미엄 브랜드로 성공
  신라면을 제외한 라면 중 높은 선호도

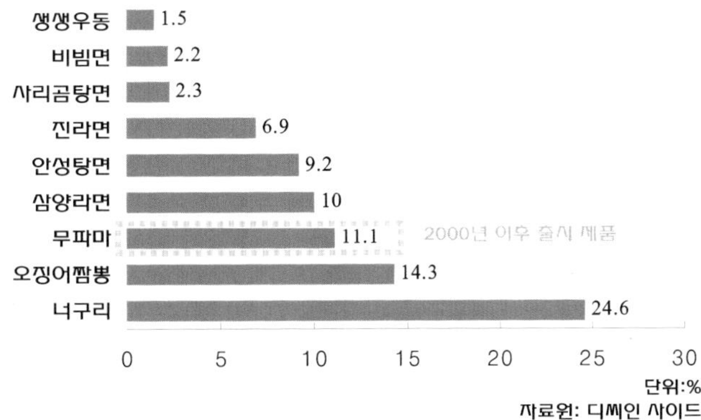

NOTE

성공한 프리미엄 브랜드는?

무파마

무파마의 출시 원년인 '01년 고려할 필요
- '05년 대한민국 일류브랜드 대상
  월 30억의 매출로 프리미엄 브랜드로 성공
  신라면을 제외한 라면 중 높은 선호도

제품 출시 원년 가장 높은 광고비 집행
- '01년 48억 '03~'05년 약 30억 수준
  '01년 월평균 광고비 4.8억원으로
  가장 높은 수준

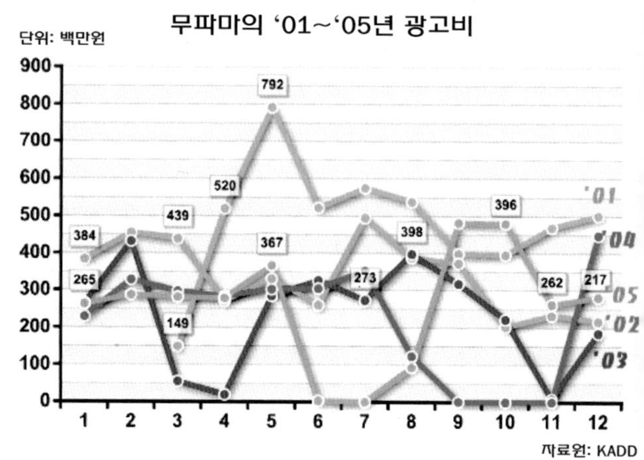

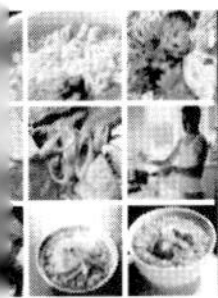

경쟁 브랜드 노출 빈도 분석

'05년 신라면,무파마 월간 노출빈도

프리미엄 브랜드들의 광고 노출빈도 분석 결과

무파마는 10월에 최대 3.6회 달성
월평균 2.7회 수준 3개달 미달
월평균 광고비 3억원, CPP 144만원

중심 신라면은 7월에 최대 5.3회 달성
월평균 3.2회 수준 6개달 미달
월평균 광고비 4.8억원, CPP 142만원

출시년도가 오래 되었음에도 꾸준한 광고 집행

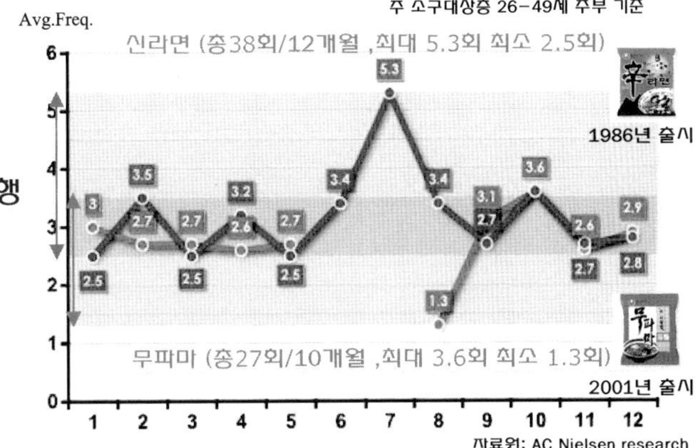

NOTE

오뚜기 진라면은 1월에 최대 5회 달성
월평균 3.6회 수준 3개달 미달
월평균 광고비 4.7억원, CPP 147만원

여름철보다는 겨울시즌 광고 집행

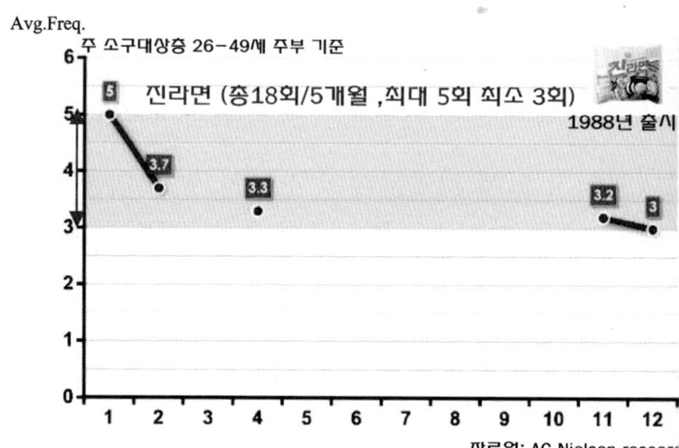

NOTE

경쟁 브랜드 노출 빈도 분석

'05년 장라면 월간 노출빈도

한국야쿠르트의 장라면은 11월에 최대 4.7회 달성

월평균 4.5회 수준 , 월평균 광고비 5.8억원

CPP 152만원

초기런칭기 시점으로 노출빈도가 높음

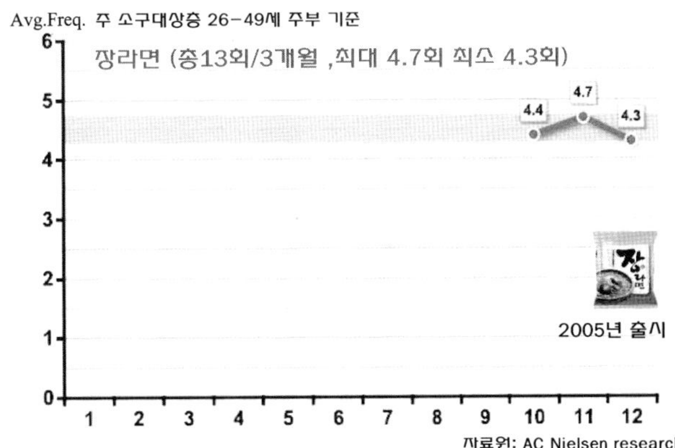

NOTE

'05년 집행분석 결과와 이론적 적정수준 결과
집중기에는 SOV를 높이는 목적
–장라면 빈도이상 필요: 월 5~6회

유지기에는 무파마와 신라면의 빈도를
Benchmarking
–신제품으로 최소수준을 고려 월 3~4회 유지

타제품보다 높은 가격으로 광고를 통한
설득시 높은 빈도 필요

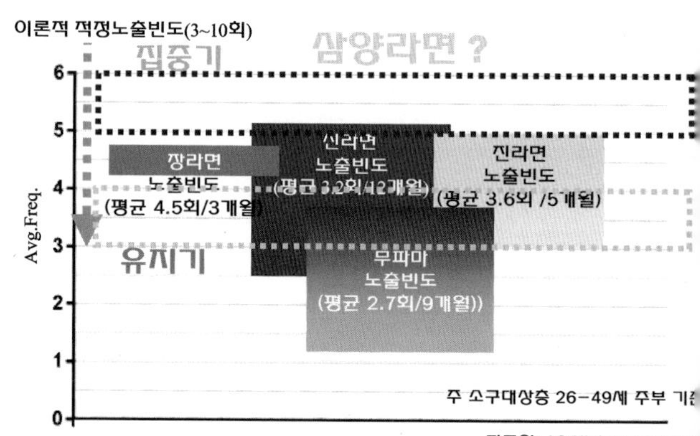

NOTE

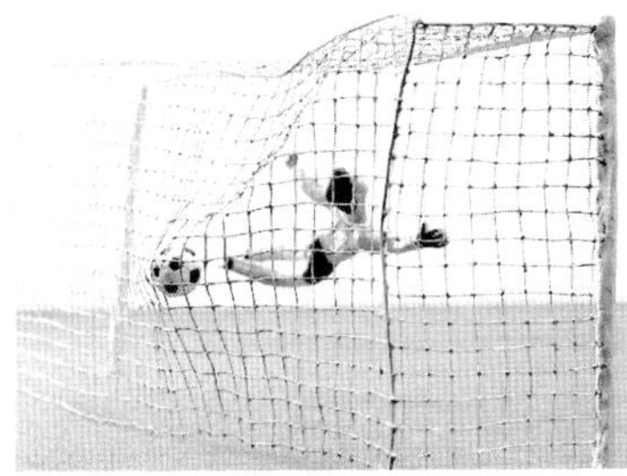

집중기 월평균 6회의 80%, **유지기** 월평균 4회의 50~55%를
주소구대상층에게 광고접촉을 통해 새로운 카테고리의
삼양웰빙라면의 인지도를 제고시키는것

NOTE

삼양라면의 유효빈도 산출결과

유효빈도수	최적GRPs
High(5~6회)	− 480
Medium(3~4회)	− 360
Low(1~2회)	− 160

신제품 출시로 집중기시 최적의 GRPs 필요
−5~6회 일때 월 480정도의 GRPs

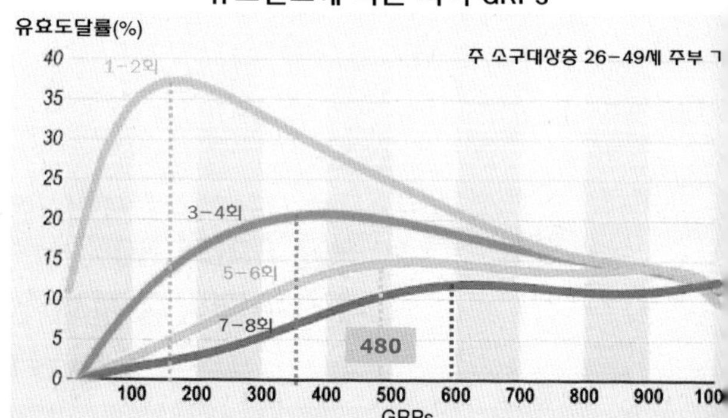

NOTE

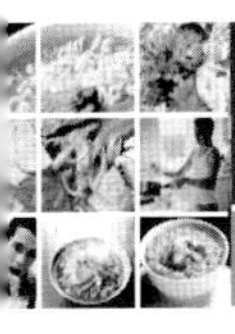

05년 브랜드들의 월간 GRPs 추이 결과
브랜드들은 광고 집행시 일정 수준을 유지

지속적으로 집행하는 브랜드들의 GRPs 이상 필요
-신라면은 약 170~200GRPs
-무파마는 약 150~170GRPs

출시원년을 감안 삼양웰빙라면의 경우
결 200GRPs 최소 수준 유지 필요

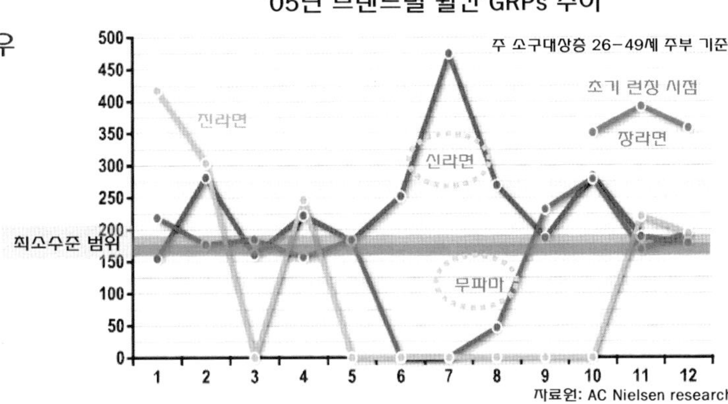

NOTE

Reason Why

효과예측모델과의 상관관계

효과 예측 모델 적용 결과 월평균 4~5회의
광고 노출이 바람직

이론적 적정수준 월 3~10회

집중기: 쟝라면 빈도 이상인 월 6회 수준
유지기: 월 4회 수준

효과 예측 모델

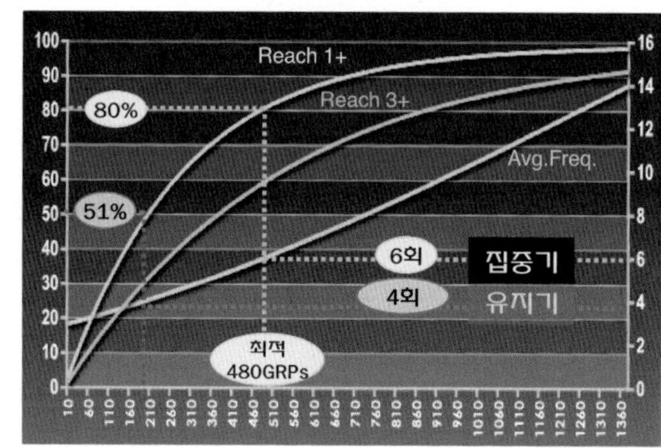

NOTE

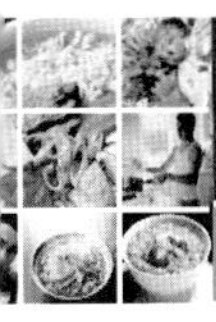

타겟의 성향

라면 구매시 정보원

ㄱ매 영향 정보채널 분석결과 TV/라디오 광고의
영향이 가장 높음

ㅈ부들의 구매시 매장의 고려도가 큼
-판매점의 POP광고 필요

V/라디오 42, 매장 29, 주위권유 10 로 봉지라면
ㄱ매시 영향이 높음

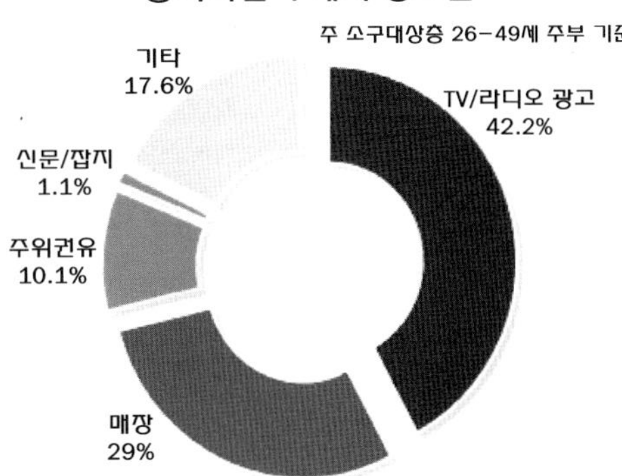

NOTE

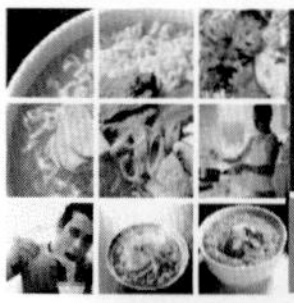

Typical Life style

26-49세의 주부

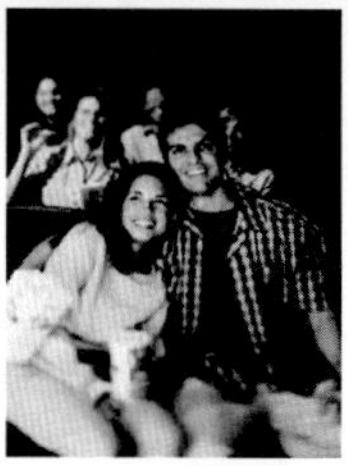

여가시간에 영화를
보러 극장을
자주 가곤 한다.(4%)

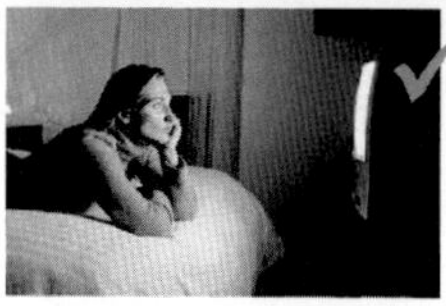

여가시간에는 가족과 TV시청을
하거나 드라마에 높은 관심이
있다.(31%)

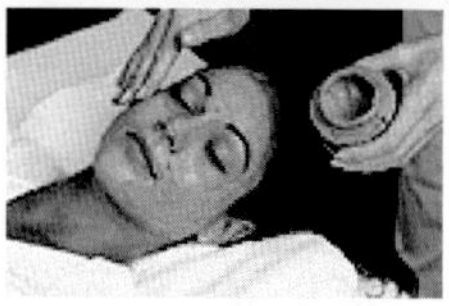

이들은 외모에 관심이
높으며 미용,웰빙트랜드에
반응을 보인다.(7%)

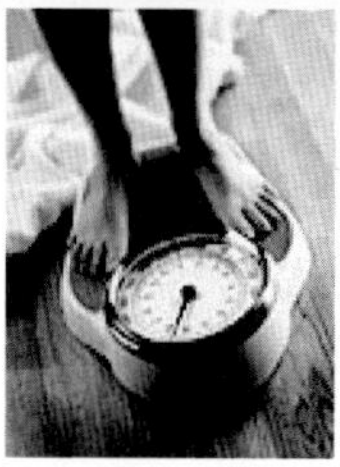

이들은 다이어트에
관심이 높으며 가족들의
건강관리에 신경 쓴다.(18%)

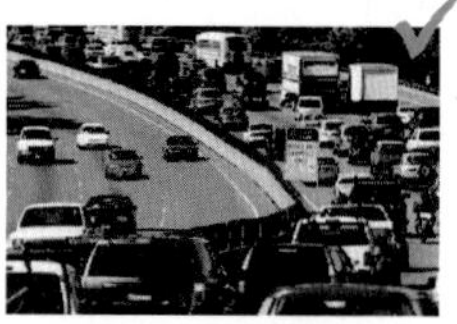

자차 소유로 아침 출근길이나
주부들의 가사활동시
라디오의 접촉이 높음 (25%)

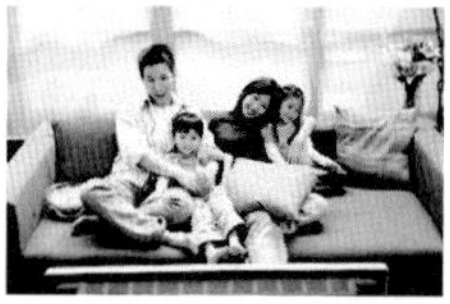

가족을 구성하고 있으며
부모로써 아이들의 양육
및 가정을 돌본다.(32%)

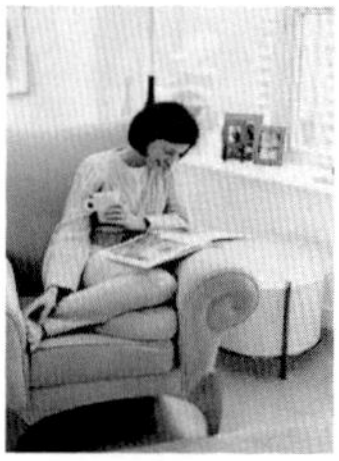

여가시간에 신문,잡지,
책 등 독서를 즐겨 함
(15%)

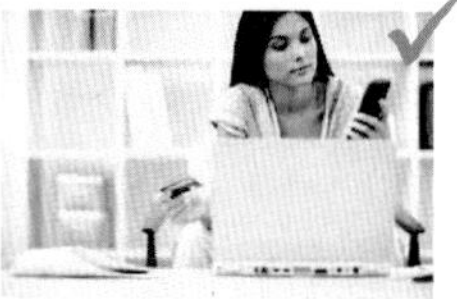

비즈니스 업무 및 쇼핑은
인터넷을 자주 이용한다.
(15%)

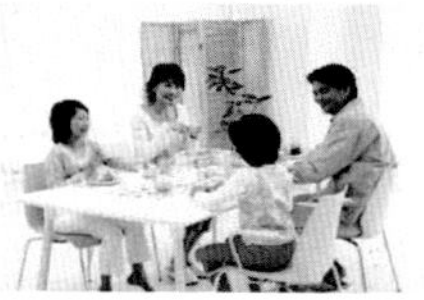

가족들의 간식이나
끼니를 챙겨주며
몸에 좋은 식품에 민감함.

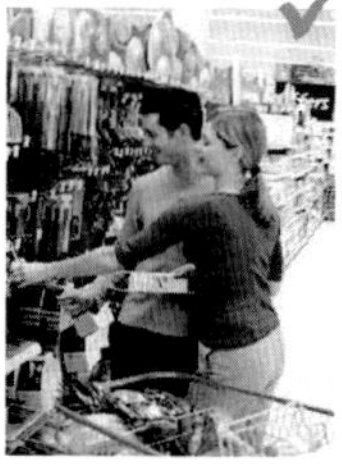

물건구매시 가족들과
할인마트를 자주간다.(20%)

자료원: 2005 MCR KOBAC

NOTE

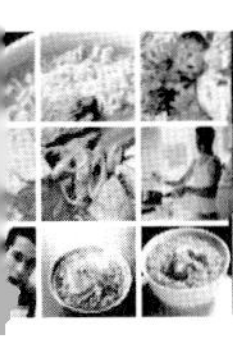

26-49세의 주부들의 매체접촉도

매체접촉도 분석 결과 주부들은 TV에 접촉도가 높음

전반적으로 높은 접촉도를 보임
-다양한 매체 활용 가능, 식품과 어울릴만한 매체 고려

웰빙 트랜드와 Sizzle효과를 표현할 수 있는 동적인
매체 바람직

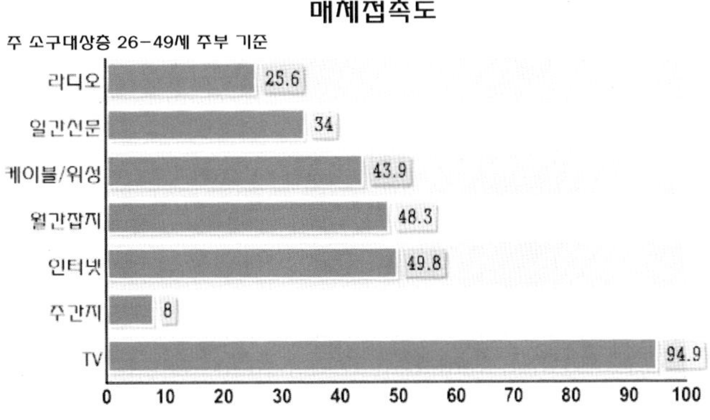

NOTE

'05년 브랜드별 광고비 분석

'05년 라면시장의 프리미엄 브랜드들은
 TV에 집중하는 경향

라면의 경우 인쇄광고보다는 동적인 효과를
낼 수 있는 TV,라디오 매체를 주로 이용

M/S 1위인 신라면은 다양한 매체 집행
출시원년인 장라면은 TV만 집행

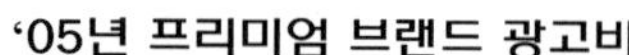
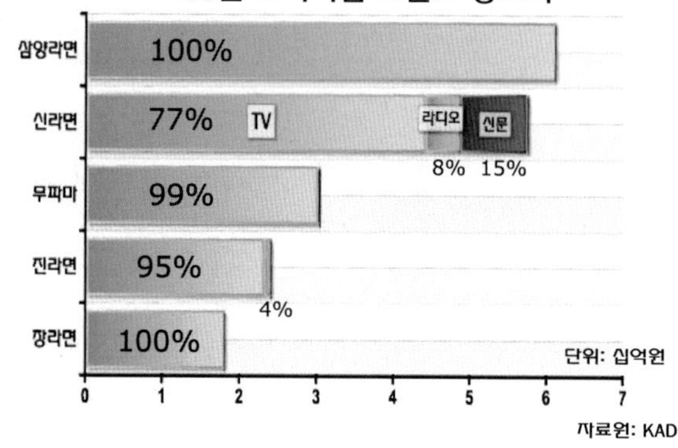

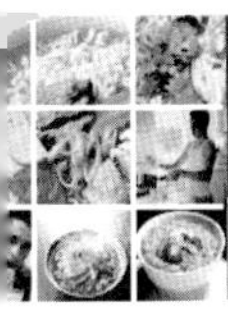

매체별 광고효과

신제품 인지제고와 제품의 특성을 나타내기
위해 TV,인터넷이 적합

웰빙라면의 다양한 성분의 특성을 소구할 수
있는 정보성 매체로 인터넷 활용

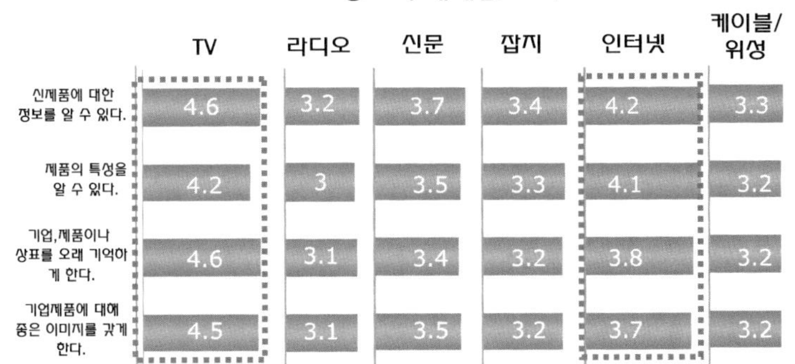

NOTE

TV

가장 높은 접촉도를 보이는 매체로
웰빙과 라면의 부합된 영상을
잘 표현하여 메시지를 신속히 도달

CATV

특정 타겟의 접촉시 적합한
매체로 세분화된 프로그램
채널이 다양함

라디오

TV의 부족한 도달률을 보충
하기 위해 Sizzle 효과를 이용
한 매체로 라디오가 적합

옥외

동일 메시지의 반복적 노출이
유용하고 POP광고로 적합한
쇼핑카트 광고를 이용

인터넷

높은 접촉도를 보이는매체로
프로모션 및 런칭으로 활용

NOTE

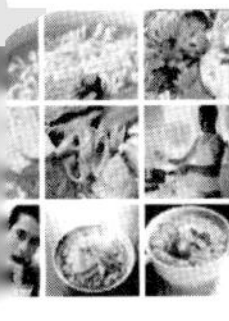

적정 예산은?

매체 목표와 매체 전략을 바탕으로 예산은?

TV 31억 + α의 수준이 요구됩니다
(TV 2300GRPs 투입, CPP 140만원)

NOTE

매체스케줄링

'06년 파장형 패턴으로 연중 집행
- 라면시장은 특별한 계절성 없이 꾸준한 판매
  구매사이클의 주기가 짧음

런칭초기 소재교체 시점 impact를 강화
- 새로운 웰빙 Category 제품으로 인식유도

유지기에도 최소 수준노출을 위한 집행
- 신제품의 인지 제고와 웰빙의 특성으로
  지속적 집행이 타당

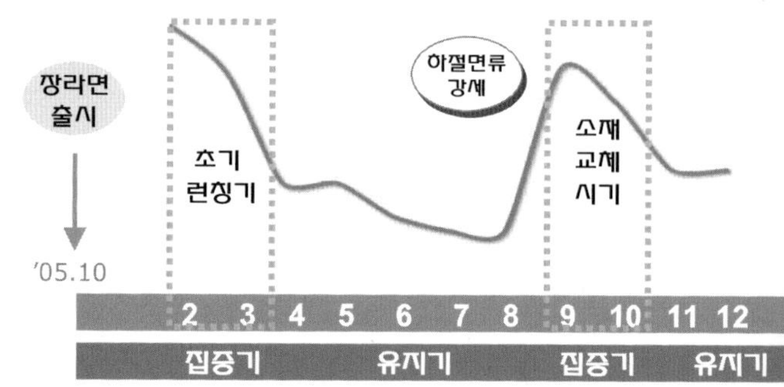

TV매체 운영 전략

06년 집중형 패턴으로 연간 2편 소재 운영
–집중기 5.7회 유지기 3.6회 노출 예상

웰빙라면의 맛과 건강의 신뢰성 차원에서 신은경
전 앵커의 보이스 적극 활용

여름철 TV이외의 매체로 노출 확대, 하반기 impact 강화
–독일 월드컵의 높은 Clutter 수준을 예상
–여름철 하절면류의 광고 집행 예상

연간 예산 31억원

'06년 TV 연간 예산

	2	3	4	5	6	7	8	9	10	11	12	집중기	유지기
Budget	6.4	5.8	1.9	1.4				6.4	5.8	1.9	1.4	6.1	1.7
Avg.Freq.	5.8	5.5	3.6	3.4				5.8	5.5	3.8	3.4	5.7	3.6
Reach(%)	79	76	51	51				79	76	51	51	78	51
GRPs	460	420	140	100				460	420	140	100	440	120

TV매체 세부운영 전략

집중기

초기 런칭기 오전시간에 30초와 15초 광고 운영
- 방송3사는 평일 오전 7~9시에 효과 및 효율성이
  높음

도달률을 높이는 목적으로 시청률이
높은 19~23시 병행 집행

유지기

효율성이 높은 오전 시간 및 심야 시간
SPOT 위주 광고 집행

방송 3사 TOTAL

	MON		TUE		WED		THU		FRI		SAT		SUN		AVG.	
	Rating	CPP	Rating	CPP	Rating	CPP	Rating	CPP	Rating	CPP	Rating	CPP	Rating	CPP	Rating	CPP
5:00	1.4	452	0.9	1,211			1.0	630	1.2	548	0.2	1,330	0.0	0	1.1	584
6:00	1.2	1,061	1.1	1,177	1.0	1,283	1.0	1,345	1.2	1,121	0.9	1,450	0.6	1,588	1.1	1,228
7:00	3.6	471	3.6	465	3.3	481	3.4	497	3.5	464	2.7	678	1.2	1,276	3.2	520
8:00	4.6	672	4.9	626	4.5	645	4.7	656	4.8	612	3.7	840	2.6	1,537	4.0	823
9:00	3.8	630	3.8	622	3.9	608	3.8	642	4.0	610	4.1	749	3.6	1,280	3.9	692
10:00	2.7	526	2.4	608	2.4	597	2.4	637	2.7	533	3.3	879	3.7	1,587	2.9	968
11:00	1.8	575	1.8	533	1.7	582	1.7	560	1.7	512	3.4	886	3.1	1,188	2.3	753
12:00	1.2	940	1.2	780	1.4	650	1.2	774	1.7	536	2.6	977	3.2	1,431	2.1	1,055
13:00											2.3	1,226	2.9	1,488	2.6	1,369
14:00											2.6	1,234	2.9	1,510	2.7	1,386
15:00											2.8	1,317	2.7	1,726	2.8	1,498
16:00	0.4	2,070	0.4	2,461	0.4	2,300	0.4	2,187	0.4	1,481	2.7	1,668	3.1	1,847	1.9	1,798
17:00	2.5	686	2.4	725	2.3	771	2.5	682	2.4	675	4.0	1,686	4.6	1,852	3.3	1,370
18:00	3.2	978	3.1	950	2.9	1,013	3.2	981	3.5	1,041	5.0	1,784	3.5	2,938	3.5	1,232
19:00	4.2	1,438	4.4	1,357	4.2	1,374	4.2	1,346	4.8	1,316	7.4	1,363	7.5	1,392	5.1	1,371
20:00	4.5	1,744	4.3	1,877	3.8	2,135	4.5	1,805	4.2	1,926	5.5	1,638	5.9	1,507	4.7	1,775
21:00	5.9	1,591	5.9	1,605	6.7	1,462	6.8	1,416	6.0	1,512	7.5	1,190	7.7	1,225	6.5	1,441
22:00	7.5	1,359	6.7	1,435	8.0	1,294	3.1	3,288	5.0	1,523	3.8	2,200	4.9	1,614	5.1	1,677
23:00	5.3	1,419	5.4	1,361	5.0	1,347	6.1	1,300	5.9	1,208	4.0	1,461	3.4	1,499	5.1	1,355
24:00	2.3	919	2.1	962	2.1	983	2.5	817	3.5	1,019	2.7	1,633	2.2	1,345	2.4	1,056
25:00	1.0	1,375	1.2	1,066	1.1	1,333	1.3	1,048	1.2	1,060	1.4	962	1.2	984	1.2	1,105
AVG.	3.5	1,111	3.5	1,113	3.4	1,123	3.6	1,116	3.6	1,073	3.7	1,301	3.9	1,533	3.6	1,215

자료원: AC Nielsen researc

NOTE

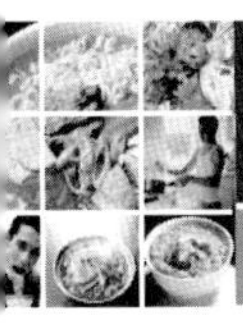

주부들의 선호도가 높은 드라마,뉴스,오락 프로그램 위주 집행
–드라마,뉴스,쇼/오락 52% 18% 13% , 나머지 각 5% 이하

집중기와 유지기에 따라 다른 패턴 집행

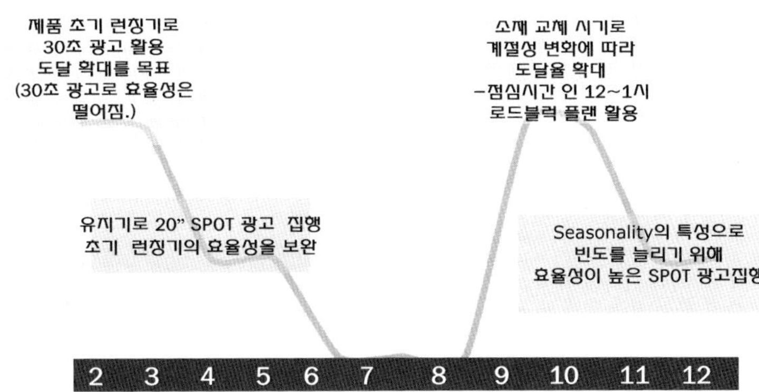

NOTE

공중파 TV의 부족한 노출량을 보완
-초기 런칭기와 소재 교체시기 시점 30초 광고 활용

Target에게 높은 점유율을 보이는 드라마,영화 채널을 집행
-점유율 3%이상인 채널 집행

여름철 TV의 비집행으로 CATV 광고비 강화

연간 예산 총 6억원

단위: 천만원

CATV '06년 예산

	2	3	4	5	6	7	8	9	10	11	12	연간예산
MBC드라마넷	2	2	1	1	2	2	2	1	1	1	1	16
SBS드라마플러스	2	1	1	1	2	1	1	1	1	1	1	13
KBSSKY드라마	1	2	1	1	2	2	2	1	1	1	1	15
OCN	1	1	1		2	2	1	1		1	1	11
채널CGV			1		1	1	2					5
총계	6	6	5	3	9	8	8	4	3	4	4	60

NOTE

Radio 매체 세부 운영 전략

각면의 구매시 정보원으로 Radio가 높은 영향
-Sizzle 효과 표현 및 캠페인 전개시 효율적

유지기 반복청취율이 높은 Radio의 노출빈도
효율성을 기대
-캠페인 후기 브랜드 상기를 유지시키기 위함
-초기런칭기와 유지기 집행

Target의 청취율이 높은시간인 오전
11:00~2:00 위주 광고 집행
-MBC FM,SBS FM,MBC AM 집행

겨울철을 통해 '07
년 이월 집행

Radio 광고 '06년 예산

단위: 천만원

	시급	2	3	4	5	6	7	8	9	10	11	12	총계
MBC AM	A,B	2.7	2.7	2.7	2.7	2.7					2.7	2.7	18.9
MBC FM	A	1.5	1.5	1.5	1.5	1.5					1.5	1.5	10.5
SBS FM	A	0.7	0.7	0.7	0.7	0.7					0.7	0.7	4.9
총계		4.9	4.9	4.9	4.9	4.9					4.9	4.9	34.3

NOTE

주부들의 50%의 매체 접촉을 보이는 인터넷 활용
도메인 접속률 1위인 네이버 운영

런칭초기–2월 네이버 확장형 동영상 배너광고
프로모션– 9월 네이버 탑배너 광고

연간 예산 충 1.6 억원
동영상 배너 1억원 /1개월
탑배너   6천만원/ 1개월

탑배너 광고

NOTE

SP 매체 세부 운영 전략

대형할인마트

대형할인마트의 광고가 필요
 –라면의 구매빈도가 높고 정보원으로
   활용되는 매장을 이용

대형 할인점 이용시 주로 식품 매장을 이용
–식품 83.5 세제,미용용품 4.6 기타 3.4 주방용품 2.4

높은 상기도와 높은 매출을 보이는 이마트 위주 집행
최초상기도와 매출순위고려 홈플러스 집행

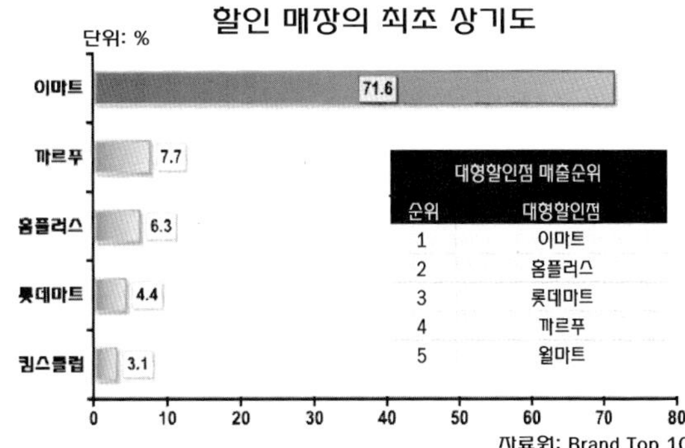

NOTE

쇼핑카트광고

이마트, 홈플러스 서울,경기,인천 등 총 38곳
쇼핑카트 광고 집행
–할인점 쇼핑시 95.6% 카트 사용

월평균 유동 인구수 50만 이상인 점포 집행

예산 총 2억, 매출이 높고 런칭시점인 2월과
여름 성수기인 6,7월 운영
–점포당 100개 카트 집행, 단가 2.5만원

할인점 월별 매출 증가 추이

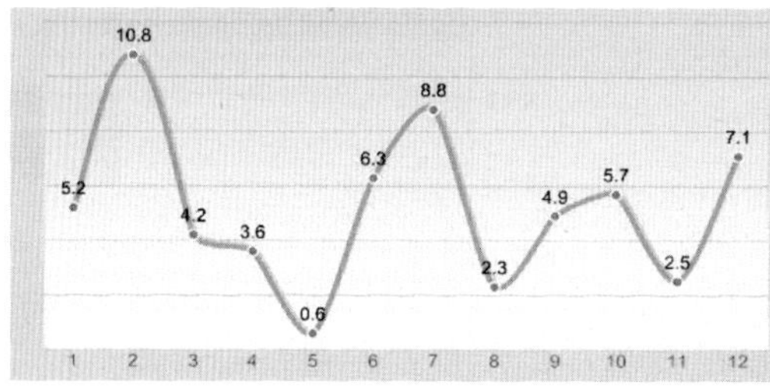

자료원: 산업자원부 04.3.12 보도자료

쇼핑카트광고 '06년 예산

단위: 천만원

운영 점포수		2	6	7	총계
이마트	서울(8),경기(14)	3.4	3.4	3.4	10.1
홈플러스	서울(6),경기(10)	3.4	3.4	3.4	10.1
총계		6.7	6.7	6.7	20.2

NOTE

연간 예산 44억 중 TV에 70%로 31억 투입
-CATV 14% 라디오 8%, 인터넷 4%, 쇼핑카트 5%

집중기 6회, 유지기 4회 목표치 달성 가능
-CATV,라디오,인터넷, 쇼핑카트 매체 효과 포함시
목표치 이상 도달

'06년 예산 및 기대효과

Budget: 억원

		2	3	4	5	6	7	8	9	10	11	12	집중기	유지기	총계
TV	Budget	6.4	5.8	1.9	1.4				6.4	5.8	1.9	1.4	6.1	1.7	31.0
	Avg.Freq.	5.8	5.5	3.6	3.4				5.8	5.5	3.8	3.4	5.7	3.6	25회
	Reach(%)	79	76	51	51				79	76	51	51	78	51	98
	GRPs	460	420	140	100				460	420	140	100	440	120	2,240
CATV		0.8	0.8	0.3	0.3	0.8	0.7	0.7	0.3	0.3	0.5	0.5	0.6	0.4	6.0
라디오		0.5	0.5	0.5	0.5	0.5					0.5	0.5			3.5
인터넷		1.0							0.6						1.6
쇼핑카트		0.7				0.7	0.7								2.0
총계		9.4	7.1	2.7	2.2	2.0	1.4	0.7	7.3	6.1	2.9	2.4	6.7	2.1	44.1

NOTE

참고문헌

- Advertising Media Planning - 2nd Edition(1982)
  : Jack Z.Sissors, Jim Surmanek, Crain Books
- Strategic Media Planning(1989)
  : Kent M.Lancaster, Helen E.Katz,   NTC Business Books
- 광고매체기획론(2007)
  : 김희진 외 2인, 학현사
- 광고매체론(2001)
  : 박원기 외 2인, KADD
- 광고를 움직이는 소비자 심리(1998)
  : Max Sutherland 저, 윤선길 · 김완석 공역, 경문사
- 매체환경변화와 광고심의 방향 - 디지털 시대의 광고심의(2002)
  : 김상훈, 2002년 광고심의 세미나, 한국광고자율심의기구

미디어플래닝아카데미 수강생 모집

최근 광고와 연관된 매체환경이 크게 변화하고 있습니다.
조만간 지상파 방송사 중심의 민영 미디어 렙이 탄생하고 IPTV 관련법으로 인해 양방향 광고 등 다양한 광고가 일반화되게 됩니다.

그리고 올해 지상파 방송사의 영향력에 버금가는 종합편성채널 사업자가 확정되게 됩니다. 이러한 환경변화에 따라 광고주나 민영 미디어 렙, 광고회사, 지상파 방송사, 종합편성채널 사업자, IPTV 사업자, 각종 뉴미디어사 등에서 효율적인 광고시간 구매와 적정 광고단가 산정 등 보다 전략적이고 소비자 반응에 기초한 매체기획수립과 구매 또는 판매를 위한 미디어플래닝의 중요성은 더욱 커질 것이고 그 수요 또한 증대될 것으로 판단됩니다.

따라서 경력 미디어플래너들의 새로운 시장으로의 이동이 본격화되고 이들이 옮겨간 빈자리를 메울만한 능력있는 인력을 찾게 될 것은 분명합니다.

그렇습니다.
분명 시장에서의 미디어플래너의 수요는 이전보다 늘어날 것 입니다.
그러나 잘 알고 있듯이 신입을 찾는 곳은 별로 없을 것 입니다.
경험있고 유능한 미디어플래너를 찾을 것임은 부인할 수 없는 사실입니다.

그렇다면 어떻게 하시겠습니까?
먼저 즉시 전력 감이 될 수 있도록 지금부터라도 실무 중심의 능력을 갖추는 것 입니다.
철저하게 준비한 사람 만이 희망찬 미래를 누릴 수 있습니다.
저희 플랜미디어에서는 앞으로 유능한 미디어플래너가 되고자 하는 잠재력있는 대학생과 졸업자, 관련업무 종사자 들을 대상으로 체계적인 실습 위주의 교육 프로그램인 6개월 과정의 미디어플래닝아카데미(MPA)를 운영하고 있습니다.

한양대,숙대 등 학계와 방송광고공사 광고교육원 등에서 대학생과 매체 전문가들을 대상으로 15년간의 강의경력과 16년간 미디어플래닝 업무만을 오리콤에서 실제 참여하고 지휘한 현장경험 등 25년간의 미디어플래닝 업무경력을 바탕으로 업계현장에서 필요로 하는 실무중심의 미디어플래너로 당신을 다듬어 드립니다.

지난 7년간 14기에 걸쳐 배출된 수강생들이 현재 TBWA,웰컴,코마코 등 종합광고회사, PDS미디어 등 미디어 렙, 뉴미디어사, 매체조사회사 등에서 미디어플래너 또는 미디어 전문가로 활동 중 입니다. 또한 수강생들 중에는 대형 광고회사 매체 담당자와 매체조사회사 실무자들도 저희 교육 프로그램에 적극적으로 참여하고 있습니다.

모집 세부 내용

대   상 : 4년 정규대학 4학년생, 졸업생, 현업 관련업무 종사자
인   원 : 8명 이내
모집시기 : 상반기 과정(매년 2월), 하반기 과정(매년 8월)
모집방법 : advertising.co.kr의 인력채용 공고란 게제
교육기간 : 상반기 과정(3~8월), 하반기 과정(9~2월)
교육시간 : 매주 토요일 오후 3시~6시(주간 3시간)
전형방법 : 제출 지원서 평가
결과발표 : 이메일 및 모바일 문자메시지 통지
신청방법 : 간이지원서 제출, 사전 신청가능
서류제출 : planmedia@empal.com
문 의 처 : 02-598-5863

아카데미 강의 세부 커리큘럼

1주차-디지털 멀티미디어 시대와 미디어플래닝,미디어플래닝 업무이해
2주차-미디어플래닝 관련 개념이해
3주차-광고판매와 규제관련 내용이해,양방향광고 이해
4주차-매체조사자료 유형과 활용
5주차-도달률과 평균노출빈도 심층이해,효과적 광고 도달률과 노출빈도
6주차-효과적인 빈도와 도달률 수준 결정방법,미디어플래닝과 마케팅전략
7주차-매체목표와 전략 수립방법,미디어믹스 전략
8주차-스케줄링 전략과 지역선정 전략,광고예산 설정방법
9주차-매체집행평가서 Case Study와 작성법
10~11주차-매체집행평가서 실제작성
12~13주차-작성 매체집행평가서 발표와 토론
14주차-매체기획안 Case Study와 작성법
15~18주차-실전 매체기획안 작성 프로젝트1
19~20주차-프리젠테이션과 토론,보완
21~23주차-실전 매체기획안 작성 프로젝트2
24~25주차-프리젠테이션과 토론,평가,종강

권오범 opkwon@empal.com

▮약 력

오리콤에서 미디어플래닝 업무만 16년간 하다가 '02년 말에 독립해서 작지만 그동안 꿈꿔왔던 전문 미디어 플래닝랩 '플랜미디어'를 만들어 운영 중이며 미디어플래닝 업무대행과 미디어컨설팅업무를 수행하고 있다.
후학양성을 위한 실습중심의 '미디어플래닝 아카데미'를 함께 운영하고 있으며 이를 통해 주요 광고회사의 미디어플래너로 인재를 배출하고 있다.
'95년부터 한양대 등에서 대학강의를 하고 있으며 현재 숙명여대에서 겸임교수로 강의 중이다. 또한 한국방송광고공사 광고교육원에서 미디어전문가과정과 실제과정 강의를 담당하였으며 한국광고단체연합회에서 운영하고 있는 '애딕'에 '권오범의 실전 미디어플래닝' 온라인 강좌를 열고 있다. 그리고 현재 한양대 광고학 박사과정에 있다.

▮주요 논문 및 성과

「광고미디어로서 인터랙티브TV의 특성과 적용에 관한 연구」
「CATV의 광고매체 기능 활성화 방안연구」
오리콤 미디어 효과분석 예측모델 'O'MEX' 시스템 개발
외 다수

실전 미디어플래닝노트 개/정/판

초판인쇄 | 2006년 8월 01일
초판발행 | 2006년 8월 01일
개정인쇄 | 2010년 8월 18일
개정발행 | 2010년 8월 18일

지은이 | 권오범
펴낸이 | 채종준
펴낸곳 | 한국학술정보㈜
주 소 | 경기도 파주시 교하읍 문발리 파주출판문화정보산업단지 513-5
전 화 | 031) 908-3181(대표)
팩 스 | 031) 908-3189
홈페이지 | http://ebook.kstudy.com
E-mail | 출판사업부 publish@kstudy.com
등 록 | 제일산-115호(2000. 6. 19)

ISBN 978-89-268-1430-7 93300 (Paper Book)
     978-89-268-1431-4 98300 (e-Book)

내일을여는지식 은 시대와 시대의 지식을 이어 갑니다.